安重根
바로 알기, 묻고 답하다

安重根
바로 알기,
묻고 답하다

초판1쇄 발행 2025년 10월 26일
지은이 김월배, 김이슬, 김홍렬, 김희수, 민명주, 이봉규, 이인실
발행인 최영민
발행처 피앤피북
인쇄제작 미래피앤피
주소 경기도 파주시 신촌로 16
전화 031-8071-0088
팩스 031-942-8688
전자우편 hermonh@naver.com
출판등록 2015년 3월 27일
등록번호 제406-2015-31호
ISBN 979-11-94085-78-2 (03910)

- 이 책의 정가는 뒤 표지에 있습니다.
- 헤르몬하우스는 피앤피북의 임프린트입니다.
- 이 책의 어느 부분도 저작권자나 발행인의 승인 없이 무단 복제하여 이용할 수 없습니다.

안중근學 지평을 열다

國家安危勞心焦思

安重根 바로 알기, 묻고 답하다

김월배 김이슬 김홍렬 김희수
민명주 이봉규 이인실 지음

일러두기

1. 외국어(중국어, 일본어, 영어 등)나 한자를 한글과 함께 기록해야 할 경우, 한글을 먼저 쓰고 뒤 '( )' 안에 외국어를 표기했다.
   예시: 안중근(安重根), 이토 히로부미(伊藤博文)

2. 외국의 지명과 인명은 한글 뒤 '( )' 안에 원문을 표기했다.
   예시: 이토 히로부미(伊藤博文), 뤼순(旅順)

3. 외국의 지명과 외국인 인명은 국립국어원의 외래어표기법에 따라, 원어(중국어, 일본어 등)의 발음 체계로 표기했다.
   예시: 이등박문(伊藤博文) (X) → 이토 히로부미(伊藤博文) (O)
   　　　 합이빈(哈爾濱) (X) → 하얼빈(哈爾濱) (O)

4. 한자로 표기된 자료의 경우, 일본어와 중국어 자료는 번체자로 표기했다.

5. 원문 중 빠진 글자(缺字)는 'O'으로 표기했다.

6. 독자가 내용을 쉽게 이해할 수 있도록 본문 내용의 중복이 있다.

7. 독자가 내용을 쉽게 이해할 수 있도록 중국인 저자 글에는 중문을 수록하였다.

8. 모든 날짜는 양력으로 환산했다. 다만 사료 검색에 필요한 중요 문서의 경우 양력과 함께 음력 또는 양력과 일본력을 병기하였다.
   예시: 메이지(明治) 43년(1910년) 2월 23일

9. 안중근 의사가 수감된 감옥 명칭은 당시 '관동도독부 감옥서', 현재 박물관 기능은 '뤼순일아 감옥구지박물관'이다. 안중근 의사의 재판 장소는 당시 '관동도독부 법원', 현재 박물관 기능은 '뤼순일본관동법원 사적지 진열관'이다.

10. 본문에 인용된 내용은 최대한 저자를 표기하였으나, 간혹 저자를 찾지 못한 경우는 저자가 확인하는 대로 절차에 따라 인용문에 저자를 밝히려 한다.

11. 이 책에서 인용된 자료는 단행본, 해외 도서, 잡지, 소식지, 간행물, 신문, 사료(史料), 전자문서, 방송, 연구 및 논문 등이 포함되며, 참고문헌으로 표기하였다.

> 차 례

추천사   12
저자의 말   14

제1부 | 환경 : 출생, 성장 과정, 가족, 종교

안중근은 어떤 시대적·사회적 환경 속에서 살았는가?   21
안중근의 집안은 어떤 가훈을 가지고 있었는가?   23
안중근의 아버지는 어떤 인물이었는가?   25
안중근 가족의 삶은 어떤 상황에 처해 있었는가?   28
안중근의 청소년 시절은 어떤 모습이었는가?   30
안중근과 김구는 어떤 인연으로 연결되어 있었는가?   33
안중근 가문은 독립운동에 어떤 역할과 이바지를 했는가?   37
안중근이 참여한 동학 관련 전투는 어떤 것이었는가?   39
안중근은 종교와 어떤 관련성을 가지고 있었는가?   42
한국 천주교는 안중근을 어떻게 평가하는가?   49

제2부 | 의거 : 의병, 단지동맹, 하얼빈 의거

연추(煙秋)는 어떤 지역이며, 어떤 특징을 지니고 있는가?   55
안중근이 벌인 의병 활동은 어떤 방식으로 전개되었는가?   58

안중근은 어떤 이유로 일본군 포로를 풀어주었는가?	70
단지동맹(斷指同盟)은 어떤 성격과 목적을 가진 단체였는가?	73
안중근 의거를 실행하던 당시 하얼빈의 분위기와 상황은 어땠는가?	76
하얼빈 의거는 어떤 과정과 전략을 통해 준비되었는가?	80
안중근이 이토 히로부미를 주살한 이유는 무엇이었는가?	83
하얼빈 의거 당시 안중근이 총을 발사한 위치와 이토 히로부미가 피격당한 지점은 어떻게 확인할 수 있는가?	87
하얼빈 의거 당시 안중근 권총에 총알이 한 발 남아 있었던 이유는 무엇인가?	89
이토 히로부미는 어떤 인물이며, 어떤 역할을 했는가?	91
코코프체프는 하얼빈 의거를 어떻게 바라보았는가?	93
이토 히로부미를 환영하던 인파 가운데 중국인은 포함되어 있었는가?	96
안중근 의거를 도운 핵심 인물은 누구였는가?	100
차이자거우(蔡家溝)는 어떤 특징을 가진 철도역인가?	105
동지였던 우덕순과 조도선은 왜 차이자거우역에서 계획한 거사를 실행하지 못했는가?	108
안중근의 가족을 하얼빈으로 데려온 인물은 누구였는가?	111
안중근 가족이 하얼빈에 오는 과정과 신문(訊問) 내용은 무엇인가?	114
안중근 의거와 관련해 추가로 체포된 인물은 누구였는가?	116
러시아 정부는 어떤 이유로 안중근을 일본 측에 인도했는가?	119
'안중근 의거'는 어떤 사건을 의미하는가?	121

제3부 | 담판 : 법정 투쟁, 뤼순감옥, 순국

안중근이 순국한 감옥은 당시 어떤 이름으로 불렸는가?	127
안중근과 동지들은 감옥에서 어떤 활동을 했는가?	130
일본 정부는 안중근 재판에 어떤 방식으로 개입했는가?	133

안중근 재판 과정에서 공판 투쟁을 벌인 장소는 어디였는가?	136
심문 과정에서 안중근은 어떤 자세와 태도를 보였는가?	138
재판 결과에 대해 안중근은 어떤 반응과 태도를 보였는가?	142
안중근은 자신에게 어떤 '죄'가 있다고 인정했는가?	144
관동도독부 법원 재판에 참관한 한국인은 누구였는가?	145
안중근은 어떤 최후의 유언을 남겼는가?	148
안중근이 고해성사를 할 당시의 모습은 어땠는가?	150
안중근이 임종 직전에 남긴 말은 무엇이었는가?	154
안중근 의거는 어떤 관점에서 정당성을 평가할 수 있는가?	156

제4부 | 사상 : 사상, 교육, 평화, 유묵

안중근의 생애와 사상 중 핵심적인 내용을 간략히 정리하면 어떻게 되는가?	161
안중근이 펼친 '교육을 통한 국권 회복 운동'은 어떤 방식으로 이루어졌는가?	164
〈인심결합론〉에는 어떤 사상이 담겨 있는가?	169
〈동포에게 고함〉에는 어떤 내용이 담겨 있는가?	172
〈장부가〉는 어떤 내용을 담고 있는가?	174
안중근이 《안응칠 역사》를 집필하는데 얼마나 시간이 걸렸으며, 그 내용은 어떤 것인가?	177
안중근이 《동양평화론》을 집필한 목적은 무엇이었는가?	179
《안응칠 역사》는 어떤 경로로 세상에 알려지게 되었는가?	182
《안응칠 역사》와 《동양평화론》의 내용은 어떻게 전해졌으며, 원본은 어디에 있는가?	184
안중근의 '동양평화'는 어떤 의미를 지니는가?	186
안중근의 유묵에 찍힌 손도장은 어떤 경위로 남겨진 것인가?	188
안중근의 유묵은 어떤 역사적 의미와 가치를 지니는가?	190

제5부 | 선양 : 저술, 연구 및 학술, 선양

안중근의사기념관은 어떤 시설인가? 195
하얼빈에는 안중근 의거와 관련된 장소로 어떤 곳들이 있는가? 197
하얼빈에 있는 안중근의사기념관은 어떤 시설이며 어떤 역할을 하는가? 199
하얼빈 안중근의사기념관에 설치된 동상은 어떤 모습이며
어떤 의미를 지니는가? 202
안중근과 하얼빈 공원은 어떤 역사적 인연으로 연결되어 있는가? 204
북한에는 안중근을 기리는 기념물이 어떤 형태로 존재하는가? 206
러시아에 안중근 관련 기념시설은 어떤 것이 있는가? 208
하얼빈에서 출판된 안중근 관련 학술서에는 어떤 책들이 있는가? 210
중국에서 안중근을 소재로 한 문예 작품에는 어떤 것들이 있는가? 212
안중근 장학금은 어떤 배경과 과정을 통해 설립되었는가? 216
안중근에 관한 연구는 어떤 분야와 주제를 포함하고 있는가? 218
안중근을 연구한 일본 저자는 누가 있는가? 220
안중근 무죄론의 내용은 무엇이며, 이를 주장한 저자는 누구인가? 222
일본에서 안중근을 주제로 한 문예 작품에는 어떤 것들이 있는가? 224
안중근 가족이 남긴 회고록이나 기록물에는 어떤 내용이 담겨 있는가? 226
안중근 관련 자료를 보관하고 있는 해외 기관은 어디인가? 230

제6부 | 미래 : 유해, 평가, 쟁점

안중근의 유해는 어디에 있는가? 237
안중근 유해 발굴 진행은 어떻게 되고 있는가? 244
안중근 가족의 유해는 어떤 상태로 관리되고 있는가? 247
한국인은 안중근 하얼빈 의거를 어떻게 평가하고 있는가? 251
중국인은 안중근 하얼빈 의거를 어떻게 바라보고 있는가? 259
일본인은 안중근 하얼빈 의거에 대해 어떤 평가를 내리고 있는가? 265

다나카 세이지로는 안중근을 어떤 시각으로 평가했는가? 273
서양에서는 안중근에 대해 어떤 논의나 언급이 있었는가? 275
영국 기자 찰스 모리머는 안중근을 어떻게 묘사하고 평가했는가? 284
동양권에서 안중근을 영어로 소개한 자료에는 어떤 것들이 있는가? 286
인도에서는 안중근에 대해 어떤 언급이나 평가가 있었는가? 288
안중근은 어떤 이유로 동학당을 공격했는가? 290
안중근은 외국어 학습에 대해 어떤 생각을 가지고 있었는가? 292
하얼빈 의거는 '주살(誅殺)'로 불러야 하는가,
아니면 '저격(狙擊)'으로 불러야 하는가? 295
하얼빈 의거와 관련된 '제3자 저격설'은 어떤 내용을 담고 있는가? 298
안중근 의거가 한일병합의 원인이 되었다는 주장에 대해
어떻게 설명할 수 있는가? 303
안준생과 이토 분키치 사이의 화해극은 어떤 경위로 벌어졌는가? 307
현재 안중근 관련 콘텐츠에 포함된 허구적 요소는
어떻게 분석하고 접근할 수 있는가? 311
안중근의 '동양평화론'과 이토 히로부미의 '동양평화론'은
어떤 점에서 차이가 있는가? 314

자료 구성 및 소개 319
찾아보기 330

저자 소개

김월배(金月培), 안중근 연구자
안중근의, 안중근에 의한, 안중근을 위한 시간을 살아간다.
역사적 정의와 기억의 복원을 위해 노력한다.

김이슬(金이슬), 안중근의사찾기 한·중민간상설위원회 이사, 前 하얼빈이공대학교 외국인교수
조국의 독립과 평화를 위해 자신을 던진 안중근 의사. 그의 정신과 사상은 대한국인(大韓國人)의 자긍심으로 남아 하얼빈에서 걷는 걸음마다 힘을 싣는다. 이제는 안중근 의사 유해가 대한의 품으로 속히 돌아오길 바라는 마음을 걸음에 담고 있다.

김홍렬(金弘烈), 안중근 홍보대사, 두산, 前 핸디소프트, 前 삼성SDS
안중근 의사가 추구한 평화 정신이 대한민국의 미래 세대에 계승되고, 일본을 비롯한 세계 각국에서 재조명되기를 바란다.

김희수(金熹洙), 안중근 홍보대사, 서울 상일미디어고등학교 교사
죽은 자가 산 자를 살린다. 과거가 현재를 살린다. 현재는 미래를 책임져야 한다. 독립운동가의 삶이 있었기 때문에 지금의 우리가 있다. 안중근 의사 정신을 잊지 않고 후대에 온전한 나라를 물려줄 의무가 있다.

민명주(閔明珠), 안중근 홍보대사, 초등학교 상담교사
안중근 의사의 독립을 위한 헌신과 이역만리에서 겪은 풍찬노숙의 고난을 떠올리며, 오늘날의 풍요로운 대한민국에 늘 감사하며 살고 있다. 그의 뜻을 이어받아, 자유로운 대한민국에서 어린이들과 함께 상담과 음악 활동을 통해 행복한 학교생활을 만들어 가고 있다.

이봉규(李峰圭), 안중근 홍보대사, 前 중산고등학교 역사교사, 前 육군 보병 대위

역사교육 코디네이터로 제2의 삶과 목표를 가지고 역사 현장에서 탐방 해설과 역사문화 강의를 하고 있다. 단편적인 역사 상식이나 암기 위주의 지식 전달이 아닌 실증적이고 객관적인 연구와 교육을 통해 올바른 역사를 전해주는 노력을 하고 있다.

이인실(李仁實), 안중근 홍보대사, 前 초등학교 교사, 前 안중근의사기념관 어린이평화학교·교원직무연수 강사

안중근 의사의 삶과 정신을 찾아가는 길에서 나와 우리 아이들은 진정한 '평화'를 만나며 성장해 나갈 것을 기대한다.

추천사

올해는 광복 80주년이자 안중근 의사 순국 115주기가 되는 해입니다.

우리에게 안중근 의사는 어떤 인물일까요. 대부분은 하얼빈역에서 한국 침략의 원흉인 이토 히로부미(伊藤博文)를 처단한 민족의 영웅으로만 기억하고 있지 않나 합니다. 하지만 안중근 의사는 독실한 신앙인이자, 교육가, 계몽운동가, 군인, 그리고 동양평화를 꿈꾼 사상가였습니다.

≪安重根 바로 알기, 묻고 답하다≫는 우리가 피상적으로만 알고 있던 안중근 의사에 대해 주제별로 알기 쉽게 정리한 결과물입니다. 안중근이라는 인물의 출생에서 성장에 이르는 환경과 무장투쟁에서 하얼빈 의거에 이르기까지 항일투쟁, 법정투쟁에서 순국까지 일제와 벌인 담판, 동양평화론과 유묵(遺墨: 생전에 남긴 글씨나 그림)에 담긴 사상, 안 의사에 관한 연구 및 선양, 그리고 아직 찾지 못하고 있는 안 의사 유해와 미래 과제 등에 대해 문답식으로 정리해 놓았습니다.

이 책을 저술한 김월배 교수는 안중근의사기념관 연구위원으로서 오랫동안 노력해 왔습니다. 또한 함께 집필한 여러분들도 안중근 아카데미를 통해 인연을 맺은 안중근 홍보대사들입니다. 이분들이 힘을 합쳐 안 의사에 관해 공부하고 정리한 결과를 내놓았다는 사실 하나만으로도 대단히 의미 있고 가치 있는 일이라 할 것입니다. 안중근 의사 정신과 사상이 이 책을 통해 면면히 이어지고 지속되기를 바랍니다.

끝으로 뜻깊은 해에 ≪安重根 바로 알기, 묻고 답하다≫를 발간해 주신 헤르몬하우스 출판사 관계자 여러분께 고마움을 전하며, 김월배 교수를 비롯한 공동저자로 참여한 모든 저자가 안중근 의사의 숭고한 뜻을 받들어 평화를 사랑하는 마음을 다시 한번 가슴에 새기는 뜻깊은 계기가 되기를 바랍니다. 이 책은 안중근 의사를 알고 싶어하는 모든 사람에게 큰 울림을 줄 것입니다. 다시금 발간을 축하드립니다.

유영렬 (안중근의사기념관장, 전 국사편찬위원장)

저자의 말

안중근,
대한민국의 혼이다.
안중근은 독립과 평화를 위해 살신성인을 실천한 지성인이자 행동하는 양심이었다.
또한, 대한민국이 배출한 평화주의자이자 사상가로서 국격을 높였다.
대한민국 국민들은 '안중근'이라는 이름을 떠올릴 때마다 가슴이 뿌듯해짐을 공감한다.

안중근 존함은, 명나라 학자이자 관리인 뤼쿤(呂坤)이 지은 ≪신음어(呻吟語)≫에서 유래하였다. 원문은 "安重深沉是第一美質, 定天下之大難者, 此人也. 辯天下之大事者, 此人也"이다. 이는 "안정되고, 진중하고, 깊이 있는 것이 가장 좋은 품격이다. 이것은 천하의 큰 어려움을 안정시키는 사람이고, 천하의 큰 문제를 분별하는 사람이다."라는 의미이다. ≪신음어(呻吟語)≫는 인간의 마음과 도리, 공직자의 의무와 자세를 다룬 수양과 국가 관리 서적이다. 진해 현감을 지낸 조부 안인수가 '응칠'이라고 지었다가, 바꾸었다. 매사에 평정심(平靜心)을 가지라는, 큰 인물의 예지이다.

우리나라 국민은 대한민국이 안중근 의사를 보유한 나라임을 자랑스러워하며, 안중근 알리기 위해 열정을 쏟고 있다. 글을 쓰는 작가는 평화의 메시지를 붓으로 표현한다. 음악가는 뮤지컬로 그의 숨결을 노래한다. 영화인은 스크린을 통해 그의 삶을 묘사한다. 안중근 관련 콘텐츠가 풍성하게 제작되고 있다.

그러나, 안중근 의사에 대해 바로 알기란 쉽지 않다. 안중근 관련 콘텐츠(영화, 소설, 음악, 뮤지컬, 연극 등)에 허구적인 요소가 포함된 경우가 많다. 안중근 신격화, 작가 상상력, 그리고 대중성 추구 과정에서 내용이 윤색되며 허구성이 슬며시 삽입되었다. 내용이 역사적 사실과 부합하지 않는 점이 많았다. 저명한 역사학자는 "예술이 허용할 수 있는 허구와 사실에서 어긋난 착오, 착란은 감별돼야 할 것이고, 대중에 영향을 미치는 저명한 작품일수록 역사학자가 확인하는 작업이 필요하다"라고 주장하였다.

그래서, 안중근 바로 알기(安重根正解)를 제시할 필요가 있다. 영웅을 신격화하거나 작품의 대중화, 상업화에서 나오는 무리한 창작의 폐해는 고스란히 안중근 의사와 국민에게 돌아갈 것이다.

"새는 알에서 나오기 위해 투쟁한다. 알은 세계다. 태어나려고 하는 자는 누구나 하나의 세계를 파괴하지 않으면 안 된다. Der Vogel kämpft sich aus dem Ei. Das Ei ist die Welt. Wer geboren werden will, muβ eine Welt zerstören." 헤르만 헤세는 ≪데미안≫에서 이렇게 말했다.

안중근 홍보대사는 용기를 얻었다. 최대한 객관성에 기초해 안중근 의사를 서술하려고 노력했다. ≪安重根 바로 알기, 묻고 답하다≫는 이러한 목적을 위해 세상에 나왔다. 저술 기준은 대략 다음과 같다.

첫째, 여섯 가지 범주로 기술하였다. 환경(출생, 성장 과정, 가족, 종교), 의거(의병, 단지동맹, 하얼빈 의거), 담판(법정 투쟁, 뤼순감옥, 순국), 사상(사상, 교육, 평화, 유묵), 선양(저술, 연구 및 학술, 선양), 미래(유해, 평가, 쟁점)이다.

둘째, 사료나 자료는 안중근의사기념관, 안중근의사숭모회를 비롯해 국가보훈부, 독립기념관, 국사편찬위원회, 일본 외교사료관 등 국가 기관에서 작성한 저작물 중 인용하거나 사실 확인이 가능한 부분을 중심으로 선정했다. ≪안응칠 역사≫, 안중근 심문 기록, 대한국인 안중근, 총독부 문서 7(국사편찬위원회), 아주제일의협 안중근(국가보훈처), 안중근 전기전집(국가보훈처), 한국독립운동사 자료 6, 7, 11, 12, 14, 34, 39, 40(국사편찬위원회), 안중근 의사 자서전(안중근의사숭모회), 안중근 공판기록(만주일일신문사), 이토공만주시찰일건, 불령선인관계잡건-한국인(일본 외무성 외교사료관), 안중근과 일한 관계사(김정명), 안중근 중국 신문(독립기념관), 안중근 일본 신문(독립기념관) 등 신문 기사(대한매일신보, 황성신문, 대한민보, 경향신문, 대동공보, 해조신문, 권업신문, 신한민보, 신한국보, 조선일보(일제강점기), 동아일보(일제강점기), 민우일보, 상하이신보, 홍콩화자일보, 동방잡지, 세계일보(중국 일제강점기), 자유신보, 중서일보, 원동보, 원동신보, 중화일보, 만주일일신문, 만주신보, 조선신문, 경성신보, 아사히신문, 마이니치신문, 현재 주요 안중근 간행물 및 신문) 등이 포함된다.

셋째, 사적인 주장이나 논쟁, 쟁점이 되는 부분은 배제하였다. 안중근 수의 제작, 우덕순 밀정 여부, 안중근 칭호 논쟁(의사인가, 장군인가), 안중근 유묵 분실 여부, 그리고 안중근 행적과 관련성을 주장하는 단체 주장은 제외하였다.

넷째, 확인되지 않은 자료는 배제하였다. 중국 내 중고 서적 거래 사이트에서 유통되거나 일본에서 개인적으로 거래되는 유묵은 제외하며, 한국 국가유산청과 안중근의사기념관의 기준을 따랐다.

2025년, 유례없는 불더위가 전 지구적으로 일찍 찾아왔다. 7명 홍보대사는 열대

야를 잊고자 키보드를 두드렸다. 연신 목덜미를 타고 흐르는 땀은 기록으로 변했다. ≪安重根 바로 알기, 묻고 답하다≫는 대한민국 국민들의 열망과 격려가 있었기에 가능했다. 이러한 노력에는 기획, 정리, 조사, 번역, 감수, 알림 등에서 7명의 작가의 열정과 사명감이 있었기에 가능했다. 특히 안중근 홍보대사들은 객관성을 유지하기 위해 안중근 원시 자료와 선행 연구자 저작물 인용을 철저히 활용하였다. 그 과정에서 인용된 자료와 사실들은 본문에 기록하였다. 다만, 그 과정에서 착오나 누락이 있을 가능성도 있다. 이러한 문제가 차후에 발견되거나 알려질 경우, 개정판에서 반드시 이를 반영할 것이다.

안중근 의사 영전에 이 책을 바친다. 본문 내용이 객관적이고 사료적으로 제공되어 후학 연구자들에게 안중근 연구와 활용의 마중물 역할을 하길 바란다. 이는 '안중근 바로 알기'의 시작이다. 조만간 '안중근학(安重根學)'이 정립되어 체계적인 연구가 이루어지길 기대한다.

광복 80주년이다. 광복은 저절로 주어진 것이 아니다. 바로 국민의 간절한 염원과 숭고한 희생으로 되찾은 것이다. 안중근 의사는 풍찬노숙하며 처절히 저항했고, 살신성인의 정신으로 독립을 위해 헌신했다.

2025년 10월 26일 저자를 대표하여, 김월배 쓰다.

제 1 부

환경(環境)

출생, 성장 과정, 가족, 종교

安重根 바로 알기,
묻고 답하다

안중근은 어떤 시대적·사회적 환경 속에서 살았는가?

　안중근(安重根, 1879~1910) 의사는 아버지 안태훈(安泰勳, 1862~1905, 베드로)과 어머니 조성녀(趙姓女, 1862~1927, 마리아) 사이에 1879년 9월 2일(음력 7월 16일) 황해도 해주부(海州府) 광석동(廣石洞)에서 태어났다. 3남 1녀 중 장남이었다. 본관은 순흥(順興), 할아버지는 안인수(安仁壽, 1836~1892)였다. 아버지는 사마시(司馬試)[1]에 합격한 진사로서 학문적 재능이 뛰어난 분이었다. 안태훈의 동생 안태건은 조카 안중근 의사와 비슷하게 강인한 무인 기질을 가졌다.

　안중근 의사가 태어날 때, 배와 가슴에 북두칠성처럼 일곱 개의 점이 있어 할아버지는 그 기운을 받고 태어난 것이라 하여 아명(兒名)을 응칠(應七)이라 하였다. '응칠'이라는 이름은 어릴 적에 많이 불렸다. 또한 연해주에서 풍찬노숙의 시기, 자서전에도 사용하였다. 처음 신문(訊問)에서도 사용하였다. '중근'이라는 이름은 혼례를 치른 후 더 많이 불렸다.

　안중근 의사 가문의 시작점에는 조부 안인수가 있었다. 안인수는 부유함을 바탕으로 진해 현감이라는 관직을 받을 정도로 해주 일대에서 막강한 영향력을 갖고 있었다. 안인수의 셋째 아들이자 안중근 의사 부친인 안태훈은 문무를 겸비했다. 6형제 중 가장 탁월했다.[2] 안인수는 1879년 9월 2일생인 안중근 의사가 손자로 태어나자 특별히 아끼고 사랑하였다. 안중근이 14살 되

1　조선시대 생원과 진사를 뽑던 과거. 초시와 복시가 있었다.
2　김구 저, 도진순 주해(2020), ≪백범일지≫, 돌베개

던 1892년에 조부께서 돌아가시자 자신을 사랑하고 길러 주시던 애정을 잊지 못하고 반년 동안이나 중병을 앓기도 하였다.[3]

부친 안태훈은 박영효(朴泳孝, 1861~1939)가 모집한 나라를 이끌 유학생으로 뽑혔다. 그러나 갑신정변(甲申政變)[4]의 실패로 관직의 꿈을 접게 되었다. 이후 조부 안인수와 의논한 끝에 일가족 80여 명을 이끌고 신천군 천봉산 청계동으로 은신했다. 안중근 의사의 나이 일곱 살 때의 일이었다.[5]

안태훈은 아들 안중근 의사의 학업을 위해 성리학자인 화서학파 고능선(高能善, 1842~1926)을 청하였다. 그러나 안중근은 학업에 정진하기보다는 포수들과 어울려 사냥하는 것을 즐겨 하였다. 하얼빈 의거는 어린 시절부터 총을 잡고 행동했던 모습에서 엿볼 수 있다.

 참고문헌

김구 저, 도진순 주해(2020), ≪백범일지≫, 돌베개
안중근의사숭모회 · 기념관(2021), ≪안중근 의사의 삶과 나라사랑 이야기≫, 일곡문화재단
국가보훈처 · 안중근의사기념관, ≪민족의 영웅 안중근 의사≫
국립국어원 표준국어대사전(https://stdict.korean.go.kr)
한국민족문화대백과사전(https://encykorea.aks.ac.kr)

---

3 안중근의사숭모회 · 기념관(2021), ≪안중근 의사의 삶과 나라사랑 이야기≫, 일곡문화재단
4 1884년(고종 21) 급진개화파가 청나라의 내정 간섭으로부터 자유로운 정치외교권 확보와 조선의 개화를 목표로 일으킨 정변이다. 1884년 12월 4일(양력) 김옥균, 박영효, 홍영식, 서광범, 서재필 등 급진개화파가 청나라로부터의 독립과 조선의 개화를 목표로 일으킨 정변이었으나, 청나라의 군사 개입과 민중의 지지를 얻지 못함으로써 3일 만에 실패로 돌아갔다.
5 안중근의사숭모회 · 기념관(2021), ≪안중근 의사의 삶과 나라사랑 이야기≫, 일곡문화재단

안중근의 집안은 어떤 가훈을 가지고 있었는가?

안중근 의사의 의기가 장하고 작은 일에도 거리낌이 없는 기질은 아버지 안태훈에게 그대로 물려받은 것이다. 안태훈은 가훈을 '정의(正義)'로 삼으며 매사에 의리를 존중하였다. 그리고 사물을 너그럽게 받아들이는 넓은 마음으로 많은 사람을 포용하였다. 안태훈의 주위에는 늘 사람이 따랐다. 김창수(백범 김구金九, 1876~1949)가 어려움에 부닥쳤을 때 청계동으로 불러 거처까지 마련해 주었다. 이러한 사실을 통해 의리를 존중하는 안태훈의 면모를 알 수 있다.[1]

안태훈은 그 시대에 '정의'를 가훈으로 내걸 만큼 대단히 심지가 굳고 강직한 인물이었다. 정통 유학자면서도 열린 개화 정신의 소유자였다. 수십 명의 산포수를 불러들여 유사시에 대비한 일이나, 성재 유중교(柳重敎, 1832~1893)의 문인이며 의병장 의암 유인석(柳麟錫, 1842~1915)[2]과는 동문으로서 당시 해서지구(海西地區)의 대학자로 추앙받는 고능선(高能善, 1842~1926)을 초빙해 자제들의 교육을 맡긴 사실에서도 드러난다. 고능선은 안태훈의 초청으로 청계동에서 살면서 안태훈 형제들과 자주 시회(詩會)를 열고, 시국을 담론하며 거의(擧義)할 기회를 찾고 있었다.[3]

안중근 의사의 가문은 명망 있는 가문이었다. 또한, 진리에 맞는 올바른 도

---

1 독립기념관 한국독립운동정보시스템(https://search.i815.or.kr), 안중근의 생애와 구국운동
2 대한제국기 때, 연해주 의병세력의 통합체인 13도창의군에서 도총재로 활동하며 항일의병투쟁을 주도한 의병장
3 김삼웅(2018), ≪안중근평전≫, 시대의 창

리를 강조하였다. 부친 안태훈은 과거에 급제해 진사가 되었고 개화사상도 받아들인 지역 명사였다. 어릴 적부터 안중근 의사는 상무적 가풍 속에서 서초패왕인 항우(項羽, BC 232~202)를 동경하고 학문보다는 사상과 무술을 좋아하는 등 자유분방하고 호기로운 성향을 키웠다.

 참고문헌

김삼웅(2018), ≪안중근평전≫, 시대의 창
독립기념관 한국독립운동정보시스템(https://search.i815.or.kr), 안중근의 생애와 구국운동
국립중앙도서관(https://www.nl.go.kr), 한국독립과 동양평화를 꿈꾼 의병장, 안중근(安重根)

안중근의 아버지는
어떤 인물이었는가?

　안중근의 삶에서 아버지 안태훈이 큰 영향을 주었다. 안중근 의사 가문의 출발점은 조부 안인수이다. 안인수는 성품이 어질고 진중했으며 미곡상 운영으로 많은 토지를 소유하게 되었다. 진해 현감이라는 관직을 제수받으면서 해주 일대에서 경제적, 사회적 영향력을 갖게 되었다. 또한 자선가로서도 도내에 널리 알려졌다.

　안인수의 여섯 명의 아들은 모두 학식이 풍부하고 인격이 높았는데, 그중에 안중근 의사의 부친 안태훈이 가장 탁월했다고 한다.[1] 안중근 의사는 부친 안태훈을 자서전 ≪안응칠 역사≫에 이렇게 기록하고 있다.

> 　안태훈은 재주와 지혜가 뛰어나 8, 9세 때 이미 ≪사서삼경≫을 통달했고 13, 14세 때는 과거 공부와 사륙병려체(四六騈儷體)를 익혔다.
> 　≪통감≫을 읽을 적에 교사가 책을 펴서 한 자를 가리키며 묻기를,
> 　"이 글자에서부터 열 장 아래에 있는 글자가 무슨 글자인지 알겠는가?"
> 　"알 수 있습니다. 그 글자는 필시 천(天)자일 것입니다."
> 　뒤져 보았더니 과연 말대로 천자였다. 교사는 기이히 여겨 다시 묻기를,
> 　"이 책을 위로 거슬러 올라가도 알 수 있겠는가?"
> 　"예, 알 수 있습니다." 하였다. 이렇게 묻기를 10여 차례 했으나 전혀 틀리지 않아 보는 이들이 칭찬하지 않는 사람이 없었고 신동(神童)이라 일컬어 그 소문이 널리 퍼

---

[1] 김구 저, 도진순 주해(2020), ≪백범일지≫, 돌베개

져 나갔다.

중년에 과거에 올라 진사(進士)가 되고 조 씨(趙氏)에게 장가들어 3남 1녀를 낳으니, 맏이는 안중근, 둘째는 안정근, 셋째는 안공근이었다.

1884년(갑신년) 경성에 머물 적에, 박영효가 나라의 형세가 위험하고 어지러운 것을 걱정하여 나라를 혁신하고 국민을 개명시키고자 준수한 청년 70여 명을 선발하여 외국으로 보내어 유학시키려 했는데 안중근 의사 부친 안태훈도 거기에 뽑혔다. 그러나 개화파들이 일으킨 갑신정변이 실패하여 관직에 진출하는 꿈을 포기해야 했다. 간신배들이 박영효가 반역하려고 한다고 하여 병정을 보내어 잡으려고 하자 박영효는 일본으로 피신하고 동지들과 학생들 일부는 죽임을 당하기도 하고 일부는 붙잡혀 멀리 귀향을 가기도 하였다.

이때 아버지(저자 주: 안태훈)는 몸을 피하여 고향으로 돌아와 숨어 살면서 조부(저자 주: 안인수)와 의논하기를,

"나랏일이 날로 틀리게 돼 가니 부귀공명은 바랄 것이 못 됩니다."

"산중으로 들어가 밭이나 갈고 고기나 낚으며 세상을 마치는 것만 같지 못하다."

하고는 집안 살림을 정리하여 신천군(信川郡) 청계동(淸溪洞) 산속으로 이사했다. 그때 안중근 의사 나이 7세 전후였다. 안태훈은 1892년 부친의 별세 후에 가문의 대소사를 실질적으로 주도하며 안중근 의사 가문의 중추적인 임무를 수행하였다.[2]

그는 안중근 의사 가문이 개화사상과 계몽사상 및 천주교를 받아들이는 데 영향을 미쳤다. 또한 안중근 의사의 형제들과 조카들이 김구와 인연을 맺고 대한민국 임시정부에서 독립운동을 전개하도록 하는 데 일정한 역할을 하였다. 더욱이 을사늑약 이전 안중근 의사의 사상이나 활동에 부친인 안태훈의 영향이 절대적이었다.[3]

---

2   안중근의사숭모회 · 기념관(2021), ≪안중근 의사의 삶과 나라사랑 이야기≫, 일곡문화재단
3   오영섭(2007), ≪한국 근현대사를 수놓은 인물들1≫, 경인문화사

참고문헌

김구 저, 도진순 주해(2020), ≪백범일지≫, 돌베개
안중근의사숭모회·기념관, ≪대한국인 안중근≫ 간행물 2021년 상반기 소식지
오영섭(2007), ≪한국 근현대사를 수놓은 인물들1≫, 경인문화사

안중근 가족의 삶은 어떤 상황에
처해 있었는가?

　　안중근 의사의 할아버지 안인수는 성품이 어질고 진중했으며 살림이 넉넉했을 뿐만 아니라 도내에 자선가로도 널리 알려져 있었다. 일찍이 진해 현감을 지낸 이로써 6남 3녀를 두었다. 안태진(泰鎭), 안태현(泰鉉), 안태훈(안중근 의사의 아버지), 안태건(泰健), 안태민(泰敏), 안태순(泰純) 6형제였다. 그중에서도 안중근 의사의 부친 안태훈은 글을 잘했고 너그러운 성품을 가졌고, 재주와 지혜가 뛰어나 8, 9세 때 이미 ≪사서삼경≫을 통달했다. 중년에 과거에 올라 진사(進士)가 되고 조씨(趙氏)에게 장가들어 3남 1녀를 낳으니, 큰아들은 안중근, 둘째는 안정근, 셋째는 안공근, 딸 안성녀였다. 다른 형제들은 능력과 기상 면에서 안태훈에게 미치지 못했는데, 그중 큰아들 안태진이 해주부의 무반직인 군사마(軍司馬)직을 지냈으나 비교적 조용히 지내는 편이었고, 안태훈의 바로 아래 동생 안태건은 무인 기질이 다분하여 조카 안중근과 비슷한 풍모를 보였다.[1] 안중근 의사는 김아려와 결혼하여 아들 안문생(安文生 일명 분도, 1905~?), 안준생(安俊生, 1907~1951)과 딸 안현생(安賢生, 1902~1960)을 낳았다.

　　안중근 의사의 어머니인 조성녀는 항일 독립운동가로서도 독립운동에 있어 중요한 위치를 차지하였다. 1905년 남편 안태훈이 별세하였다. 안중근 의사가 국내외에서 구국 활동을 할 때 국채보상운동에 참여하여 아들을 지원하였다. 안중근 의사가 순국한 뒤에는 가족들과 러시아로 망명하였고, 대한

1　오영섭(2017), ≪교직원 직무연수 안중근아카데미≫, 안중근의사기념관

민국 임시정부 수립 후 상하이로 망명하였다. 상하이에서는 대한민국 임시정부 경제후원회 임원으로 선출되었다. 1927년 7월 15일 23시에 위암으로 별세하였다. 정부에서는 그 공훈을 기려 2008년에 건국훈장 애족장을 수여하였다.[2]

안중근 의사의 동생 안정근과 안공근 형제에게 새로운 전기가 마련된 것은 대한민국 임시정부가 수립되는 1919년 3·1 만세 의거 후 그해 4월부터였다. 대한민국 임시정부에서 안창호와 밀접하게 활동한 안정근은 대한민국 임시정부 산하 대한적십자회 부회장을 맡았다. 이후 안정근은 상하이에서 신한청년당을 창당, 이사로 활동했으며 그해 11월 지린(吉林)에서 조소앙이 작성한 '대한독립선언서'에 서명하였다. 이후로도 대한민국 임시정부와 관련을 맺고 다방면의 활동을 전개하였다. 말년에 지병으로 고생하다가 광복 이후에도 고국 땅을 밟아보지 못하고 1949년 3월 상하이에서 생을 마감했다.[3]

참고문헌

안중근의사숭모회 · 기념관(2021), 《안중근 의사의 삶과 나라사랑 이야기》, 일곡문화재단
오영섭(2007), 《한국 근현대사를 수놓은 인물들1》, 경인문화사
오영섭(2017), 《교직원 직무연수 안중근아카데미》, 안중근의사기념관

---

2 안중근의사기념관(https://www.ahnjunggeun.or.kr/)
3 안중근의사숭모회 · 기념관, 《대한국인 안중근》 간행물 2021년 상반기 소식지

안중근의 청소년 시절은
어떤 모습이었는가?

어려서부터 사냥을 좋아하여 사냥꾼을 따라다녔다. ≪백범일지≫에는 부친 안태훈이 안정근(安定根, 1885~1949)과 안공근(安恭根, 1889~1939)에게 글을 읽으라고 독려하면서도 맏아들 안중근 의사에게는 공부하지 않는다고 질책한 적이 없었다고 기록되어 있다. 학문에 관심이 없어 보이는 듯했어도 조부와 부친, 스승의 가르침을 놓지 않았고 ≪사서삼경(四書三經)≫과 ≪통감(通鑑)≫, ≪조선사≫, ≪만국역사≫ 등을 학습하면서 지식을 쌓아 갔다.[1] 이러한 면모는 안중근 의사가 작성한 유묵에서도 드러난다. 또한, 그는 신문을 탐독하며 국제 정세에 밝았다.

≪안응칠 역사≫에 따르면, 친한 친구들이 "너의 아버지는 문장으로 세상에 이름이 드러났는데 너는 어째서 무식한 하등인이 되려고 자처하는 것이냐?"라고 묻자 "너희들 말도 옳다. 그러나 내 말도 좀 들어보라. 옛날 초패왕 항우가 말하기를 '글은 이름자나 적을 줄 알면 그만이다.'라고 했는데, 만고 영웅 초패왕의 명예가 오히려 천추에 남아 전한다. 나도 학문으로 이름을 드러내고 싶지 않다. 너희들도 장부요, 나도 장부다. 너희들은 다시는 더 나를 설득하지 마라." 하였다.[2] 이처럼 안중근 의사는 대장부의 기상을 드날리는 인물이 되고 싶은 포부를 밝혔다.

안중근 의사는 영기(英氣)가 넘치고 사격술이 제일로, 나는 새와 달리는 짐

---

1 안중근의사숭모회·기념관(2024), ≪안중근 안쏠로지≫, 서울셀렉션
2 안중근의사숭모회·기념관(2021), ≪안중근 의사의 삶과 나라사랑 이야기≫, 일곡문화재단

승을 백발백중으로 맞추는 재주가 있었다.³

1894년 갑오(甲午)년 안중근 의사가 16세 되던 해 해주 향반(鄕班)⁴ 김홍섭의 딸 김아려(金亞麗, 1878~1946, 아녜스)와 결혼하여 두 아들과 딸 하나를 낳았다. 그 무렵 동학당(저자 주: 안중근 의사 시선과 말씀으로 이후 동학당으로 표기)의 활동으로 부친 안태훈은 신천의려군을 조직했다. 안중근 의사는 선봉장으로 출전해 동학을 빙자한 무리를 격퇴하는 작전을 세우고 물리쳤다. 그때 안중근 의사는 '천강홍의장군(川降紅衣將軍, 하늘에서 내려온 붉은 옷을 입은 장군)'이라는 명성을 얻을 정도로 능력을 발휘했다.⁵

동학당⁶의 활동이 수그러들 무렵 안중근 의사는 자서전 ≪안응칠 역사≫에 이렇게 기록하고 있다.

> 그때 내 나이 17, 8세의 젊은 나이로 기골이 장대하여 무슨 일이든지 남에게 뒤지지 않았다. 특성으로 평생 즐겨하는 일이 네 가지가 있었다.
>
> 첫째는 친구와 의(義)를 맺는 것이요(親交結義).
> 둘째는 술 마시고 춤추고 노래하는 것이요(飮酒歌舞).
> 셋째는 총으로 사냥하는 것이요(銃砲狩獵).
> 넷째는 날랜 말을 타고 달리는 것이었다(騎馳駿馬).
>
> 그래서 멀고 가까운 곳을 가리지 않고 의협심 있고 사나이다운 사람이 어디에 산다는 말만 들으면 말을 달려 찾아갔고, 과연 그가 동지가 될 만하면 밤새 토론하고 유쾌

---

3 김구 저, 도진순 주해(2020), ≪백범일지≫, 돌베개
4 시골로 낙향하여 여러 대 동안 벼슬길에 오르지 못한 양반
5 안중근의사숭모회·기념관(2024), ≪안중근 안쏠로지≫, 서울셀렉션
6 조선 후기에, 최제우를 교조(敎祖)로 하여 일어난 동학도의 집단. 정부에서는 민심을 현혹한다 하여 최제우를 사형에 처하였으나, 최시형(崔時亨)이 제2대 교주(敎主)가 되어 1894년에 동학 농민 운동(혁명)을 일으켰다.

하게 술을 마시며 춤도 추고 하였다.

이를 통해 안중근 의사가 무엇보다 의리를 중시하며 장부다운 호기를 지닌 것을 엿볼 수 있다.

 참고문헌

안중근의사숭모회·기념관(2021), ≪안중근 의사의 삶과 나라사랑 이야기≫, 일곡문화재단
안중근의사숭모회·기념관(2024), ≪안중근 안쏠로지≫, 서울셀렉션
김구 저, 도진순 주해(2020), ≪백범일지≫, 돌베개
국가보훈처·안중근의사기념관, ≪민족의 영웅 안중근 의사≫
국립국어원 표준국어대사전(https://stdict.korean.go.kr)
한국민족문화대백과사전(https://encykorea.aks.ac.kr)

안중근과 김구는 어떤 인연으로 연결되어 있었는가?

　김구는 1876년 7월 11일(음력), 안중근 의사는 3년 뒤인 1879년 7월 16일(음력) 모두 황해도 해주에서 태어났다.
　안중근 의사의 가문과 당시 김창수였던 김구의 인연은 동학당을 진압하는 과정에서 시작되었다. 이때 안중근 의사의 부친 안태훈은 황해도의 '아기 접주(接主)' 김창수에게 밀사를 보낸다. 당시 김창수는 안태훈을 알고 있었다. 신천군 청계동에 살고 있으며 문장과 글씨는 물론 지략까지 겸비하여, 명성이 자자해서 지방은 물론 전국에 널리 알려져 조정 대신들도 크게 대접하는 이였다.[1]
　그런데 그는 동학이 궐기하는 것을 보고 토벌하기 위하여 동생과 아들로 병사를 담당케 하고 300여 명의 산포수를 모집하여 청계동 자택에 신천의려소(信川義旅所)를 세우고, 경성 모(某) 대신의 원조와 황해 감사의 지도 아래, 벌써 동학 토벌에 나서 신천 지역의 동학 토벌에 좋은 성적을 거두고 있었다. 그 때문에 동학 각 접(接)[2]은 안태훈을 두려워했으며, 김창수의 접도 청계동을 경비하고 있었다.[3]
　안태훈이 김창수를 비밀리에 조사한 뒤, "군이 나이 어리지만, 대담한 인품을 지닌 것을 사랑하여 토벌하지 않을 터이지만, 군이 만일 청계를 침범하다가 패멸을 당하게 되면 인재가 아깝다."라는 후의에서 밀사를 보냈다고 한

1　김구 저, 도진순 주해(2020), ≪백범일지≫, 돌베개
2　접주(接主)를 중심으로 하는 동학 기초 조직
3　김구 저, 도진순 주해(2020), ≪백범일지≫, 돌베개

다. 김창수는 참모 회의를 열고 논의한 결과 '나를 치지 않으면 나도 치지 않는다', '어느 한쪽이 불행에 빠지면 서로 돕는다'라는 밀약을 맺었다.[4] 불가침 협정과 동맹협정이 모두 체결된 셈이다.

1895년 2월(김창수 나이 스무 살) 동학당이 실패하고 쫓기는 신세가 되어 안태훈을 찾아갔다. 안태훈은 김창수를 깍듯이 맞이하고 김창수 부모님까지 안전하게 모셔 오도록 총을 가진 병사 30명과 우마를 잡아 가산 전부를 옮기도록 하고 인근에 가옥 한 채를 매입해 주었다. 안태훈의 형제들은 술과 독서를 좋아하여 사랑에서 잔치를 열 때마다 포군이나 하인들에게 김창수를 모셔 오게 했다. 이에 따라 안태훈의 형제들과 포군들은 김창수에게 공손을 표하게 되었다.[5]

안중근 의사의 부친인 안태훈과 김창수의 인연은 나중에 안태훈의 자녀들이 대한민국 임시정부에서 김구 주석을 도와 독립운동을 전개하는 것으로 이어지게 된다.[6]

안중근 의사의 동생 안정근의 차녀 안미생(安美生, 1914~2008)은 김구 주석의 장남 김인(金麟, 1917~1945)과 결혼했다. 그가 김구 주석의 며느리가 되면서 독립운동 명문가인 안중근 가문과 김구 가문의 인연으로 이어졌다. 안미생은 중국어, 러시아어, 영어 등 여러 외국어에 능통하여 1940년대 중국 충칭에서 대한민국 임시정부 주석 김구의 비서로 활동했다. 또한 한국독립당 당원으로 활동했다. 정부는 2022년 제103주년 3·1절에 안미생에게 건국포장을 추서하였다.[7]

안중근 의사 친동생 안공근은 백범 김구와 대한민국 임시정부의 중요한 임무를 같이 수행하였다. 당시 대한민국 임시정부 안창호(安昌浩, 1878~1938)

---

4 김구 저, 도진순 주해(2020), ≪백범일지≫, 돌베개
5 김구 저, 도진순 주해(2020), ≪백범일지≫, 돌베개
6 오영섭(2007), ≪한국 근현대사를 수놓은 인물들 1≫, 경인문화사
7 공훈전자사료관, 독립유공자 공훈록, 제28권, 2022년도 포상자

국무총리가 그를 발탁하였고, 대한민국 임시정부 최초로 외무 차장 겸 러시아 대사로 임명됐다. 이는 그가 러시아어에 능통하여 러시아 사정에 밝은 것을 높이 평가하여 발탁된 것이다. 1926년에는 상하이 한인 교민단 단장이 되었다. 민족정신을 고취하고 한인들의 인권 보호를 위해 노력했다. 대한민국 임시정부 활동의 중심이었던 한인애국단[8] 본부는 안공근의 집에 설치되었다. 이곳에서 한인애국단의 주요 결정들이 이루어졌으며, 1931년에는 이봉창(李奉昌, 1900~1932) 의사의 선서식이 거행되었다. 또한 1932년 윤봉길(尹奉吉, 1908~1932) 의사가 출정하기 전 태극기를 들고 촬영한 사진도 이곳에서 찍혔다. 안공근의 집은 단원들의 비밀 장소였으며, 당시 안공근은 김구의 최측근으로서 한인애국단을 실질적으로 운영한 인물이었다.[9] 다만 안공근이 충칭에서 실종된 '안공근 미스터리[10]'에 김구 주석 관련 이야기도 회자된다. 애증과 애환이 교차한다.

---

[8] 한인애국단(韓人愛國團)은 1931년 김구의 주도하에 대한민국 임시정부가 결성한 항일무장투쟁 단체이다.
[9] 안중근의사숭모회·기념관, ≪대한국인 안중근≫ 간행물 2021년 상반기 소식지
[10] 안공근 암살 사건은 1939년 5월 30일 중국 충칭에서 안공근이 살해된 사건이며, 유해를 찾지 못했다. 암살 사건 이후 범죄자를 찾기 위해 중국 정부가 수색했으나 범인은 체포하지 못했다.

참고문헌

안중근의사숭모회·기념관(2021), ≪안중근 의사의 삶과 나라사랑 이야기≫, 일곡문화재단
김구 저, 도진순 주해(2020), ≪백범일지≫, 돌베개
오영섭(2007),≪한국 근현대사를 수놓은 인물들 1≫, 경인문화사
공훈전자사료관, 독립유공자 공훈록. 제28권. 2022년도 포상자
한국민족문화대백과사전(https://encykorea.aks.ac.kr/)

안중근 가문은 독립운동에 어떤 역할과 이바지를 했는가?

안중근 가문은 3대에 걸쳐 독립운동에 참여했으며, 가문에서 독립유공자로 인정받은 인물은 직계 및 방계 인사를 포함해서 2025년 기준으로 16명이다. 국가보훈부가 독립유공자로 인정하는 가장 중요한 기준은 일본의 재판 기록이나 광복군 명단이다. 독립유공자 서훈, 주요 활동 및 공적은 다음과 같다.

✣ 안중근 가문의 독립유공자 서훈자

훈 격	서훈자	관계	주요활동 및 공적
대한민국장	안중근	본인	항일독립투쟁, 이토 히로부미 주살
독립장	안정근	동생	임정의원, 무오독립선언 서명자, 독립군 군자금 모음
	안공근	동생	임정의원, 한인애국단원, 이봉창·윤봉길 의거 지원
	안명근	사촌 동생	데라우치 조선총독 암살미수(15년 옥고)
	안경근	사촌 동생	김구의 정치참모, 박은식·신채호 등과 독립운동
	안춘생	오촌 조카	광복군 지대장, 항일투쟁(초대 독립기념관장)
	최익형	안명근 매제	데라우치 조선총독 암살미수
애국장	안봉생	오촌 조카	임정의원(사형 집행 전 일제 패망으로 생환)
	오항선	여동생 자부	김좌진 부대 조력, 독립군 군량미 조달 활동
	조순옥	오촌 조카 부인	충칭, 시안 등지에서 광복군 활동
애족장	조성녀	어머니	국채보상운동, 대한민국 임시정부 경제후원회 활동
	안태순	숙부	대한국민노인동맹단 대표
	안홍근	사촌 동생	한인사회당 결성 참여, 독립단, 독립자금 모금 활동

훈 격	서훈자	관계	주요활동 및 공적
애족장	안원생	조카	임정요원, 한인애국단원, 광복군 활동
	안낙생	조카	임정요원, 한인애국단원
건국포장	안미생	조카	한국독립당 당원, 대한민국 임시정부 비서로 활동

* 관계는 안중근 의사 기준임.

 참고문헌

이봉규 · 김월배 · 김이슬 · 김홍렬 · 김희수 · 민명주 · 이인실(2024), ≪안중근 의사의 숨결을 찾아≫, 걸음

안중근이 참여한 동학 관련 전투는 어떤 것이었는가?

1894년 탐관의 수탈과 포학하고 가혹한 정치에 항거하여 백성들이 전라도 지역을 중심으로 동학당 활동이 일어났다. 9월경에 황해도 여러 곳에서도 일어났다. 그런데 일부 지역에서는 순수한 마음으로 혁명에 참여한 이들만 있었던 것은 아니다. 동학을 빙자하여 자기 이름을 알리고 자산가들의 재산을 약탈하고 챙기려는 사람들도 있었다. 가짜 동학군의 횡포를 막기 위해 안중근 의사의 부친 안태훈은 사병들을 대동하고 진압군에게 합류하게 된다.[1] 동학당의 횡포를 걱정하여 격문을 뿌리며 동지들과 포수들을 불러 모으고 처자들까지 대열에 편입하니 정병(精兵)이 70여 명이나 되었다. 이들은 청계산에 진을 치고 동학당에 항거했다.[2]

김창수(김구)는 각 동네에 "동학당을 빙자하면서 금전을 강제로 빼앗거나 행패하는 자가 있으면 즉각 보고하라."라고 훈령을 보내고, 고발되는 대로 체포하여 무기 있는 자는 무기를 빼앗고 곤장·태장으로 다스리고, 맨손으로 행패를 부리는 자도 엄히 다스렸다.[3] 〈갑오군정실기〉[4]를 보면 황해도 농민군을 변란적 성격으로 표현한다.[5]

1894년 12월 동학당의 우두머리 원용일(元容日)이 2만여 명(저자 주: 갑오군

---

1 안중근의사기념관 이주화,〈설록: 네 가지 시선 8회〉안중근 의사에 대한 네 번째 시선
2 안중근의사숭모회·기념관(2021),《안중근 의사의 삶과 나라사랑 이야기》, 일곡문화재단
3 김구 저, 도진순 주해(2020),《백범일지》, 돌베개
4 갑오군정실기는 1894년 동학농민군을 토벌 위해 설치된 양호도순무영의 관련 공문서를 모아 작성한 필사본이다. 1895년 초에 작성된, 10책으로 구성되어 있다.
5 이경전,《갑오군정실기를 통해 본 황해도 동학군의 해주성 설명 (토론문)》

정실기에는 2천 명)을 이끌고 기세등등하게 쳐들어왔다. 부친과 함께 가세한 안중근은 새벽밥을 먹고 정병 40명을 뽑아 출발시키고 동지 6명과 함께 선봉 겸 정탐대가 되어 적병 지휘소가 있는 곳에 다다랐다.

적의 경비가 허술함을 보고 기습 공격을 제안했다. 동행하던 동지가 "얼마 안 되는 적은 군사로 어찌 적의 수만 대군을 당할 수 있겠는가?"라고 모두를 걱정했으나, 안중근은 "그렇지 않다. 병법(兵法)에 이르기를 '적을 알고 나를 알면 백 번 싸워 백 번 이긴다'라고 했다. 내가 적의 행세를 보니 함부로 모아 놓은 질서 없는 군중이다. 우리 일곱 사람이 마음을 같이하고 힘을 합치면 저런 오합지졸은 비록 백만 대군이라고 해도 두려워할 것이 없다. 아직 날이 밝지 않았으니 날쌔게 쳐들어가면 파죽지세(破竹之勢)가 될 것이다. 그대들은 망설이지 말고, 나를 따르라." 하면서 일제히 적진을 향해 사격하였다.

"동이 트자, 우리의 형세가 약한 것을 알고 사면에서 에워싸고 공격하므로 우리의 형세가 위험해졌다. 그때 갑자기 본진의 후원병들이 합세하여 공격하자 적은 사방으로 흩어져 도망가고 전리품을 거두니 무기와 탄약이 수십 바리요, 말도 그 수를 헤아릴 수 없었으며 군량도 천여 푸대요, 적병의 사상자도 수십 명이었으나 우리의 의병은 한 사람도 다치지 않았다."[6]라고 되어 있다.

동학당 정신은 내적으로는 3·1운동으로 계승되고 외적으로는 일본·청국이 개입하게 된다. 1885년 청나라와 일본 간에 맺은 톈진조약(天津條約)으로, 청국군과 일본군 군대가 충돌하여 결국 청일전쟁이 일어났다.

---

6 안중근의사숭모회·기념관(2021), ≪안중근 의사의 삶과 나라사랑 이야기≫, 일곡문화재단

📓 참고문헌

안중근의사숭모회·기념관(2021), ≪안중근 의사의 삶과 나라사랑 이야기≫, 일곡문화재단
김구 저, 도진순 주해(2020), ≪백범일지≫, 돌베개
이경전,≪갑오군정실기를 통해 본 황해도 동학군의 해주성 설명 (토론문)≫
안중근의사기념관 이주화,〈설록: 네 가지 시선 8회〉안중근 의사에 대한 네 번째 시선

안중근은 종교와 어떤 관련성을 가지고 있었는가?

안중근 의사는 대한의 독립과 동양평화를 위하여 살신성인한 참된 천주교 신앙인이었다. 그의 세례명은 토마스(Thomas)이고, 우리말로는 도마라고 부른다. 세례명 토마스를 처음에는 한자로 음역하여 '다묵(多默)'이라고 했다. ≪안중근사건공판 속기록(安重根事件公判速記錄), 1910. 5. 13.≫[1]에서는 검찰관이 "피고의 종교는 무엇인가?" 하고 묻자, 안중근 의사는 "나는 천주교 신자다."라고 대답했다.

천주교 서울대교구 정진석 니콜라오(鄭鎭奭, 1931~2021, 대한민국의 천주교 성직자, 가톨릭 추기경, 전직 천주교 서울대교구 교구장과 평양 교구장 서리 역임) 추기경은 "안중근 의사는 독실한 천주교 신앙인이셨고, 그분의 인권 수호 활동과 애국 계몽운동은 그리스도적인 사랑과 정의에 바탕을 둔 것이었습니다."라고 안중근 의사의 삶과 신앙의 관계를 언급했다.[2]

안중근 의사는 자서전 ≪안응칠 역사≫[3]에서 이렇게 적고 있다.

---

1 일제의 '안중근 의거' 재판에 대한 기록으로 ≪만주일일신문(滿洲日日新聞)≫에서 1910. 2. 8~15까지 연재, ≪안중근사건공판속기록≫이라는 단행본으로 1910. 03. 28. 초판 간행
2 2009. 10. 26. 정진석 추기경(안중근 의사의 차남 안준생이 정 추기경의 5촌 고모(작은할아버지의 딸 정옥녀 씨)와 결혼해 낳은 아들이 토니 안의 아버지 안웅호 씨, 정 추기경과 토니 안은 7촌 간이고, 정 추기경의 집안은 안중근 의사 집안과 사돈)의 예술의 전당 서예박물관에서 열린 안중근 의사 관련 특별전 '안중근, 독립을 넘어 평화를' 개막식 축사 중에서
3 ≪안응칠 역사. 安應七歷史≫는 안중근 의사가 1909년 10월 26일 하얼빈(哈爾賓)에서 이토 히로부미를 주살한 뒤, 뤼순감옥에 수감된 그해 12월 13일부터 1910년 3월 15일까지 기록한 자서전적인 옥중 수기로 ≪안중근 의사 자서전≫이라고 말하기도 한다. 안응칠은 안중근 의사의 어릴 때의 이름(아명)이다.

그 무렵, 아버지는 열심히 복음을 전파하니 천주교에 입교하는 사람들이 날마다 늘어갔다. 우리 가족도 모두 천주교를 믿게 되었고 나도 역시 프랑스 선교사 홍 신부(빌렘, Nicolas Joseph Marie Wilhelm, 洪錫九, 1860~1938) 요셉에게서 영세를 받고 본명을 도마라 하였다. 교리를 배우고 도리를 토론하며 여러 달을 지나 신심이 굳어지고 의심치 않고 천주 예수 그리스도를 착실히 믿고 숭배하며 몇 해를 지냈다. 그때 교회를 확장하고자 나는 홍 신부와 함께 여러 고을을 다니며 전도하고 군중들에게 연설했다.

이른바 천명(天命)의 본성이란 지극히 높은 천주께서 사람의 태중에 불어넣어 준 것으로 영원무궁토록 죽지도 멸하지도 않는 것이오. 그러면 천주는 누구인가. 한 집안에는 집주인이 있고 한 나라에는 임금이 있듯이 이 천지 위에는 천주가 계시어 시작도 끝도 없이 삼위일체(성부, 성자, 성신)로서 전능(全能), 전지(全知), 전선(全善)하고 지공(至公), 지의(至義)하여 천지만물, 일월성신을 만들어주시고 착하고 악한 것을 상 주고 벌주시는 오직 하나요 둘이 없는 큰 주재자(大主宰者)가 바로 그 분이오. (중략) 지금으로부터 2천여 년 전에 지극히 어지신 천주님이 이 세상을 불쌍히 여겨 만인의 죄악을 속죄하여 구원해 내고자 천주님의 둘째 자리인 성자(聖者)를 동정녀 마리아의 뱃속에 잉태케 하여 베들레헴에서 탄생시키니 이름하여 예수 그리스도라 했소. 지금 문명국의 학사·박사들도 예수 그리스도를 믿지 않는 사람들이 없소. (중략) 원컨대 우리 대한의 모든 동포 형제 자매들은 크게 깨닫고 용기를 내어 지난날의 허물을 참회함으로써 천주님의 제자가 되어 현세를 도덕 시대로 만들어 다 같이 태평을 누리다가 죽은 뒤에 천당에 올라가 영생을 함께 누리기를 만 번 바라오.

안중근 의사의 집안은 3대에 걸쳐 독립운동에 참여했으며, 2025년 기준으로 가문에서 16명이 독립유공자로 추서되었다. 그들 대부분은 천주교 신자들이었다. 황해도 신천군 청계동 본당 교우였던 이들을 신앙으로 이끈 이는 당시 파리외방전교회 소속으로 조선에 파견된 '홍 신부' 즉 빌렘 신부였다. 빌렘 신부는 1881년 파리외방전교회 신학교 졸업 후, 1883년 사제서품을 받았다. 1886년 조불수호통상조약으로 조선에 가톨릭 신앙의 자유가 허용되자, 1888년 조선에 선교사로 파견되었다. 1889년 제물포성당(現 천주교 인천교구 주교좌 답동성당) 주임 신부, 1890년 용산 예수성심신학교 교수 역임 후, 고향인 모젤이 독일 영토에 편입되자 국적 문제로, 프랑스로 귀국하였다가 1891년 조선으로 재입국하여 당시 천주교 수원교구왕림성당인 갓등이 본당(한강 이남 최초의 본당) 임시 주임 신부로 활동하였다. 1896년 황해도로 파견되어 당시 해주 청계동에 거주하던 안중근의 아버지 안태훈과 친분을 맺었다.

노르베르트 베버(Norbert Weber, 1870~1956, 독일 성 베네딕도회 상트 오틸리엔 수도원 총아빠스) 신부가 1911년 우리 땅을 방문하고 기록한 책 ≪고요한 아침의 나라≫에서는 빌렘 신부의 안내로 청계동 성당과 안중근 의사의 집을 방문한 내용을 언급했다.

> 그 집안은 청계동의 내력과 밀접히 얽혀 있을 뿐 아니라 최근 한국 역사에서도 중요한 몫을 했다. (중략) 청계동에서 천주교가 다시 살아난 데에는 안 씨 가정이 앞서 있었다. 특히 당시 이 집의 가장이었던 안 베드로(안태훈)가 그러했다. 그의 영향과 위엄이 마을 사람들 모두를 천주교로 인도했다.

그리고, 그의 가족을 마당과 안방에서 촬영한 사진이 전해진다.

1894년 부친 안태훈 진사는 전 선혜청 당상 민영준(閔泳駿, 1852~1935, 후에 민영휘로 개명)과 탁지부대신 어윤중(魚允中, 1848~1896)에게 황해도 동학군 소요 때 노획한 군량미를 상환하라는 압력을 받았다. 안태훈 진사는 종현(鐘峴)성당(부지 이름이 종현이었다. 現 명동성당, 천주교 서울대교구주교좌성당)으로 피신하고 프랑스 신부들의 도움을 받았다. 1896년 군량미 문제가 해결되자 안태훈 진사는 교리사 이종래(바오로)와 더불어 ≪천주교교리문답≫, ≪12단≫ 등 교리서 120여 권을 가지고 청계동으로 돌아왔다. 당시 매화동 본당 빌렘 주임 신부에게 공소 설치를 제안하고, 1897년 빌렘 신부에게 가족, 청계동 주민 33인과 함께 세례를 받았다. 부친 안태훈은 베드로, 모친은 마리아, 안중근 의사는 토마스, 부인은 아녜스라는 세례명을 받았다.

안중근 의사는 천주교 신자로서 충실히 살아가고, 성당의 복사(Altarboy, 천주교 성당에서 미사 중 제단에서 봉사하는 활동), 전도 활동에 적극적이었다. "그때 교세가 확장되어 교인이 수만 명에 이르고 선교사 여덟 분이 황해도에 머물고 있었다."라고 ≪안응칠 역사≫에서도 밝히고 있다.

안중근 의사는 빌렘 신부에게 천주교 교리, 불어 등을 배우며 함께 천주교 포교에 적극 참여했다. 후에 빌렘 신부는 뮈텔(Gustave-Charles-Marie Mutel, 閔德孝, 1854~1933) 주교의 명을 어기고 일제로부터 사형 선고를 받은 안중근 의사를 찾아가 고해성사를 주고 미사를 집전했다.

안중근 의사는 전도 활동 중에 만난 일반 백성들의 교육 수준이 낮다는 것을 알고 민중 계몽의 필요성을 느끼게 되었다. 민중 계몽에 종사할 인재들 양성을 위해 대학교 설립을 계획한 안중근 의사는 뮈텔 주교, 외국인 신부들과 상의하였다. 그러나 "한국인들이 학문하면 믿음에 좋지 않다."라는 이유로 반대하여 대학교 설립을 실행하지 못했다. 이 일로 안중근 의사는 배우던 불어 공부를 중단했고, 우리 민족 스스로의 힘을 키우기로 다짐하였다. ≪안응칠 역사≫에서도 다음과 같이 기록하였다.

> 그때 한 친구가 묻기를 "무엇 때문에 외국어를 배우지 않는가?", "일본말을 배우는 자는 일본의 종이 되고, (중략) 프랑스 말을 배우다가는 프랑스 종놈을 면치 못할 것이다. 그래서 그만둔 것이다. 만일 우리 대한이 세계에 국력을 떨친다면 세계 사람들이 우리말을 배울 것이니 그대는 조금도 걱정하지 말게."

안중근 의사는 적극적인 교회 활동과 견고한 신앙심으로 자신의 고을에서 민중과 천주교 신자들의 총대(總代)로 추대되었다. 힘없는 민중의 처지를 대변하고 권익을 보호하기 위해 많은 활동을 했다. 인근 금광 감리(監理)가 천주교를 비방하는 일이 생기자 그를 찾아가 설득했다. 또한, 중앙 고위 관리에게 처와 재산을 뺏긴 천주교 신자의 어려운 사정을 듣고 권력층과 당당하게 맞서 해결하기도 하였다.

종교인의 살인, 어떻게 해석할 것인가에 대해 안중근 의사의 제10회 신문(訊問)에서 확인할 수 있다.

> **검찰관**: 이토 히로부미 주살은 교지에 반하는 행위가 아니었는가?
> **안중근**: 천주교에서 살인 행위는 죄악이지만, 남의 나라를 탈취하고 사람의 생명을 빼앗으려는 자가 있는데도 수수방관한다는 것은 죄악이므로 나는 그 죄악을 제거한 것뿐이다.

안중근 의사의 종교적 신념에 동요는 없었다.

1946년 당시 경향잡지사에서 발행한 ≪독립운동선구 안중근 선생 공판기≫ 부록에는 안중근 의사가 의병 전쟁 중에 교회 서적을 갖고 다녔고, 매일 아침·저녁기도, 묵주기도를 바쳤다는 가족의 증언도 실려 있다.

▲ 안중근 의사가 빌렘 신부에게 보낸 엽서

빌렘 신부도 비슷한 기록을 남겼다. 의병 전쟁 중에는 두 부하에게 대세를 주며 "천주가 만물을 창조하신 일과 지극히 공평되고, 지극히 의롭고, 선악을 구별하는 도리와 예수 그리스도가 세상에 내려오셔서 구속하는 일들을 낱낱이 설명했더니, 두 사람이 천주를 믿겠노라고 하므로 곧 교회의 규칙에 따라 대세(代洗, 대리로 세례를 주는 일)를 주고 예를 마쳤다."라고 했다. 옥중에서 모친과 아내에게 장남 안문생(베네딕도, 일명 분도)이 신부가 되도록 당부하기도 했다.

안중근 의사는 《안응칠 역사》 마지막 장을 이렇게 마무리하고 있다.

그때 홍 신부는 내게 성서의 도리를 가지고 강론한 뒤에 고해성사를 주고, 이튿날 아침 미사 성세(聖洗) 대례를 거행하고, 성체(聖體) 성사로 천주의 특별한 은혜를 받으니, 감사하기 이를 길 없었다. 이때 감옥소에 있는 일반 관리들이 모두 와서 참례했었다. (중략) '인자하신 천주께서 너를 버리지 않을 것이며, 반드시 거두어 주실 것이니 마음의 평화를 가지라.' 하며 손을 들어 강복하고 떠나가니, 때는 1910년 경술 음력 2월 초하루 오후 2시쯤이었다. 이상은 안중근의 32년 동안 역사의 대강이다.

1910년 경술 음력 2월 초 5일 (양력 3월 15일)

뤼순 옥중에서 대한국인 안중근 쓰다

안중근 의사는 무엇보다도 미완이기는 하나 《동양평화론(東洋平和論)》을 저술했고, 공정과 정의가 바탕인 하느님 평화를 이 땅에 실현하고자 '하얼빈 의거'를 감행했다. 32년의 짧은 생애 동안 조국애와 인류의 보편적 가치인 평화 구현을 위해 역동적인 삶을 살았다. 독실한 신앙인이자 교육자이고, 사상가이며 의병장으로서 시대가 요구한 민족적 과제 앞에 홀연히 온몸을 던진 민족정기의 화신이었다.[4] 즉, 안중근 의사는 천주교인으로서 그 교리인

---

4   노산 이은상(李殷相, 1903~1982, 대한민국 시조 시인, 사학자, 명예 문학박사), 안중근의사기념관,

박애주의를 실천하는 데 그의 삶을 바친 것이다.

 참고문헌

안중근(1910), ≪안응칠 역사(安應七歷史)≫
조제프 빌렘(2020), ≪빌렘 신부, 안중근을 기록하다≫, 한국교회사연구소
노르베르트 베버(2022), ≪고요한 아침의 나라≫, 분도출판사
안중근의사숭모회(https://www.patriot.or.kr/)
가톨릭신문(2025.03.20.), "[특별 좌담] 신앙인 안중근과 시복"
가톨릭평화신문(2025.03.23.), "안중근 토마스 의사 가족과 빌렘 신부 그리고 청계동성당 〈하〉"

(2017.03.26.), 안중근 의사 자서전 ≪안응칠 역사≫ 발간사에서

한국 천주교는 안중근을
어떻게 평가하는가?

    1909년 안중근 의사의 '하얼빈 의거' 당시 조선 천주 교회 최고 책임자는 프랑스 출신 뮈텔 주교였다. 뮈텔 주교는 '이토 히로부미를 살해한 범인이 천주교 신자'라는 통보를 받고 '절대 아님'이라 답변했다.
    뮈텔 주교는 ≪뮈텔 주교 일기 4≫에 다음과 같이 기록했다.

    10월 26일, 드망즈 신부가, 한 한국인에 의하여 이토(伊藤) 공이 암살되었다는 소문이 장안에 나돌고 있다는 소식을 전하러 저녁 5시경에 왔다. 암살 장소는 처음에는 봉천(奉天)으로 전해졌다. 그러나 하얼빈일 것이라고 한다. 애도의 인사를 하러 통감부로 가서 소네 자작의 비서인 사다케(佐竹) 남작과의 면회를 청했다. 통감부에서는 모두들 이토 공이 사망했다고 말하고 있었지만, 아직 공식적인 소식은 아니라고 했다. 이토 공이 테러를 당하고 그 상태가 매우 위급하다는 사실만 알고 있었다.
    정치란 서글픈 것이다. 이토 공의 이번 암살은 공공의 불행으로 증오를 일으켜야 했음에도 불구하고 그러한 모습은 일본인들이나 몇몇 친일파 한국인들에게서만 보일 뿐이고 일반 민중에게는 오히려 그것이 기쁜 소식으로 받아들여지고 있을뿐더러 그런 감정이 아주 전반적이다.
    이토 공이 한국에 가져다준 그 모든 공적과 실질적인 이익까지도 한국을 억압하려는 수단으로 간주되고 있다. 그 결과 1895년 10월 왕비의 암살, 1905년 11월의 보호 조약, 1907년 7월 황제의 폐위 등등이 모두 그의 책임으로 돌려지고 있다. 그러므로 그의 암살은 정당한 복수로 여겨져 모두가 기뻐하고 있다.
    또한, 10월 30일 이토 공의 암살 주범이 천주교인이라는 고발이, 원래 신천(信川)

출신으로 2년여 전에 블라디보스토크 쪽으로 떠났다는 암살자에 대한 소식들과 함께 다시 화제가 되었다. 이러한 상황들로 볼 때 그것은 아마 안(安)도마를 두고 하는 말일 것이다. 그러나 암살자의 이름을 안응칠(安應七)이라고 확실히 대고 있는데, 그 이름은 안 도마의 이름과는 다르다.

그 후 안중근 의사가 천주교 신자로 밝혀지자 뮈텔 주교는 안중근 의사의 '하얼빈 의거'를 살인 행위로 단죄했다. 이를 뮈텔 주교는, 일기에서 다음과 같이 기록했다.

> 11월 2일, 불행히도 오늘 오후 또 다롄에서 온 전보가 우리의 모든 희망을 모두 수포로 돌아가게 했다. 이 전보에 의하면 응칠이란 이름은 암살범이 여기저기서 여러 번 사용한 가명이고 진짜 이름은 안중근이라는 것이다. 또 그는 간도에 있을 때 다묵(多默)이라는 이름을 취했는데, 사람들은 그것이 불행한 안 도마의 본명임을 의심치 않고 있는 것 같다. 또, 그는 혁명단에 가입하여 이토 공을 살해할 맹세를 하면서 왼손의 손가락을 잘랐다는 것이다. 또, 당장은 그의 이름을 숨기고자 한 어떤 높은 사람이 그 비용을 대주었을 것이라 했다.

그 당시 조선 천주교 지도자들은 신유박해[1]를 비롯하여 온갖 위협과 박해를 겪으면서도 신앙의 자유를 지키기 위해 노력했으며, 정치권력과 마찰이나 갈등을 초래할 수 있는 모든 활동을 엄격히 금지했다. 또한, '정교분리 원칙'에 따라 뮈텔 주교는 "안중근이 자기 잘못을 뉘우치는 공적인 표지를 보이지 않는 한 가톨릭교회의 자녀로서 성사를 받을 수 없다."라고 했다.

---

1 신유박해(辛酉迫害) – 1801년 천주교에 대한 조선 왕조 최초의 대대적 박해 사건. 박해의 결과 중국인 선교사 주문모 야고보 신부 등 약 300여 천주교 신자들이 순교함. 종교 탄압을 넘어, 조선 후기 정치권력의 재편과 이념적 갈등, 그리고 개인의 신앙 자유 문제가 드러난 역사적 사건. 순교를 기반으로 한 조선 천주교가 더욱 뿌리내리는 계기가 되었음.

그러나, 1979년 명동성당에서 거행된 '안중근 의사 탄생 100주년 기념미사'를 시작으로 한국 천주교의 안중근 의사 평가는 달라졌다. 이 미사에서 노기남 바오로(1902~1984, 최초의 한국인 주교, 제10대 천주교 서울대교구장) 대주교는 "안중근 의사의 의거는 사사로운 원한이 아니라 조국과 동양의 평화를 위한 것"이라고 했다.

1986년 '안중근 의사 순국 76주년 추모 미사'에서도 한국 교회사 연구소 소장 최석우 신부는 "안 의사는 목숨을 바칠 만큼 나라에 충성을 다했을 뿐만 아니라 그에 앞서 동포에게 복음을 전하는 참 신앙인의 삶을 살았던 분이라고 강조하고, 따라서 그는 신앙인의 입장에서 자신의 의거가 전쟁의 일환이며 전쟁 중의 정당방위는 가톨릭 신앙에서도 정당화될 수 있다는 확신을 안고 의거에 임했다."라고 밝혔다.

1993년 김수환(金壽煥, 1922~2009, 스테파노) 추기경은 공식적으로 처음 '안중근 의사 추모 미사'를 집전하고 안중근 의사를 사실상 복권했다. 김수환 추기경은 "일제 치하 교회가 안중근 의사 의거에 대한 바른 판단을 내리지 못하고 여러 잘못을 범한 것에 대해 연대 책임을 느낀다. 의거는 일제의 무력 침략 앞에 독립전쟁을 수행하는 행위였으므로 정당방위이며 의거로 보는 것이 마땅하다."라고 선언했다. 3·1운동 민족 대표 33인[2]에 천주교인은 없었다. 그래서 김수환 추기경의 말은 일제 치하 한국 천주교의 잘못을 돌이키고 바로잡은 것으로 평가된다.

또, 한국 주교 회의는 2000년 11월 과거사 반성 문건 〈쇄신과 화해〉를 발표했다. 그 문건 2항에서 "우리 교회는 열강의 침략과 일제의 식민 통치로 민족이 고통을 당하던 시기에 교회의 안녕을 보장받고자 정교분리를 이유로 민족 독립에 앞장서는 신자들을 이해하지 못하고 때로는 제재하기도 하였음을 안타깝게 생각한다."라고 밝혔다. 안중근 의사를 직접 거론하지 않았지

---

2   3·1운동 민족 대표 33인 – 개신교 16명, 천도교 15명, 불교 2명

만, '하얼빈 의거'에 대한 새로운 관점을 제시했다.

장병일 가톨릭신문 편집국장은 '안중근 의사 순국 112주년 기념 가톨릭신문 주최 좌담'에서 "이런 복권 발언과 교회법을 근거로 안중근 의사는 완전히 복권되었다는 관점과, 신앙적으로 비폭력이라는 예수님 가르침을 위반한 '죄인'이라는 시각도 여전히 존재한다."라고 했다.

한국 천주교 서울대교구는 2010년부터 안중근 의사의 '시복(諡福)'을 추진하고 있다. '시복(諡福, Beatificatio)'은 로마 교황청이 순교자, 거룩한 삶을 살았던 천주교인에게 '복자(福者)' 칭호를 부여하는 것이다. 안중근 의사의 '동양평화론' 사상이 시복을 추진하는 정신이다.

 참고문헌

중앙일보(2021.12.09.), "[더오래]천주교 신자였던 안중근, 왜 뒤늦게 '복자' 추진되는 걸까"
가톨릭신문(2022.03.20.), "신앙인 안중근과 시복"
한국교회사연구소 역주(2008), ≪뮈텔 주교 일기 4≫, 한국교회사연구소

제 2 부

의거(義擧)

의병, 단지동맹, 하얼빈 의거

安重根 바로 알기,
묻고 답하다

연추(煙秋)는 어떤 지역이며,
어떤 특징을 지니고 있는가?

　러시아는 만주 지역과 더불어 독립운동이 가장 활발했던 지역 중 하나이다. 1884년 조·러 통상 수호조약 체결 이후, 러시아 정부가 한인들의 이민을 인정하면서 러시아로의 귀화와 이주가 시작되었다. 러시아 연해주 남부 우수리 지역에 위치한 연추 마을은 블라디보스토크에서 북한, 중국, 그리고 남쪽 러시아가 접하는 현재의 크라스키노(Kraskino) 인근 접경지대에 자리하고 있다. 1867년 북쪽 해안의 군대 요새로 노보키예프스키로 불렸다. 이후 1936년부터 이곳의 명칭은 크라스키노로 변경되었다.

　19세기 후반부터 20세기 초까지 수백 가구의 한인들이 거주하던 연추는 상·중·하 세 마을로 나뉘어 있었다. 연추 마을은 단순한 한인의 이주민 정착지가 아니라, 국외 독립전쟁 본부 역할의 의병 조직을 갖고 있었다. 또한 연추는 교육과 자치 행정이 활발했던 곳으로, 한인 자치 조직인 도회소가 설치되어 마을을 운영하며 학교와 서당, 교회가 있었다. 연추는 러시아 연해주에 있었던 대표적인 한인 마을로, 구한말과 일제강점기 독립운동의 중요한 거점 중 하나였다. 연추는 특히 안중근 의사와 독립운동가들의 망명과 이주, 교육과 자치, 의병 활동의 중심지였다. 하지만 스탈린 정권의 1937년 강제 이주 정책으로 주민들이 카자흐스탄으로 이주당해 마을은 폐쇄되었다. 현재는 추카노보로 바뀐 러시아 마을이 남아 있다.

　연추 마을은 러시아 연해주에서 초기 한인 사회의 중심지 역할을 했다. 그 이유는 지리적 조건, 외교적 요인, 그리고 내부 갈등 등 세 가지로 요약할 수 있다.

1) 지리적 인접성, 연해주 지역 중심지

연추는 북한과 러시아의 국경인 두만강과 지리적으로 가깝고 한인들이 많이 거주한 중국 만주의 북간도, 서간도 등과도 접해 있었다. 따라서 연추는 구한말 많은 독립운동가와 연해주 한인 의병이 중국의 훈춘과 북간도, 북한 등을 오갈 때면 거쳐 가던 곳이었다. 노보키예프스키로 불리던 당시 연추 마을은 군대 외에도 전신국, 세무서 등 행정기관과 경찰서가 있는 연해주 남부 지역을 포괄하는 군사적, 행정적 중심지였다.

2) 러시아의 우호적 태도, 망명지 항일 독립운동의 거점

연해주는 원래 청나라의 영토였지만, 1860년 베이징 조약으로 제2차 아편전쟁에서 청나라가 영국과 프랑스에 밀리자, 러시아는 중재자 역할을 하며 연해주(우수리강 동쪽 지역)를 완전히 자국 영토로 편입했다. 이렇듯 새로이 획득한 영토의 개발, 식량 확보, 값싼 노동력이 절실했던 러시아 관헌들의 한인 이주와 정착에 대한 적극적인 환영과 배려 덕분에 연해주 곳곳의 한인들은 한인 디아스포라[1]를 형성하였다. 동포 사회를 기반으로 연추는 구한말 연해주에서 대한독립을 위한 의병 전쟁의 중심지가 되었다. 특히 안중근 의사가 1908년 봄 최재형, 이범윤, 이위종 등 한인 지도자들과 동의회(同議會)를 조직하고, 1908년 여름 국내진공작전을 계획하여 일본군과 전투를 벌였던 연해주 의병의 본부가 있었던 곳이다.[2] 또한 의병 투쟁 여건이 어려워진 상황에서 안중근 의사는 연추에서 동의단지회(同義斷指會)[3]를 결성하고, 마침내

---

1 흩어진 사람들이라는 뜻으로, 팔레스타인을 떠나 온 세계에 흩어져 살면서 유대교의 규범과 생활 관습을 유지하는 유대인을 이르던 말
2 신동아(2003년 6월호), "연해주 초기 한인사회의 중심지 연추 마을"
3 동의단지회는 종래 단지동맹으로 통상 호칭되고 언급되어 왔다. 독립운동사학계의 원로인 윤병석 교수가 단지동맹의 정식 회명이 '동의단지회'라는 사실을 밝혔다.

1909년 10월 26일 이토 히로부미를 주살하는 거사를 단행했다.

3) 조선의 흉년과 가난, 조선 지배층의 착취

고구려와 발해의 활동무대 연추는 역사적인 연결 고리로 인하여 1860년대 이후 조선 지배층의 착취와 억압, 거듭된 흉년과 가난으로 농민들은 탈출하여 연해주에 정착하였다. 연해주는 소련, 중국, 일본 등 강대국 사이의 전략적 요충지로, 조선 독립운동가들이 국제적 외교 활동과 정보전을 펼치기에 유리한 지역이었다. 초기 이주민들이 연해주의 추위를 극복하고, 황폐한 땅을 피와 땀으로 개간하여 한인 자치 조직인 '도회소'를 설치하여 마을을 운영한 연추는 러시아 연해주에 있었던 대표적 한인 마을이었다. 1905년 을사늑약과 1907년 정미7조약, 군대해산을 계기로 정치 망명자들이 대거 국경을 넘어와 연추는 항일 독립전쟁 무대의 중심이 되었다.

참고문헌

안중근의사숭모회 · 기념관(2024), 《안중근 안쏠로지》, 서울셀렉션
안중근의사숭모회 · 기념관(2021), 《안중근 의사의 삶과 나라 사랑 이야기》, 일곡문화재단
화문귀 주필 · 유병호 역(2009), 《안중근연구》, 遼寧民族出版社
안중근(2020), 《안응칠 역사: 비판정본》, 독도도서관친구들
박민영(2010). 안중근의 연해주 의병투쟁 연구. 한국독립운동사연구, 35, 189–234.
박민영(2010). 안중근의 동의단지회(同義斷指會) 연구. 군사연구, 129, 7–38.
최장옥, 사단법인 미래 군사학회(2025), 《광복 80주년 기념 일제강점기 연해주 일대 독립운동사 재조명 학술 세미나》, 오름디자인기획
변병률(2013), 《여명기 민족운동의 순교자들》, 신서원
신동아(2003년 6월호), "연해주 초기 한인사회의 중심지 연추(延秋) 마을"

안중근이 벌인 의병 활동은
어떤 방식으로 전개되었는가?

안중근 의사의 의병 투쟁은 신천의려군 박석골 전투 시기와 연해주 의병 투쟁 시기에 실제로 이루어졌다. 또한, 의병 투쟁을 모색하고 준비하던 시기는 상하이 이주 계획과 교육을 통한 구국운동 시기의 교육 내용 등에서 찾아볼 수 있다.

1) 박석골 전투(황해도 안악군)

안중근 의사가 평생 하고 싶었던 일 네 가지[1] 중 사냥과 승마는 집에 자주 드나들던 포수꾼들의 영향으로 사냥을 잘해 명사수로 이름이 높았다. 아버지 안태훈은 개인적으로 사병을 양성했다.

1894년에 동학당[2]이 일어났다. 황해도 지역에는 동학당의 우두머리 원용일이 2만여 명을 이끌고 청계산으로 쳐들어왔다. 부친 안태훈은 신천의려군을 조직하였다. 그러나 그 수는 70여 명을 넘지 못하였다. 당시 열여섯 살이던 안중근도 부친을 따라 의병을 지휘하였다. 청계동 사람들이 동학당의 기세에 눌리자, 안중근 의사는 "반드시 큰 공을 세우려면 지금 적진을 습격하여야 한다."라고 독려하였다. 동지 6명과 안중근 의사는 정탐대의 선봉에 서서

---

1 안중근의사숭모회·기념관(2021), ≪안중근 의사의 삶과 나라 사랑 이야기≫, 일곡문화재단, 친구를 사귀어 의를 맺는 일(親交結義), 술 마시고 춤추고 노래하는 것(飮酒歌舞), 총으로 사냥하는 것(銃砲狩獵), 날랜 말을 타고 달리는 것(騎馳駿馬), p.24.
2 1894년 전라도 고부 군수 조병갑의 수탈에 항거하여 일어난 농민운동으로 동학 접주 전봉준에 의해 동학혁명으로 발전한 정치 변혁 운동이다. 안중근 안쏠로지, 안중근 기념관, p.20.

말하기를 "병법에 이르기를 '나를 알고 적을 알면, 백번 싸워 백번 이긴다.'라고 했다. 내가 적의 형세를 보니 함부로 모아 놓은 질서 없는 군중이다. 우리 일곱 사람이 마음을 같이하고 힘을 합하기만 하면 저 오합지졸은 비록 백만 대군이라고 해도 두려울 것이 없다. 아직 날이 밝지 않았으니 뜻밖에 쳐들어가면 파죽지세가 될 것이다. 그대들은 망설이지 말고 나를 따르라."라고 전략을 제시했다. 아버지를 도와 안중근 의사는 적을 기습 공격하여 박석골 전투에서 동학당을 진압하였다.

안중근 의사는 이미 16세에 무예와 병법을 통해 훌륭한 용사로 전력의 절대 열세 속에서도 담대한 용기와 탁월한 지략을 바탕으로 기습전을 감행하여 전투를 승리로 이끌었다. 또한 소년으로 뛰어난 통솔력을 발휘하여 주위로부터 두터운 신망을 얻었다.[3]

한편, 동학당과의 싸움을 경험하면서 안중근 의사는 이후 늘 국가의 안위를 걱정하게 되었다. 동학당 진압의 박석골 전투는 1894년 안중근 의사의 생애 첫 번째 의병 활동으로 ≪안응칠 역사≫에 기록되어 있다.

2) 상하이(上海) 이주 계획 무산

안중근 의사는 프랑스 빌렘 신부에게 교리 수업을 받으며 독실한 신도가 되어갔다. 홍석구 신부와 천주교 전도 활동을 하며 포교 그 자체에 그치지 않았다. 정의로운 사회에 관한 문제의식과 국가와 민족에 관한 구국정신으로 불의를 보면 참지 않았다.

대한제국은 1905년 일본에 의해 을사늑약을 체결 당했고, 이로 인해 부친 안태훈은 마음의 울분으로 병이 깊어졌다. 이에 안중근은 "일본이 러시아와 전쟁을 시작할 때, 일본의 선전포고문 가운데, '동양의 평화를 유지하고, 대

---

3 신운용. (2010). 안중근의 군인관의 형성과 전개. 군사연구, p.39.

한의 독립을 굳건히 하겠다.'라고 약속해 놓고, 이제 일본이 그 같은 대의를 지키지 않고, 음흉한 책략을 자행하는 것이 모두 일본의 대 정치가인 이토 히로부미 계략이다.[4] 지금 의거를 일으켜 이토 히로부미의 정책에 반대한들 힘이 없어 부질없이 죽을 뿐 아무 이익이 없다. 청국 산둥(山東)과 상하이 등지에 대한인들이 많이 산다 하니, 우리 집안도 모두 그곳으로 옮겨 후일을 도모하자."라는 내용으로 아버지와 논의하였다.

이처럼 부자간의 울분과 논의를 고려할 때, 안중근은 1905년 을사늑약 이후 일본의 국권 침탈이 심해지자, 구국 투쟁의 새로운 방법으로 의병 투쟁을 모색했다고 볼 수 있다. 그리하여 그는 산둥을 경유하여 상하이에 갔다. 안중근이 국외 이주를 계획할 때 국권 회복 운동의 방책을 도모하고자 기대를 걸었던 곳은 바로 상하이였다. 상하이는 세계 해상 교통의 중심지일 뿐만 아니라 치외법권이 인정되는 조계지(租界地)가 있던 국제도시였다. 안중근 의사는 이미 을사늑약 직후에 상하이를 국권 회복 운동의 거점으로 생각하고 있었다.[5]

상하이에 간 안중근 의사는 그곳에서 서상근과 민영익(閔泳翊, 1860~1914)을 만나 국권 회복 운동에 참여할 것을 권유했다. 그러나 서상근은 이를 거절했고, 민영익을 비롯한 유력 한인들은 무관심하고 냉담한 반응을 보였다. 안중근 의사가 상하이에서 유력 한국인인 민영익을 찾아갔을 때, 문지기가 "대감은 대한인은 만나지 않는다."라며 문을 닫아버려 민영익을 만날 수조차 없었다. 이에 안중근 의사는 다음과 같이 분개하여 크게 꾸짖고 다시는 민영익을 찾지 않았다.

---

4 안중근의사숭모회·기념관(2021), ≪안중근 의사의 삶과 나라 사랑 이야기≫, 일곡문화재단, p.52~53.
5 독립기념관(https://i815.or.kr), 간행물, 독립운동가 열전, 안중근의 생애와 구국운동, 제2장 민족의 위기와 계몽 운동에의 투신, 1. 을사5조약 중국 이주의 계획

공(公)은 한국인이 되어서 한국 사람을 안 만난다고 하면 어느 사람이라야 만날 것인가? 공은 한국에서 대대로 국록을 먹은 신하로서 이같이 위급한 시기에 전혀 사람 사랑하는 마음 없이 베개를 높이하고 편안히 누워 조국의 흥망을 잊어버리고 있으니, 세상에 이 같은 일이 있어도 좋단 말인가. 오늘날 나라가 위급해진 것은 그 죄가 전혀 공과 같은 고관대작들한테 있는 것이요. 무엇이 부끄러워서 만나지 않겠다는 것인가.[6]

3) 국권 회복 운동 준비 과정(교과에 교련 시간 배정, 군대식 훈련)

안중근 의사는 상하이를 둘러보던 중 황해도 지방에서 전도 활동을 하던 프랑스 곽 신부를 만나, 해외로 망명하기보다 국내에서 교육을 장려하고, 경제를 일으키고, 민심을 단합하고 실력을 기르는 것이 대한의 독립을 위한 길이라는 권유를 받아들였다. 이에 진남포에 삼흥학교(三興學校)를 세웠다. 삼흥은 토흥(土興)·민흥(民興)·국흥(國興)을 가리키는 것으로 국토와 국민이 흥하여 나라를 일으킨다는 의미를 지녔다. 이렇듯 삼흥학교는 학교명에서부터 분명하게 구국의 의지를 나타내고 있다.[7]

한편, 안중근 의사는 돈의학교(敦義學校)를 인수하여 교육 운동에 박차를 가하였다. 안중근 의사가 설립한 삼흥학교와 인수한 돈의학교는 명문 학교로 번창하였다. 교련 시간에 목총과 나팔 그리고 북을 사용하면서 군대식으로 훈련했다.

교과 과정에 교련 시간을 두어 군대식 훈련을 한 것은 구국운동의 준비 과정으로 구국운동의 역군을 배출하는 데 역점을 두었다.[8] 돈의학교와 관련하

---

6 안중근의사숭모회·기념관(2021), 《안중근 의사의 삶과 나라사랑 이야기》, 일곡문화재단, p.54.
7 독립기념관(https://i815.or.kr), 간행물, 독립운동가 열전, 안중근의 생애와 구국운동, 제2장 민족의 위기와 계몽 운동에의 투신, 2. 진남포의 이주와 교육 운동

여 특히 주목되는 사실은 1907년 가을 진남포에서 평안남북도 및 황해도 3도의 60여 개교 약 5천 명이 참가한 가운데 학과 연합경기가 벌어진 공사립학교 연합 수능 대회에서 돈의학교가 단연 1등의 성적을 거두었던 점이다.[9] 이는 안중근 의사가 의병 활동의 초석으로 학생들에게 군대식 훈련과 구국운동의 동량(棟梁)[10]을 키우는 인재 양성의 학교 교육에 심혈을 기울였음을 알 수 있다.

4) 연해주 망명과 동의회(연해주 의병부대의 결성) 창설

통감이던 이토 히로부미는 헤이그 특사 사건을 빌미로 1907년 7월 고종 황제를 강제로 퇴위시켰다. '정미 7조약'을 강제하여 대한제국 군대까지 해산시키며 대한을 반식민지로 만들었다. 이 같은 망국의 상황이 되자 안중근 의사는 상경하여 이동휘 등 신민회 인사들과 구국 대책을 협의하였다. 이 과정에서 국권 회복 운동 방략을 구국 교육계몽 운동에서 적극적인 독립전쟁 전략으로 바꾼다.[11]

안중근 의사는 1907년 8월 서울, 부산, 원산을 경유하여 북간도의 서전서숙(瑞甸書塾)[12]에도 출입하는 등 두 달가량 용정 등지를 무대로 분주하게 활동하였다. 그러나, 북간도는 통감부 간도 임시 파출소가 설치되어 한인의 민족운동을 탄압하였다. 북간도는 일본 경찰의 주둔으로 발붙일 곳이 없었다.[13]

---

8 독립기념관(https://i815.or.kr), 간행물, 독립운동가 열전, 안중근의 생애와 구국운동, 제2장 민족의 위기와 계몽 운동에의 투신, 2. 진남포로의 이주와 교육 운동
9 독립기념관(https://i815.or.kr), 간행물, 독립운동가 열전, 안중근의 생애와 구국운동, 제2장 민족의 위기와 계몽 운동에의 투신, 2. 진남포로의 이주와 교육 운동
10 마룻대와 들보로 쓸 만한 재목이라는 뜻으로, 집안이나 나라를 떠받치는 중대한 젊은이라는 뜻
11 안중근 의사 숭모회(https://www.patriot.or.kr), 대한국인 안중근, 생애, ⑤ 연해주 망명과 동의회 창설
12 대한제국(大韓帝國) 융희(隆熙) 원년(元年)(1907)에 이상설(李相卨) 등이 교포(僑胞) 자제(子弟)의 교육을 위하여 북간도(北間島)에 세운 학교
13 안중근의사숭모회·기념관(2021), ≪안중근 의사의 삶과 나라 사랑 이야기≫, 일곡문화재단, p.61.

이에 안중근은 러시아 연해주로 건너갔으며, 1907년 10월 20일 연추(現 크라스키노)를 지나 해삼위(海蔘威, 現 블라디보스토크)로 들어갔다.[14]

러일전쟁(1904) 직후 일본과 적대 관계에 있던 러시아는 한국 독립운동가에게 비교적 관대했다. 애국 인사들이 블라디보스토크에 모였다. 블라디보스토크에는 당시 4, 5천 명 정도의 동포가 살고 있었으며 한국인 학교와 청년회도 세워져 있었다.[15] 안중근 의사는 블라디보스토크에 도착한 직후 계동청년회(啓東靑年會)에 가입하여 임시 사찰(査察)의 일을 맡아보면서 국외에서 의병을 조직하여 독립전쟁 전략 계획을 구체화시켰다.

이를 위해 안중근 의사는 연해주 일대의 한인촌을 유세하였으며, 1908년 3월에는 연해주 한인 사회의 인심 통합과 단결이 우선되어야 한다는 점을 역설한 〈인심결합론〉이라는 글을 〈해조신문〉에 기고하기도 하였다. 이를 통해 의병을 모집하여, 연해주 한인 사회의 인물 최재형(崔在亨, 1858~1920)과 주러시아 공사 이범진(李範晉, 1852~1911)의 지원으로 1908년 4월 연추 얀치혜에서 동의회(同義會)라는 항일 의병을 조직하였다. 총장 최재형, 부총장 이범윤(李範允, 1856~1940), 회장 이위종(李瑋鍾, 1884~?), 평의원 안중근 등이었다. 이 동의회는 실질적으로 발기인이자 우영장(右營將)인 안중근 의사가 이끌었다. 의병 부대의 규모는 3백 명 정도로 두만강 부근의 연해주 연추를 근거지로 군사 훈련을 하며 국내 진공 작전을 준비하였다.[16]

---

14 계봉우,국가보훈처(1999), ≪만고의사 안중근전(四)≫, 권업신문, 1914년 7월 19일 ; 尹炳奭 譯編, 安重根傳記全集, p516~517.
15 독립기념관(https://i815.or.kr), 간행물, 독립운동가열전, 안중근의 생애와 구국운동, 제3장 국외 망명과 의병운동의 전개, 2. 국외 의병부대의 결성
16 안중근의사숭모회(https://www.patriot.or.kr/kwa-374213), 대한국인 안중근, 생애, ⑤ 연해주 망명과 동의회 창설

5) 홍범도 의병부대와의 연합 시도, 첫 번째 승리(1차 국공 작전 상리 전투)

연추에서 국내 진공 작전을 준비하던 안중근 의사는 함경북도 지역에서 맹활약하던 홍범도(1868~1943) 의병부대와 공동 작전을 계획하였다. 홍범도는 함경도 일대에서는 제일가는 산포수(山砲手)였다. 1907년 9월 18일, 일제는 총포급화약류단속법(銃砲及火藥類團束法)을 공포하고, 산포수들의 무기와 탄약을 압수했다. 홍범도는 이에 반발하여 1907년 11월에 산포수단을 중심으로 의병을 일으켜, 갑산(甲山)·북청(北靑) 등지를 무대로 신출귀몰(神出鬼沒)의 작전으로 일본군을 가는 곳마다 격퇴하였다.

안중근 의사가 연추에서 국내 진공 작전을 도모할 때 홍범도 장군이 이끄는 의병부대는 갑산에서 북상하여 함경북도 무산군(茂山郡) 삼사면(三社面)의 서두수(西頭水) 상류 지역에 진을 치고 있었다. 안중근 의사는 홍범도 부대의 군사와 연합하여 작전을 수행하려고 연추를 출발하여 백두산 밑 농사동(農事洞)까지 갔다. 그러나 홍범도 부대와 첫 번째 연합 작전의 계획은 일본군의 추격으로 무산되어 도중에 돌아오고 말았다. 이에 안중근 의사와 엄인섭 의병부대 단독으로 진입 작전을 전개하였다.

1908년 6월 안중근 의사와 엄인섭의 연해주 의병부대는 두만강을 건너 경흥군 노면 상리(함경북도)에 진을 치고 있던 일본군 수비대를 제1차 국내진공 작전으로 급습했다. 치열한 교전으로 연해주 의병부대는 수비대의 진지를 소탕하고 일본군 여러 명을 사살하였다. 제1차 국내 진입 작전을 개시하기에 앞서 안중근 의사는 다음과 같이 의병대원들을 격려하였다.

"우리 군사는 지금 2~3백 명이다. 현재 우리는 약하고 적은 세다. 그러므로 적을 가벼이 생각해서는 안 될 것이다. 병법에 이르기를 '반드시 철저한 대책을 세우면 큰 일을 해낼 수 있다.' 했다. 우리들이 단 한 번의 의거로써 성공하지 못할 것은 분명한 일이다. 그러므로 첫 번에 성공하지 못하면 두 번, 세 번, 열 번에 이르고, 백 번을 꺾어도 굴함이 없이, 올해 안 되면 또 내년에 해보고 그것이 십 년, 백 년까지 가도 좋다.

만일 우리가 져서 목적을 이루지 못한다면 아들 대(代)에 가서 또 손자 대에까지 가더라도 기어이 대한국의 독립권을 회복해야 한다. 그렇게 해서 미리 준비하고 뒷일도 준비하여 모두 잘 준비한다면 반드시 목적을 달성할 수 있을 것이다."[17]

대규모의 전투는 아니었으나 치밀한 작전으로 완벽한 승리를 거두었다. 이로써 부대원의 사기는 더없이 충천하였고, 작전을 성공적으로 수행한 안중근 부대는 일단 두만강을 건너 무사히 연추로 귀환하였다.[18]

6) 연해주 의병 투쟁(2차 국공 작전, 홍의동·신아산 승리)

연해주 의병은 두 계통으로 최재형 중심의 동의군(同義軍)과 이범윤 중심의 창의군(倡義軍)이다. 1908년 7~8월 동의군 우영장, 안중근 의사는 연해주 의병의 한 부대를 거느리고 대규모 국내진공작전을 결행하였다. 안중근 의사는 항일전을 전개하던 야전 지휘관으로 연해주 의병의 핵심 간부 역할을 하였다.

안중근 의사는 1908년 7월 7일 포시에트를 출발해 의병을 이끌고 2차 국내 진공 작전을 수행하여 두만강을 건넜다. 안중근 의사와 함께 창의군 우덕순이 동시에 두만강을 넘어 국내로 진공하였다.

안중근 의사의 의병부대는 강을 건넌 후 두만강 건너편 경흥군 홍의동(洪儀洞)에서 항일전을 시작했다. 홍의동은 경흥읍에서 남동쪽으로 10여 km 거리에 있는 두만강 부근의 마을이었다. 이 부대는 경흥에서 출동한 일본군과 첫 전투를 통해 일본군 척후병 4명을 사살하는 전과를 올렸다. 홍의동을 습

---

17 안중근의사숭모회 · 기념관(2021), 《안중근 의사의 삶과 나라사랑 이야기》, 일곡문화재단, p.68.
18 독립기념관(https://i815.or.kr), 간행물, 독립운동가열전, 안중근의 생애와 구국운동, 제3장 국외 망명과 의병운동의 전개, 3. 국내 진입작전의 단행, (1) 홍범도 의병부대와의 연합시도와 첫번째 승리

격한 의병은 곧 북상하였다. 그리고 경흥읍 남쪽 고읍동을 경유해서 두만강을 따라 계속 북상했다.

그해 7월 9일에는 경흥읍 아래 신아산(新阿山)까지 진출하였고 10일 새벽에는 헌병분견대를 습격했다. 홍의동 전투 후에 두만강을 따라 일시 북상해서 엄인섭 부대와 합류하여 신아산 승첩을 이끈 것은 안중근 부대였다. 홍의동과 신아산에서 거둔 승리는 안중근 부대가 관북 내륙으로 깊숙이 진공하는 과정에서 발생한 조우전(遭遇戰)[19]이었다.

이때 안중근과 휘하의 의병에게 포로로 잡혔던 일본군들은 안중근 의사가 인도적 차원에서 석방하였다. 안중근 의사는 일본군 포로 석방 당시 반대하던 동료들에게 다음과 같이 설득하였다.

"어째서 사로잡은 적들을 놓아주는 것이오."라고 장교들이 나에게 불평하였다. 나는 대답하되, "현재 만국공법에 사로잡은 적병을 죽이는 법은 전혀 없다. 어디다 가두어 두었다가 뒷날 배상을 받고 돌려보내 주는 것이다. 더구나 그들이 말하는 것이 진정에서 나오는 의로운 말이라, 안 놓아주고 어쩌겠는가." 하였더니 사람들이 말하되 "저 적들은 우리 의병들을 사로잡으면 남김없이 참혹하게도 죽이는 것이요, 또 우리들도 적을 죽일 목적으로 이곳에 와서 풍찬노숙해 가면서 그렇게 애써서 사로잡은 놈들을 몽땅 놓아 보낸다면 우리들이 무엇을 목적하는 것이오." 하므로 나는 대답하되 "그렇지 않다. 적들이 그같이 폭행하는 것은 하느님과 사람들이 다 함께 노하는 것인데, 이제 우리들마저 야만의 행동을 하고자 하는가. 또 일본의 4천만 인구를 모두 다 죽인 뒤에 국권을 도로 회복하려는 계획인가. 저쪽을 알고 나를 알면 백번 싸워 백번 이기는 것이다. 이제 우리는 약하고 저들은 강하니, 악전(惡戰)할 수는 없다. 뿐만아니라, 충성된 행동과 의로운 거사로써 이토의 포악한 정략을 성토하여 세계에 널리 알려서 열강의 동정을 얻은 다음에라야, 한을 풀고 국권을 회복할 수 있을 것이니, 그것

---

19 쌍방의 군대가 행군하다가 갑작스럽게 부딪쳐 벌이는 전투

이 이른바 약한 것으로 강한 것을 물리치고 어진 것으로써 악한 것을 대적한다는 그것이다. 그대들은 부디 많은 말들을 하지 말라." 하고 간곡하게 타일렀으나 대부분 나의 의견에 따르지 않았고, 장교 중에는 부대를 나누어 멀리 가버리는 사람도 있었다.

안중근 의사는 동료들의 반발에도 불구하고 만국공법을 내세워 일본군 포로들을 석방하였다. 포로 석방에 불만을 품은 의병들은 다수 이탈하였고, 특히 엄인섭 부대는 의견충돌로 인해 연해주로 귀환해 버렸다.

이처럼 안중근이 수행한 홍의동 전투와 신아산 전투는 연해주 의병이 제2차 국내 진공 작전으로 항일전을 치르며 거둔 대표적 승첩이다. 이 두 전투는 연해주 의병이 국내로 진공해 온 초기, 곧 의병의 사기가 높고, 전투력이 비교적 강력했던 시기에 거둔 승첩으로 일본군에 대한 선제공격이 효과적이었다.[20]

7) 영산전투(靈山戰鬪)

안중근 의사를 선두로 하여 홍의동으로 들어온 의병이 신아산을 지나서 1908년 8월 11일 경원까지 두만강을 따라 북상했다. 일제 군경의 추격을 받고 8월 12일 다시 고아산과 수정리 일대로 남하했다. 관북 변경 지대에서 활약하던 연해주 의병은 계속 내륙지방으로 행군하며 18일경 회령지방에 출현하였다. 그동안 이들은 일주일간의 행군을 이어가며 도처에서 일제 군경과 전투를 벌였고, 몇 개의 부대로 나뉘어 진격하였다.

연해주 의병은 7월 18일 회령 남방 약 2km 지점까지 진격한 것으로 한국독립운동사연구소의 자료에 기록된 내용에서 이를 확인할 수 있다.[21] 회령까지

---

20 박민영. (2010). 안중근의 연해주 의병투쟁 연구. 한국독립운동사연구, 35, p.189~234.
21 한국독립운동사연구소, 韓末義兵資料 V, ≪한국주차군사령관 전보 보고의 요지(1908.7.17) · 機密 퐁 제1669호(1908.7.18.)≫, p.98~99.

진출한 것으로 현재 확인되는 부대는 동의군 계열의 전제익(全濟益)·안중근 의병을 비롯하여 창의군 계열의 김영선(金榮璿)·강봉익(姜奉翼)·우덕순(禹德淳) 의병 등이다. 그리고 이 전투에 참여한 의병 수는 러시아 측 자료에 따라 4백 명 규모로 짐작된다.[22]

안중근 부대를 비롯한 연해주 의병은 회령군 영산에서 일본군과 전투를 벌였다. 영산전투는 곧 연해주 의병이 수행한 마지막 전투였다. 이 전투에서 참패한 연해주 의병은 이후 사방으로 분산되어 일부는 연해주로 귀환하고, 나머지는 무산(茂山) 방면으로 남하를 계속하였다. 영산전투에 대해 안중근 의사는 ≪안응칠 역사≫에 다음과 같이 기록하였다.

> 일본 군인들이 습격하므로 충돌하기 4, 5시간 동안 날은 저물고 폭우가 쏟아져서 지척을 분간키 어려웠다. 장졸들이 이리저리 분산하여 얼마나 죽고 살았는지조차 진단하기가 어려웠으나 형세가 어쩔 길이 없어 수십 명과 함께 숲속에서 밤을 지냈다. 그 이튿날 6, 70명이 서로 만나 그동안의 사연을 물었더니 각각 대를 나누어 흩어져 갔다는 것이었다.

영산전투에서 참패한 안중근 의사는 온갖 고초로 한 달 이상 관북 각지를 헤맸다. 그런 후 가까스로 1908년 8월 말, 9월 초 연해주 연추로 귀환하였다. 국내 진공 작전의 한 달 보름 동안 항일 전투를 벌였고, 그 중 전반기 보름 동안 치열한 전투를 이어갔다. 안중근 의사는 연해주 의병 가운데 동의군을 지휘하여 국내 진공 작전에 가담했다. 영산전투에서 일제 군경을 상대로 사투(死鬪)를 벌였지만 패했다. 그 뒤 한 달 가까이 퇴로를 찾아가며 탈출하였다. 이와 같은 의병 경험으로 안중근 의사는 구국의 새로운 방략(方略)[23]을 모색

---
22 박민영. (2010). 안중근의 연해주 의병투쟁 연구. 한국독립운동사연구, 35, p.189~234.
23 일을 꾀하고 해 나가는 방법과 계략

하였다. 그 결과 인심 단합으로 동지간의 결속과 독립운동에 헌신할 것을 맹약하고, 동지 11명과 함께 동의단지회를 결성하였다.[24]

동의단지회는 이처럼 의병 투쟁의 여건이 어려워진 상황에서 안중근 의사가 의병 결사인 동의회의 취지와 정신을 계승하여 인심 단합을 통해 조국 독립과 동양평화에 더욱 매진할 목적으로 결성한 12명의 동지로 구성한 단체였다.[25]

단지동맹 후 안중근 의사는 연해주에 살며 〈대동공보(大東共報)〉에서 이토 히로부미가 하얼빈에 온다는 소식을 접했다. 마침내 그는 1909년 10월 26일 이토 히로부미를 주살하는 거사를 단행하였다. 이로써 안중근 의사는 동의단지회의 목적을 완벽히 실현하며 이토 히로부미 주살로 의병 활동을 마무리하였다.

참고문헌

안중근(1910), 《안응칠 역사(安應七歷史)》
안중근(2020), 《안응칠 역사: 비판정본》, 독도도서관친구들
안중근의사숭모회·기념관(2024), 《안중근 안쏠로지》, 서울셀렉션
안중근의사숭모회·기념관(2021), 《안중근 의사의 삶과 나라 사랑 이야기》, 일곡문화재단
화문귀 주필·유병호 역(2009), 《안중근연구》, 遼寧民族出版社
박민영(2010). 안중근의 연해주 의병투쟁 연구. 한국독립운동사연구, 35, p.189~234.
윤병석(2009). 安重根의 '同義斷指會'의 補遺. 한국독립운동사연구, 32, p.87~111.
국립국어원 표준국어대사전(https://stdict.korean.go.kr)

---

24 박민영. (2010). 안중근의 연해주 의병투쟁 연구. 한국독립운동사연구, 35, p.189~234.
25 윤병석. (2009). 安重根의 '同義斷指會'의 補遺. 한국독립운동사연구, 32, p.87~111.

안중근은 어떤 이유로 일본군 포로를 풀어주었는가?

안중근 의사가 포로를 석방한 배경은 만국공법과 동양평화 정신, 종교에서 찾아볼 수 있다.

1) 국제법(만국공법)에 의한 포로 대우 실천

안중근 의사는 포로에 대한 국제적인 전쟁법(만국공법)을 존중하며, 적이라 해도 인간으로서 대우하였다.[1] 또한 하얼빈 의거 후 수사 과정이나 공판 과정에서 안중근 의사 자신도 의거는 의병 활동의 일환이며, 전쟁 중 적의 포로가 된 것이니 만국공법에 따라 자신의 신병을 처리해 달라고 요구하였다.

2) 동양평화 사상

≪안응칠 역사≫에 따르면, 1908년 신아산 전투에서 동양평화 사상을 제

---

1 만국평화회의(萬國平和會議) 또는 헤이그 회담은 네덜란드 헤이그에서 1899년, 1907년에 2차례 열린 국제평화 회담이다. 1899년 1차 헤이그 조약(만국평화회의)에서 채택된 ≪육전의 법 및 관습에 관한 협약 (헤이그 제2협약)≫이 1907년 제2차 만국평화회의에서 개정되어 오늘날에 이르고 있다. ≪협약부속서육전법 및 관습에 관한 규칙≫ 내용에는 교전자, 교전자의 자격, 전쟁법 및 전쟁의 권리와 의무는 군대와 조건을 구비하는 민병 및 의용병단에도 적용, 작전수행에 있어서 전쟁의 법 및 관습을 준수할 것, 민병 또는 의용병단이 군의 전부 또는 일부를 구성하는 국가에 있어서는 이들도 군대라는 명칭으로 포함, 포로는 인도적으로 대우, 포로는 식량, 숙소 및 피복에 관하여 포로를 사로잡은 정부의 군대와 동일한 대우, 무기를 버리거나 또는 자위 수단이 없이 무조건 투항하는 적의 살상 금지, 부상병의 취급, 항복, 휴전, 점령 등이 규정되어 있다.

시하고 있다.

낮에는 숨고 밤길을 걸어 함경북도에 이르러 일본군과 몇 차례 충돌하여 피차간에 죽고, 상하고 혹은 사로잡힌 자도 있었다. 그 와중에 일본 군인과 장사치들을 사로잡아 물었다. "그대들은 모두 일본국 신민들이다. 왜 천황의 뜻을 받들지 않고, 러일전쟁을 시작할 때 동양평화와 대한독립을 보장한다고 해놓고는, 오늘에 와서 이렇게 침략하니, 이것이 역적 강도질이 아니고 무엇이냐." 했더니, 그들이 눈물을 흘리며 "자신들은 그저 농사짓고 장사하던 백성일 뿐이며 이토 히로부미가 천황의 뜻을 받들지 않고, 권력을 주물러 귀중한 생명을 무수히 죽인다는 것이라고 말하였다." 하면서 통곡하기를 그치지 아니했다. "내가 그대들의 말을 들으니 과연 충의로운 사람들이라 하겠다. 그대들을 놓아줄 것이니 돌아가거든 그 같은 나쁜 우두머리는 쓸어버려라. 만일 그 같은 간교한 무리가 까닭 없이 이웃 나라와 계속 전쟁을 일으키고 여론을 오도하는 자가 있거든, 그들을 쓸어버리면 10명이 넘기 전에 동양평화를 이룰 수 있을 것이다. 그대들이 능히 그렇게 할 수 있겠는가?"

안중근 의사는 동양평화 사상으로 의병 전쟁이 단순한 복수나 폭력이 아닌 정의로운 투쟁임을 보여주었다.

3) 천주교인으로 가진 신앙, 신념과 연해주 의병부대의 전투 원칙 불일치

≪안응칠 역사≫에는 포로를 석방한 내용이 기술되어 있다.

포로를 석방하였더니 군사들이 불평하여 말하기를, "저 적들은 우리 의병들을 사로잡으면 남김없이 참혹하게도 죽이는 것이요, 또 우리들도 적을 죽일 목적으로 이곳에 와서 풍찬노숙해 가면서 그렇게 애써서 사로잡은 놈들을 몽땅 놓아 보낸다면 우리들이 무엇을 목적하는 것이오." 하므로 나는 대답하되 "그렇지 않다. 적들이 그같이 폭행하는 것은 하느님과 사람들이 다 함께 노하는 것인데, 이제 우리들마저 야만의 행동을 하고자 하는가. 또 일본의 4천만 인구를 모두 다 죽인 뒤에 국권을 회복하려는 것인가."

연해주 의병으로서 안중근 의사는 포획한 포로를 처리하는 과정에서 그의 개인적인 신앙이나 신념에 기초한 만국공법의 인도주의로 포로를 석방하여 적으로부터 역습을 당했다.

참고문헌

안중근의사숭모회 · 기념관(2024), ≪안중근 안쏠로지≫, 서울셀렉션
안중근의사숭모회 · 기념관(2021), ≪안중근 의사의 삶과 나라 사랑 이야기≫, 일곡문화재단
화문귀 주필 · 유병호 역(2009), ≪안중근연구≫, 遼寧民族出版社
안중근(2020), ≪안응칠 역사: 비판정본≫, 독도도서관친구들
박민영(2010). 안중근의 연해주 의병투쟁 연구. 한국독립운동사연구, 35, p.189~234.
백기인(2009). 안중근 의병의 전략전술적 성격. 군사, 70, p.171~195.

단지동맹(斷指同盟)은 어떤 성격과
목적을 가진 단체였는가?

1) 동의단지회(단지동맹)는 의병 재기의 징표

1908년 7월 안중근 의사는 국내 진공 작전을 수행하고 회령의 영산(함경북도) 전투에서 패했다. 풍찬노숙하고, 1908년 8월 말이나 9월 초 연추로 돌아왔다. 그러나 연해주의 한인 사회는 의병의 열기가 급격히 식어가고 있었다.

'동의회'는 이처럼 의병 투쟁의 여건이 어려워진 상황에서 안중근 의사가 동의단지회의 취지와 정신을 계승하여 인심 단합을 통해 조국 독립과 동양 평화에 더욱 매진할 목적으로 결성한 소수 정예의 동지로만 구성한 단체였다.[1] 단지동맹의 맹약문(盟約文)에서는 생사를 함께 한다는 '사역동혈(死亦同穴) 생역동일(生亦同日)'이라 하여 침략 원흉 이토 히로부미와 매국노 이완용과 송병준을 3년 이내에 처단하지 못하면 자살로 국민에게 속죄하겠다고 맹세했다. 단지동맹 결사 목적이었다.[2]

≪안응칠 역사≫에서 동의단지회를 결성하던 정황을 다음과 같이 서술하였다.

---

1   윤병석, 독립기념관 한국독립운동사연구소, 2009, ≪안중근의 '同義斷指會'의 補遺≫, 한국 독립 운동 사연구, p102~104.
2   월드코리안(2019.09.25.), "[선비촌만필] 단지동맹(斷指同盟)"

이듬해(1909년) 연추로 돌아와, 동지 12인과 같이 상의하기를, "우리들이 이제까지 아무 일도 이루지 못했으니 남의 비웃음을 면하기 어려울 것이요, 뿐만 아니라, 만일 특별한 단체가 없으면 어떤 일도 달성하기가 어려울 것인즉, 오늘 우리들은 손가락을 끊어 맹세를 같이하고 증거를 보인 다음에, 마음과 몸을 하나로 묶어 나라를 위해 몸을 바쳐 기어이 목적을 달성하도록 하는 것이 어떻소." 하자, 모두가 그대로 따르겠다 하여, 마침내 열두 사람이 각각 왼 손가락을 끊어 그 피로써 태극기에 글자 넉 자를 크게 쓰니 '대한독립(大韓獨立)'이었다. 쓰기를 마치고 대한독립 만세를 일제히 세 번 부른 다음 하늘과 땅에 맹세하고 흩어졌다. 그 뒤에 각처로 왕래하며 교육에 힘쓰고 국민의 뜻을 단합하고 신문을 구독하는 것으로서 일을 삼았다.

이들은 단지동맹을 맺음으로써 동지들을 해체하지 않고 의병 재기의 마음을 확고히 하였다. 그리하여 안중근 의사와 단지동맹의 동지들은 각지로 흩어져 뜻을 품고 의병 재기의 기회를 노렸다. 단지동맹 후 안중근 의사도 연추에 기거했다.

2) 단지(斷指)의 의미

단지는 굳은 결심의 뜻을 보이려고 손가락을 잘라 결의하는 것을 상징함이다. 대한독립을 위해 생명을 걸고 싸우겠다는 의미를 담았다. 이때부터 순국까지 안중근 의사는 약지가 잘린 수형(手形)의 모습을 하고, 유묵에도 단지한 손바닥을 장인(掌印)으로 사용하였다. 안중근 의사의 왼손 약지 단지는 상징성과 결단력 면에서 독립운동사에서 중요한 의미가 되었다. 단지한 안중근 의사의 모습은 이후 여러 무장 독립운동에 정신적 기반이 되었다.

3) 대한독립을 이룩하기 위한 굳은 결심

국내 진공 작전에서 천신만고 끝에 안중근 의사는 생환했다. 그 후 연해주 한인 사회를 순방하면서 동포 간 단결과 화합을 강조했고, 연추로 돌아와 자신이 역설한 단결과 화합의 증좌(證左)이자, 대한독립의 헌신에 빙거(憑據)로서 단지하였다. 동의단지회는 대한독립을 이루기 위한 굳은 결의를 나타내고자 결성된 단체였다. 훗날 안중근 의사가 신문(訊問)을 받으면서 단지의 목적을 진술했다.

> 단지의 목적은 대한국의 독립을 꾀하기 위해서이며, 독립할 때까지는 여하한 방법, 수단도 가리지 않고 감행할 생각에서이며 (중략) 단지할 당시는 민심이 산란하고 또 나를 믿는 자가 없었으므로 나는 국가를 위하여 진력하는 열심을 타인에게 보이어 민심을 수습하기 위해 단지한 것이다. 고로 이토를 죽이는 것만의 목적이 아니다.[3]

이후 안중근 의사는 동의단지회의 실체에 대해 진술할 때, 11명이 함께 동맹을 맺었으나 자신만이 단지했다고 제6차 신문(訊問) 조서에 기록되어 있다.

참고문헌

안중근의사숭모회·기념관(2024), ≪안중근 안쏠로지≫, 서울셀렉션
안중근의사숭모회·기념관(2021), ≪안중근 의사의 삶과 나라 사랑 이야기≫, 일곡문화재단
화문귀 주필·유병호 역(2009), ≪안중근연구≫, 遼寧民族出版社
안중근(2020), ≪안응칠 역사: 비판정본≫, 독도도서관친구들
박민영(2010). 안중근의 연해주 의병투쟁 연구. 한국독립운동사연구, 35, p.189~234.
박민영(2010). 안중근의 동의단지회 연구. 군사연구, 129, p.7~38.

---

3 국사편찬위원회, 한국독립운동사-자료7, p400.

안중근 의거를 실행하던 당시
하얼빈의 분위기와 상황은 어땠는가?

'하얼빈(哈爾濱)'이라는 글자의 의미를 먼저 생각해 본다. 먼저 '哈'은 한국식으로 발음하면 '합'으로 읽히며, '물고기가 많은 모양'이라는 뜻을 가진다. '爾'는 한국에서 '이'로 발음되며, '너'나 '그'를 뜻하는 한자이다. 마지막으로 '濱'은 한국에서도 '빈'으로 발음되며, '물가'를 의미한다. 하얼빈 지명의 어원에는 여러 가지 설이 있다. 만주어(滿語)로 'galouwen'라는 발음과 유사한 '중국어(漢語) haerwen(哈爾溫)'으로 불렸다고 하는데 이것은 본래 '백조(天鵝)'라는 뜻이었다고 한다. 또는 만주어로 '그물을 말리는 곳(曬網場)'이라는 의미가 있다. 이 두 가지 해석이 가장 널리 알려져 있다.

하얼빈은 1896년에 체결된 중러밀약(中俄密約)으로 철도 부설권을 얻은 러시아인들에 의해 기차역이 들어서면서 도시로 발전하기 시작했다. 1899년 10월에 설립된 하얼빈역은 본래 이름은 쑹화장역(松花江站)으로 불렸으나, 1903년 7월에 하얼빈역으로 이름이 변경되었다. 당시 하얼빈역은 중국과 러시아가 공동으로 건설한 동청철도(東淸鐵道, 중동철도의 전신)의 중심역이었다. 이로 인해 하얼빈은 대도시로 발전하게 되었고, 많은 외국인의 유입으로 국제도시로 발돋움할 수 있었다.

쑹화강 기슭의 작은 어촌 마을이었던 하얼빈에 러시아의 동청철도[1] 건설

1　중러밀약 내용 중 러시아의 철도 부설권에 대한 내용이다. "第四款 今俄國爲將來轉運俄兵禦敵並接濟軍火, 糧食, 以期安速起見, 中國國家允於中國黑龍江, 吉林地方接造鐵路, 以達海參崴. 惟此項接造鐵路之事, 不得借端侵占中國土地, 亦不得有礙大淸國大皇帝應有權利, 其事可由中國國家交華俄銀行承辦經理. 至合同條款, 由中國駐俄使臣與銀行就近商訂.

로 인해 많은 러시아 공사 기술자들과 노동자들, 그들의 가족들이 오면서 러시아 문화가 들어오게 되었다. 러일전쟁(1904~1905)에서 러시아가 일본에 패배하여 영향력이 약해지자, 각국 열강들이 하얼빈으로 모여들기 시작했다.

1903년에는 러시아의 중동 철로 건설로 인해 시베리아에서 대량의 한인 노무공이 이동하였다. 헤이룽장성은 룽장성이라 불렸으며, 현재의 치치하얼에 성도를 두고 있었다. 이후 하얼빈에는 16개국의 영사관이 설립되었고, 수많은 공장과 기업, 은행이 들어서면서 만주의 중심 도시로 성장했다.

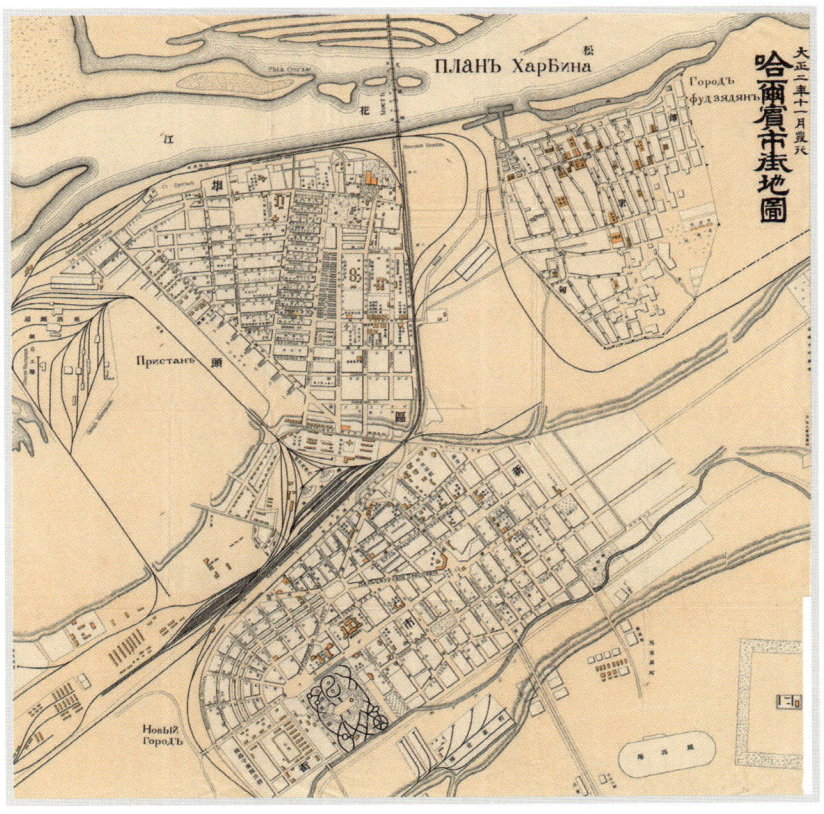

▲ 1913년 하얼빈시 시가지 지도

1909년 10월 26일 화요일, 안중근 의거 당시 하얼빈에는 눈이 펑펑 내려 북극의 아침을 덮고 있었다. 기온은 영하 5도였으며, 군인의 털모자 위에는 눈이 소복이 쌓였고 입김이 하얗게 피어올랐다.

1910년 하얼빈에는 조선족 거류민회와 소학교가 있었다. 한인 밀집 주거지는 고려가(지금의 서팔도가)였다. 서팔도가에 거주하는 한인들은 대부분 다오리(道里)에 살았다. 상업에 종사하여 치과 진료소, 약국, 세탁소, 여관업을 하였다. 한인 중에는 러시아에서 온 사람들이 많았다. 그리하여 하얼빈과 러시아의 접촉이 많았고, 러시아어를 구사하는 한인들도 많았다. 당시 조선족 소학교로는 1907년에 설립된 동흥학교가 있었으며, 이곳에서는 러시아어와 러시아 문자를 가르쳤다.

1915년에는 하얼빈시 꾸샹툰에 조선족 소학교인 동명학교가 세워졌다. 꾸샹은 하얼빈 쑹화강 하류의 지류를 의미한다. 1921년 헤이룽성 조선인회 편제 자료에 따르면, 1910년 하얼빈 조선인회가 존재했으며, 소재지는 하얼빈, 등록된 가구 수는 132호로 기록되어 있다. 1910년 1월 15일 하얼빈 총영사관에 따르면, 당시 하얼빈에는 조선인이 268명이 거주하고 있었으며, 1911년 중동철도 연선에는 2,346명이 거주했다.

〈원동보〉 1919년 4월 4일 보도에 따르면, "한인북래자일익다(韓人北來者日益多), 1919년 하

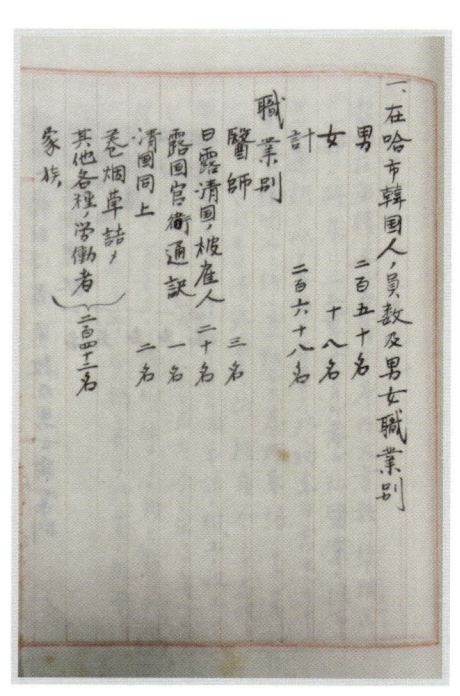
▲ 하얼빈 총영사관에서 조사한 한국인 상황
 (일본 외교사료관 소장)

얼빈의 조선족은 원래 380인에서 722인으로 증가, 1923년은 322호에서 868명으로 증가하였다. 1934년도 헤이룽장 경내 38개 조선족 거주지역이 성립되었다. 하얼빈 일본 영사관 관할에만 17개 조선인회가 있었다. 그중 하얼빈 조선인회는 1918년 8월에 설립되어 회원 수가 1,300명에 달하는 대규모 조직으로 성장했다. 1937년 하얼빈 관할 조선족 직업별 인원 통계에 따르면, 농업 종사자는 10,985호로, 남자 30,330명, 여자 22,575명 등 총 52,905명으로 압도적으로 많았다. 상업 종사자는 1,385명, 요식업 499명, 여관업 393명, 음료업 368명 순으로 나타났으며, 교원은 116명이 있었다. 교육 기관으로는 1910년경 영실학교가 있었는데, 교사 2명과 남학생 26명, 여학생 22명으로 총 48명이 재학 중이었다. 이 학교는 조선인민회에서 운영하고 있었다.

참고문헌

서명훈 · 강월화 · 김월배(2011), ≪안중근 지식문답≫, 헤이룽장 민족 출판사
김월배 · 김이슬(2020), ≪안중근, 하얼빈에 역사를 묻다≫, 걸음

하얼빈 의거는 어떤 과정과 전략을 통해 준비되었는가?

하얼빈 의거는 1909년 10월 19일부터 26일까지이다. 또는 11월 1일 뤼순으로 이감 전을 의미하기도 한다. 일시별로 살펴보면, 1909년 10월 19일(화) 안중근 의사는 연추를 떠나 블라디보스토크에 도착했다.

10월 20일(수) 대동공보사에서 이토 히로부미의 만주 여행 사실을 확인하였다. 거사를 위한 자금 100원을 이석산(이진룡)으로부터 강제 차용하고, 우덕순과 이토 히로부미 처단 계획을 논의하였다.

10월 21일(목) 8시 30분발 열차로 블라디보스토크를 떠났다. 러시아 국경 도시인 포브라니치나야에서 유경집(한의사)의 권고로 통역을 위해 유동하를 대동하였다. 오전 10시 34분에 기차를 타고 하얼빈으로 출발하였다.

10월 22일(금) 오전 9시 15분경 안중근 일행은 하얼빈역에 도착하였다. 김성백(유동하의 사돈)의 집에 숙박하였다. 이날 이토 히로부미는 뤼순을 거쳐 봉천(現 선양)에 도착하였다.

10월 23일(토) 안중근 의사는 김성백 집에서 이토 히로부미의 만주 방문 기사가 게재된 〈원동보〉를 읽었다. 우덕순, 유동하와 함께 이발하고 사진을 찍었다. 그날 밤 안중근 의사는 장부가를, 우덕순은 거의가를 지었다. 유동하가 집에 가기를 청하자, 세탁업을 하기 위해 하얼빈에 와 있던 조도선(김성옥 집에 유숙)을 만났다. 안중근 부탁으로 정대호가 안중근 가족을 하얼빈에 데려오기 위해 통역이 필요하다고 했다. 이날 저녁 안중근 의사는 거사 자금 차용과 관련하여 김성백에게 50원을 부탁하기 위해 유동하를 보냈다. 이강에게 보내는 편지에 거사 계획과 거사 자금의 차용금을 갚아 달라는 내용을 적었다. 그리고 안중근 의사가 쓴 편지에 우덕순이 서명했다. 안중근 의사는 처음 의거 장소로 남장춘(南長春)을 생각하였다. 자금 부족으로 차이자거우(蔡家溝, 하얼빈에서 84km 떨어진 지린성과 헤이룽장성 경계 지역)에서 거사를 추진하기로 하였다.

10월 24일(일)에 안중근 의사는 우덕순, 조도선과 함께 우편열차를 타고 남행하여 차이자거우 역에 도착하였다. 조도선을 통하여

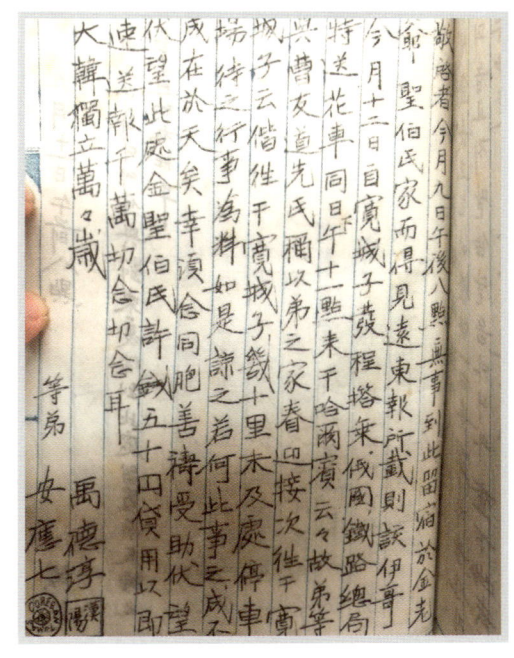

▲ 대동공보사 차용 희망 전보(일본 외교사료관 소장)

차이자거우 역장에게서 26일 아침 이토 히로부미를 태운 열차가 지난다는 정보를 들었다. 유동하에게 차이자거우 도착 소식을 알렸다. 안중근 의사는 우덕순과 이토 히로부미 주살에 대해 논의하였다. 26일 아침의 밝기를 고려하여, 차이자거우 역에는 우덕순과 조도선이 남아 거사를 준비 계획하기로 하였다.

10월 25일(월) 안중근 의사는 차이자거우를 떠났다.

10월 26일(화) 의거 당일 안중근 의사는 하얼빈역에 도착하여 역 구내 안의 찻집에서 기다렸다. 이토 히로부미와 일행은 하얼빈역에 도착하였다. 러시아 재무대신 코코프체프(Vladimir N. Kokovtsev, 1853~1943)와 열차 안에서 환담했다. 이토 히로부미는 원래 하차 계획이 없었다. 코코프체프의 제안으로 이토 히로부미는 열차에서 하차하였다. 안중근 의사는 9시 30분에 이토 히로부미가 러시아 의장대 사열 후 일본 환영단으로 걸어가자 3발을 발사하여 이

토 히로부미에게 명중시켰다.

    천시(天時)와 인시(人時)의 합작품이다.

참고문헌

안중근의사숭모회(https://www.patriot.or.kr/), 안중근 생애편
공훈전자사료관(https://e-gonghun.mpva.go.kr)
국사편찬위원회, 한국근대사료DB, 안중근편(https://db.history.go.kr/modern/)
국사편찬위원회, 전자사료관(https://archive.history.go.kr/search/searchResult.do)
국사편찬위원회, 안중근등살인피고공판기록1,2, (安重根等殺人被告公判記錄 1,2)
월간독립기념관(2019), 독립기념관 10월호

안중근이 이토 히로부미를 주살한 이유는 무엇이었는가?

안중근 의사가 이토 히로부미의 죄상을 밝히는 자료로는 〈한국인 안응칠 소회〉, 《안응칠 역사》, 관동도독부 법원 기록, 그리고 해외 신문 보도 내용 등이 있다. 그러나 각 자료의 내용은 조금씩 차이가 있다.

안중근 의사가 1909년 11월 6일 오후 2시 30분 일본 관헌에게 제출한 〈안응칠 소회〉에서 기술한 이토 히로부미 죄상 15개조는 다음과 같다.

1. 1867년 6월 일본 메이지 황제의 부친을 죽인 일
2. 1895년 일본 병정을 시켜 대한제국 황후 폐하를 시해한 일
3. 1905년 대한제국 황제 폐하를 위협하여 5조약을 맺은 일
4. 1907년 강제로 대한제국 황제 폐하를 폐위시킨 일
5. 산림, 광산, 철도, 어업, 농상공업권을 모조리 강탈한 일
6. 소위 제일은행권을 강제로 발행하여 전국 재정을 고갈시킨 일
7. 국채 1천3백 원을 강제로 대한국에 부담시킨 일
8. 대한국 학교의 서책을 불태우고 내외국신문을 못 보게 한 일
9. 국권을 회복하려는 대한국 의사들과 그의 가족 10만 명을 죽인 일
10. 대한국 청년들의 외국 유학을 금지한 일
11. 5적 7적과 일진회가 짜고 대한국인이 일본의 보호를 받고자 원한다고 한 일
12. 1909년 다시 5조약을 강제로 맺은 일
13. 대한국이 일본에 속방되고 싶어 하는 것처럼 선전한 일
14. 2천만의 곡성이 천지에 진동하는데 대한국은 태평하다고 메이지 황제를 속인 일

15. 동양평화를 깨뜨려 몇억 만 인종들로 하여금 장차 멸망을 면치 못하게 한 일

≪안응칠 역사≫에 기술된 15개조의 '이토 히로부미 죄상'에서는 다음과 같이 말했다.

1. 명성황후를 시해한 죄
2. 한국 황제를 폐위시킨 죄
3. 5조약과 7조약을 강제로 체결한 죄
4. 무고한 한국인들을 학살한 죄
5. 정권을 강제로 빼앗은 죄
6. 철도, 광산, 산림, 천택을 강제로 빼앗은 죄
7. 제일은행권 지폐를 강제로 사용하게 한 죄
8. 군대를 해산시킨 죄
9. 교육을 방해한 죄
10. 한국인들의 외국 유학을 금지한 죄
11. 교과서를 압수하여 불태워 버린 죄
12. 한국인이 일본인의 보호를 받고자 한다고 세계에 거짓말을 퍼뜨린 죄
13. 현재 한국과 일본 사이에 경쟁이 쉬지 않고 살육이 끊이지 않는데, 한국이 태평무사한 것처럼 위로 천황을 속인 죄
14. 동양평화를 깨뜨린 죄
15. 일본 천황의 아버지 태황제를 죽인 죄

1909년 10월 30일 제1회 신문(訊問)에서, '이토의 죄악' 15개조에서 미조부치 검찰관은 안중근 내력, 관련 인물 등을 언급한 뒤 이토를 "왜 적대시하는가?"라고 묻는다. 이에 대해 안중근 의사는 '이토의 죄악' 15개조를 거론한다.

일, 10여 년 전 [1895년] 이토의 지휘 [지시]로 한국 왕비를 살해했다.

이, 5년 전 이토는 병력으로 [강제로] 5개조 조약 [을사늑약]을 체결했는데 그것은 모두 한국에게 매우 불이익한 조항이다.

삼, 3년 전 이토가 체결한 12개조 조약 [정미 7조약 등]은 모두 한국에게 군사상 매우 불이익한 사항이다.

사, 강제로 한국 황제를 폐위했다.

오, 한국 병대를 해산시켰다.

육, 조약이 체결되자 한국민이 분개하여 의병을 일으켰다. 이를 구실로 한국의 양민을 다수 살해했다.

칠, 한국의 정치와 그 밖의 권리를 약탈했다.

팔, 한국 학교에서 사용했던 양호한 교과서를 불태워 버리도록 지휘했다.

구, 한국 인민의 신문 구독을 금했다.

십, 한국민에게 알리지도 않고 [일본의] 제일은행권을 발행하고 있다.

십일, 국채 2천 3백만 원을 모아 그 돈을 관리들에게 멋대로 분배했다고 들었다. 또한 토지를 약탈하기 위해서도 썼다고 들었다.

십이, 동양평화를 교란(攪亂)했다. 러일전쟁 당시 '동양평화 유지'를 선언했음에도 한국 황제를 폐위했으니 당초 선언과 정반대되는 결과이다.

십삼, 한국 보호를 명목으로 한국에 불리한 시정(施政)을 폈다.

십사, 42년 전에 현 일본 황제의 부군(父君 고메이 [孝明] 천황)을 이토가 없앴다.

십오, 한국민이 분개하고 있음에도 불구하고 일본 황제나 기타 세계 각국에 대하여 한국은 무사하다고 기만했다.

〈스트레이츠 타임스(The Straits Times, 싱가포르의 영어신문)〉는 1909년 12월 2일 자 기사에 안중근 의사가 뤼순 법정에서 진술한 '이토 히로부미를 죽인 열다섯 가지 이유'를 5면에 자세히 보도했다.

📓 참고문헌

안중근사건공판속기록(安重根事件公判速記錄)만주일일신문사-다롄(滿洲日日新聞社,大連), 19100328

김봉진(2022), ≪안중근과 일본, 일본인≫, 지식산업사

안중근의사기념관(https://ahnjunggeun.or.kr)

공훈전자사료관(https://e-gonghun.mpva.go.kr)

독립기념관 한국독립운동정보시스템(https://search.i815.or.kr)

국사편찬위원회, 전자사료관(https://archive.history.go.kr/search/searchResult.do)

국사편찬위원회, 안중근등살인피고공판기록1,2. (安重根等殺人被告公判記錄 1,2)

국사편찬위원회, 한국근대사료DB, 안중근편(https://db.history.go.kr/modern/)

뉴시스(2014.03.28.), "[단독]'사형판결 안중근의사 항소 안 한 이유는 어머니 뜻' 104년 전 영어신문 보도"

하얼빈 의거 당시 안중근이 총을 발사한 위치와 이토 히로부미가 피격당한 지점은 어떻게 확인할 수 있는가?

　중국 헤이룽장성 하얼빈역에 있는 안중근의사기념관에서 유리창 너머로 보이는 1909년 의거 장소에 삼각형 표식은 안중근 의사가 섰던 자리를, 마름모 표식은 이토 히로부미가 섰던 자리를 나타낸다. 두 표식은 약 5미터 정도 떨어져 있다. ≪안응칠 역사≫와 여러 자료에서는 두 사람의 거리가 10보로 기록되어 있으며, 현재는 약 5미터로 표시되어 있다.
　2014년 하얼빈역에 안중근의사기념관이 세워졌다. 1번 플랫폼(의거 장소) 천장에는 안내판이, 바닥에는 표식이 설치되었다. 그러나 2017년 역 건물 증축 공사로 인해 이 표식들은 철거되었다. 하얼빈역 승강장에는 "안중근 격

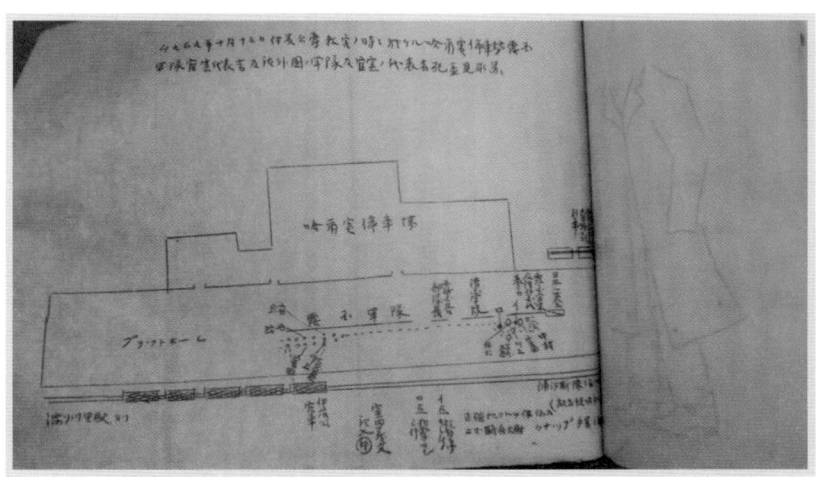

▲ 하얼빈 의거 현장 묘사(일본 외교사료관 소장)

폐 이토 히로부미 사건 발생지, 1909.10.26.(安重根擊斃伊藤博文事件發生地, 1909. 10.26.)" 문구를 새겨놓았다.

일본은 과거 이토 히로부미가 사망한 장소인 하얼빈역 제1 승강장의 옛 지하통로 남쪽에서 약 5미터 떨어진 곳에 구리로 표지를 설치하고, 그 위에 "이토가 죽은 장소(伊藤公遇難之地)"라는 글을 새겼다. 또한 제1 승강장 대합실 벽에는 이토 히로부미의 흉상이 세워져 있었다. 이 기념물들은 제2차 세계대전 이후 일본의 항복과 함께 모두 철거되었다.[1]

 참고문헌

徐明勳(2005), ≪安重根在哈爾濱的11天≫, 黑龍江美術出版社
王瑞岐(2009), 哈爾濱往事, 北方文學(上), 第十期

---

1 王瑞岐(2009). 哈爾濱往事, 北方文學(上). 第十期

하얼빈 의거 당시 안중근 권총에 총알이 한 발 남아 있었던 이유는 무엇인가?

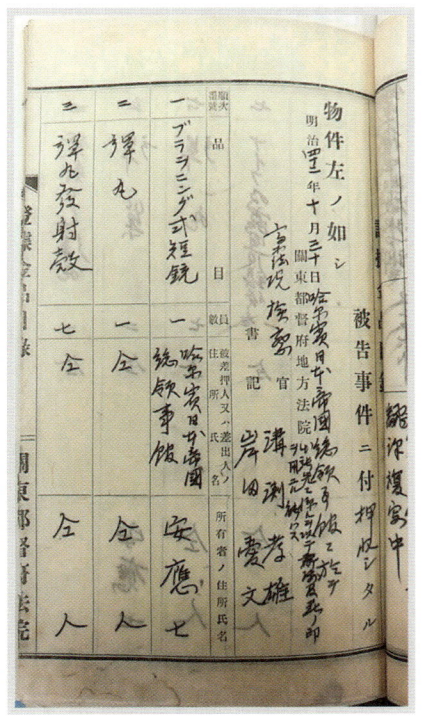

▲ 안중근 의사 물품 목록 중 권총
(일본 외교사료관 소장)

안중근 의사 권총은 벨기에 FN Herstal사(Fabrique Nationale de Herstal)의 M1900(총번 262336)이다. 이 권총은 길이 17.2cm, 무게 625g이다. 탄창에 7발, 약실에 1발로 총 8발 장전할 수 있다. 총알은 7.65×17mm Browning SR(.32 ACP)탄을 사용한다. 휴대성이 뛰어나며, 연발 사격이 가능한 권총이다.

안중근 의사는 이토 히로부미에게 4발을 발사했고 그중 3발이 이토의 몸에 명중했다. 주치의 고야마 젠(小山善, 1860~1933)의 진단에 따르면, "제1탄은 공작의 왼쪽 견갑부 삼각근 후부 아래 2cm 부위를 관통하여 흉부로 들어가 왼쪽 위 복부에 박혔다. 제2탄은 왼쪽 어깨에서 복부로 들어가 배꼽 위 복부에 박혔다. 제3탄은 가슴 상부의 살덩이를 반월형으로 긁어냈다."라고 이야기하고 있다. 그리고 이토와 그의 '응급 수술' 후 상태를 다음과 같이 묘사하였다. "'처음에 나는 지나인(支那人, 중국인)이 폭죽이라도 터뜨린 것인가'라고 생각했으나 '당했다, 당했다, 크게 당했다'라는 소리를 듣고 바로 달려갔다. 이때 공작은 한 방울의 피도 흘리지 않고 꾹 참은 채 꼿꼿이 서 있었다.

　기차 안으로 안고 들어가 탁자 위에서 응급 수술을 하여 캠퍼(Camphor, 방부제)를 주사했건만 얼굴색은 점차 변했고 맥박이 가늘어져 얼마 안 되어 절명하였다." 고야마는 당시 이토의 주치의이자 이은(李垠, 1897~1970) 왕세자의 부전의장(付典醫長)이었다.

　이토 히로부미가 쓰러진 후, 안중근 의사는 추가로 3발을 발사했다. 이 총탄은 가와카미 도시히코(川上俊彦, 1862~1935, 하얼빈 총영사)의 오른팔, 모리 야스지로(森泰二郎, 1863~1911, 궁내부 대신, 이토 비서관)의 오른팔, 다나카 세이지로(田中淸次郎, 1872~1954, 만주철도 이사)의 오른발에 각각 명중했다.

　≪안응칠 역사≫에 따르면, 안중근 의사는 수염이 흰 작은 노인을 이토 히로부미로 판단하고 권총을 꺼내 4발을 발사했다. 이후 잘못 쐈을 가능성을 염두에 두고 의젓해 보이는 다른 일본인을 향해 3발을 더 발사했다고 기록되어 있다.

　안중근 의거 당시 총알 한 발을 남긴 것은, 하얼빈 의거의 정당성을 알리고자 하였다.

 참고문헌

김봉진(2022), ≪안중근과 일본, 일본인≫, 지식산업사

이토 히로부미는 어떤 인물이며, 어떤 역할을 했는가?

이토 히로부미(1841~1909)는 일본 야마구치현(山口県) 히카리시(光市) 소오구니촌(周防國村)에서 농민의 아들로 태어났다. 본명은 하야시 리스케(林利助)였다. 그러나 아버지가 중간계급 무사 이토 다케베(伊藤武兵衛)의 양자가 되었다. 무사 신분이 되었고, 성을 이토로 바꾸었다. 6살 때 마을 물난리로 야마구치현 하기시(萩市)로 이사하였다. 거기서 1857년 요시다 쇼인(吉田松陰, 1830~1859)을 만나, 쇼카손주쿠(松下村塾)에 입학하여 수학하였다.

일본의 메이지유신(1868)에 참여하였다. 메이지유신 인사들의 주목을 받아 영국에 유학을 다녀왔다. 이후 1870년 미국 사절단의 일원으로 파견되어 화폐 제도·은행 제도 등을 조사한 뒤 귀국하였고, 1871년 이와쿠라 사절단의 일원으로 세계 각국을 여행하면서 국제 정세와 문물을 배웠다. 1881년 정적 오쿠마 시게노부를 축출하고 정권을 장악하였다. 1885년 내각 제도를 창설하고 초대 내각총리대신(1885~1888)이 되었다. 이후 5대 총리(1892~1896)가 되어 청일전쟁 주도, 7대 총리(1898~1898), 10대 총리(1900~1901)를 역임하였다.

헌법 제정(1889), 의회 개설(1890) 등을 주도하였다. 1905년 대한제국의 반대에도 을사늑약을 강제로 체결하고 대한제국에 통감부를 설치해 초대 통감으로 부임하였다. 1905년 11월 22일 원태우(元泰祐, 1882~1950) 지사에게 안양 서리재 고개를 지나던 기차 안에서 돌을 맞아 중상을 입었다. 1907년 고종 강제 양위, 통감을 사임(1909)하고 추밀원 의장이 되었다. 러시아 재무대신 코코프체프와 하얼빈에서 만나 만주 문제를 비롯한 여러 사안을 협의하기 위해 개인 여행이라는 명분으로 왔으나, 하얼빈 의거로 사망하였다. 시신은 일본 도쿄 미나미구에 매장되었다.

일본과 한국의 평가는 상반되어 있다. 일본에서는 이토 히로부미가 주선가(周旋家)로서 일본 근대국가 형성에 역할을 한 인물로 평가된다. 반면, 한국과 중국에서는 일본의 국익을 최우선으로 하는 국가주의자와 제국주의자로 주변국에 피해를 준 인물로 평가된다. 대한제국을 망국의 길로 진입시키고, 제국주의가 동아시아에 강요한 타자의 전쟁인 청일전쟁을 지휘하던 총리였다.

 참고문헌

안중근(1910), 《안응칠 역사(安應七歷史)》

코코프체프는 하얼빈 의거를
어떻게 바라보았는가?

　블라디미르 니콜라에비치 코코프체프는 안중근 하얼빈 의거 당시 러시아 재무대신이었다. 코코프체프가 운테르베르게르 총독에게 보낸 하얼빈 의거 전문(電文)을 보면, 하얼빈 의거의 상황을 이해할 수 있다.

　1909년 10월 13일(저자 주: 러시아력 일자이며, 일반력 10월 26일) 아침 9시 5분, 이토 공작이 도착한 직후, 공작께서 열차에서 내려와 저와 러시아 지휘관과 함께 의장대 앞을 지나서 민간인들과 외국 영사에게 접근하자마자 도열한 사람들 뒤에서 브라우닝 총성 몇 발이 울려 퍼졌다.
　이토 공작은 치명상을 입었고 얼마 후 사망했고, 가와카미 총영사도 중상을, 공작의 수행원 2명은 경상을 입었다. 한국인으로 밝혀진 저격범은 체포되어 신문 중에 있으며, 공작을 살해할 목적으로 특별히 왔고, 학대받는 조국을 위하여 공작이 그의 측근 몇 명을 처형하도록 명령했기 때문에 이것을 실행했다고 한다.
　음모는 분명히 조직적이었다. 어제 차이자거우 역에서 우리 경찰은 브라우닝 총을 가진 의심스러운 한국인 세 명을 체포했다. 공작 주위에 있던 나와 다른 러시아인들은 모두 무사했다.

　코코프체프는 이토 히로부미의 죽음 직전의 상황에 대해서도 다음과 같이 목격담을 남겼다.

　이토 공작은 아무런 소리도 지르지 않았던 까닭에 나는 공작도 나와 같이 무사할 것으로만 생각하고 있었다. 조금 있다가 공작은 나를 향해 무언가 듣기 어려운 말을 저음이지만 매우 힘 있는 소리로 속삭였다. (중략) 근시(近侍)와 다른 일본인이 황급히 공작을 받들려고 할 때 나는 오른손으로 공작을 끌어안고 받들었다. (중략) 누구인지 나는 기억을 못 하나 자꾸 공작을 정거장 안으로 보내라고 하는 자가 있었다. 그러나 나는 간절히 객차 안으로 옮기도록 권고했다. 즉, 나의 주의에 의해 공작을 객차 안의 접객실로 옮겼던 것이다.

이때 다행히 정거장에 있던 러시아 의사의 권고를 받아들여 긴 의자 옆에 있던 탁자를 객차 안의 접객실 중앙에 놓고 그 위에 공작을 안치(安置)했다. 나는 스스로 긴 의자의 베개를 옮겨 공작 머리 아래에 베 주었다. 이때 러시아 의사와 근시는 서둘러 공작의 옷을 벗겼다. 그러고 나서 나는 일단 객차에서 나왔다.

그러나 공작의 용태(容態)가 어떤지 마음에 걸려 다시 객차 안으로 들어갔다. 이때 러시아 외과의(外科醫)는 '수술한들 효과가 있을지 헤아리기 어렵다. 부디 상처를 자세히 검사해 보고 싶다. 그 허락을 근시로부터 얻어달라'고 나에게 부탁했다.

나는 곧 이 부탁을 전하고 다시 객차에서 나왔다. 몇 분 후 내가 객차 옆에 있을 때 객차 안에서 '공작 서거(逝去)'라고 나에게 보고해 주었다.

자서전 《나의 과거로부터: 1903~1919》 (1992년 출간) 1권에서 이토 히로부미를 저격 후 러시아 군인들에게 붙잡힌 안중근 의사와의 만남이 기록되었다. 그리고 코코프체프의 회고록(1933년 첫 출간)에도 안중근 의사에 대한 기록이 포함되어 있다.

나는 공작이 일본인들이 있는 곳까지 통과할 수 있는 공간을 내주기 위해 방향을 틀었다. 바로 그 순간 내 옆에서 세 번인가, 네 번 정도의 마치 공기총 같은 둔탁한 소리가 울렸다. 곧바로 이토 공작이 나에게 쓰러졌다. (중략) 몇 발의 총성이 더 울렸고, 군중은 총 쏜 자를 향해 돌진했다. 프이하체프 장군의 부관 티트코프(Титков) 대위가 총 쏜 자를 넘어뜨린 후 철도 감시 헌병 대원에게 넘겼다.

이 기록을 통해 안중근 의사를 체포한 사람이 티트코프 대위였음을 알 수 있다.

또한 안중근 의사에 대한 묘사가 있다. 코코프체프는 "나는 즉시 죄수(안중근)를 심문하고 있는 철도역 경찰서로 갔다. 그는 방의 한구석에 서 있었고 그의 양쪽에는 하얼빈 경찰서의 경비들이 서 있었다."라고 말했다. 그는 안중근에 대해 다음과 같이 묘사했다.

"그(안중근)가 개인적으로는 마음에 들었다. 젊고 늘씬하며 키가 상당히 컸다. 일본 사람과 비슷하지 않고 얼굴은 거의 흰색이었다."

 참고문헌

김봉진(2022), ≪안중근과 일본, 일본인≫, 지식산업사
제정러시아 대외정책문서보관소
러시아의 극동 정책, 4등관 코로스토베츠의 비밀 서신
최덕규(2023), ≪안중근의 하얼빈 의거와 러시아 문서≫, 동북아역사재단

이토 히로부미를 환영하던 인파 가운데 중국인은 포함되어 있었는가?

　이토 히로부미를 환영하는 인파에는 러시아인, 일본인, 그리고 중국인이 있었다. 그중 대표적인 인물은 당시 하얼빈 시장 격인 하얼빈 도태부장인 스자오지(施肇基, 1877~1958)였다. 스자오지는 하얼빈 의거 당시 중국의 관리 중 최고 신분을 가진 인물로, 이토 히로부미와 악수를 나누기도 했다. 스자오지 조기 회고록(施肇基早年回憶錄)에 따르면, 그는 하얼빈 의거 후 푸자뎬(傅家

▲ 스자오지 조기 회고록(하얼빈 의거 기록 부분)

甸, 현재 하얼빈 도외구로 하얼빈 중심 지역)에서 전보를 발송하지 못하도록 통제했다고 한다.

"施肇基的處置相當明快和老辣, 他的第一道命令就是要求傅家甸電報局停發所有對外電報, 全面控制消息."
스자오지의 처분은 상당히 명쾌하고 악랄하여, 그의 첫번째 명령은 푸자뎬 전보국에 모든 대외 전보 발실은 중지하고, 전면적으로 소식을 통제하라는 것이었다.

이렇게 기록하고 있다.

구체적으로 보면, 다음과 같다. 그는 회고록에서 〈하얼빈 빈강관도 담임 시절(1908~1910)〉이라는 제목으로 하얼빈에서 있었던 26개월간의 역사를 회고하였는데, 하얼빈 의거에 대해 이렇게 기술하였다.

내가 하얼빈에서 처리했던 중요한 안건은 두 개가 있다. 이토 히로부미 피살안 및 장훈사병 정법 안이다.

[이토 히로부미 피살안]
이토 안건은 미국 철도 대왕이 동 3성을 고찰하고 난 후에 발생하였다. 미국 철도왕 해리만이 동북 3성 철도를 고찰하고 미국에 돌아간 후, 미 외교부는 동북 3성 철도 중립 계획을 발표하였다. 그 계획은 내가 이전에 서총독에게 제출한 건의서와 비슷하였다. 일·러 양국은 이 소식을 듣고 매우 당황하여 제지할 방법을 고심하였다. 그리하여 러시아는 재정대신을, 일본은 이토 히로부미를 하얼빈에 보내어 대책을 상의하게 했다.

나는 이토가 도착하는 날짜와 전문열차가 정차하는 지점을 알아낸 후 호위대 한 소대를 파견하여 영접하게 하였다. 동청철도는 호위대 두 소대를 파견하여 러시아 영사가 인솔하여 역내에서 영접하였다. 나는 이토가 하차하는 지점을 미리 알았으므로 중국 의장대가 러시아 의장대보다 이토와 좀 더 가까운 지점에 설 수 있도록 배치하였다.

이토가 차에서 내린 후 나는 그와 악수하고 인사를 나누고 나서 함께 의장대를 검열하였다. 이토는 중국 대오를 검열하고 나서 러시아 영사와 인사를 주고받고 러시아 의장대를 검열하였다. 그가 러시아 의장대를 검열할 때 일한(日韓) 환영 군중 속에서 한 고려인(저자 주: 조선인, 안중근을 칭함)이 두 줄의 러시아 병사 사이로 걸어 나와 총으로 이토를 쏘았다. 이토가 옆에 서 있던 러시아 재정대신 코코프체프의 팔 쪽으로 머리를 기울이고 쓰러질 때까지 연속 수발을 사격하였다. 그러고 나서 또 두 발을 이토 옆에 있던 일본 영사에게 쏘았다. 그 사람은 팔을 다쳤으나 치명적이지는 않았다. 고려 자객은 인차 러시아 병사들에게 잡히는 와중에 고려만세를 불렀다. 이 자객이 바로 역사에 길이 남는 고려 의사 안중근이다.

사건 발생 후 나는 부가전 전보국에 사람을 보내어 당일 전보는 받기만 하고 밖으로 발송하지 못하게 하였다. 동시 외교부에 전보를 보내, 이 안건의 조사가 끝나 외교부에 보고하기 전까지는 아무런 입장도 발표하지 말 것을 건의하였다. 만약 누가 이 일에 관해 묻는다면 정부는 절대 "보호를 제대로 못했다."라는 식의 사과를 해서는 안 된다고 하였다. 그렇게 되면 일본에게 구실을 잡히기 때문이었다.

나는 도처에 방법을 써서 진상을 조사하였다. 자객의 진술에 의하면 고려복수단은 이 일을 오랫동안 계획하였다. 그는 "고려는 이토의 손에 망했다(당시 이토가 고려 총독을 임했음). 반드시 이토를 죽여 나라의 원수를 갚아야 한다."라고 하였다. 또 "원래는 차가 하얼빈에 도착하기 전, 철길이 굽이지는 곳에서 기차 속도가 느려질 때 차에 올라가 거사하려고 하였다. 그러나 하나는 이토가 어느 기차 안에 있는지 알 수가 없고, 또 하나는 차가 중국 지역에 있어 중국 관리들에게 해가 될까 봐 기차역의 러시아 병사들 사이에서 사격했다."라고 하였다. 나는 이 진술이 아주 확실하다고 판단하여 외무부에 전보를 보내고 영문으로 된 통신 원고를 써서 외무부에 〈북경일보〉 영문판에 싣게 했다. 이 통신이 북경에서 발표되고 난 후에야 나는 부가전 전보국의 전보 발송 금지령을 취소하였다. 밀려있던 각국의 통신 원고는 그제야 발송되었다. 하여 이번 중국 측 관방(官方) 기사에 이 안건의 첫 보도가 되었다. 자객의 자백 진술에 대한 기록도 아주 상세하여 각국의 신문에서 분분히 전재하였다. 일본은 조사해 보니 진술이 사실이라 중국의 보도에 대해 아무런 반박도 하지 못하였다. 따라서 이 안건에 대해 중국 측에 아무런 항의도 제기하지 못했다.

스자오지(施肇基)는 저장성 치엔탕(浙江錢塘) 출신으로 현재의 항저우(杭州市) 출신이다. 그는 중화민국 시기의 외교관으로, 미국 코넬대학교(Cornell University)에서 유학하였다. 1909년 2월부터 하얼빈에서 근무를 시작했으며, 같은 해 10월 26일 이토 히로부미와 코코프체프가 만나는 현장에서 이토 히로부미를 영접하였다. 1910년에는 베이징 외교부에서 근무하였다.

같은 해 말 하얼빈에서 페스트가 발생하자 방역 책임자로 다시 하얼빈에 부임하였다. 페스트가 소멸한 후, 1911년 8월 베이징 외교부로 복귀했다. 그는 중국의 파리협약(1919)과 워싱턴 회의(1921)에 참석하였다. 1933년에는 주미국 주중대사로서 초대 미국 대사를 역임한 정통 외교관이다.

참고문헌

施肇基(1967), ≪施肇基早年回憶錄≫, 台灣傳記文學出版社

안중근 의거를 도운 핵심 인물은 누구였는가?

안중근 의사의 의거 동지로는 일본 뤼순 법정에서 최후까지 공판을 받은 우덕순, 조도선, 유동하 등이 있다.

우덕순(禹德淳, 1876~1950)

충청북도 제천 출신의 독립운동가로 독립협회의 일원으로 활약하였다. 을사늑약(1905)이 체결되자 국외로 나가 국권 회복 운동을 전개하였다. 노령에서 학교를 세워 청년 교육에 힘쓰며 이범윤(전 북간도 관리사)과 연락을 취하고, 의병을 조직하여 독립전쟁을 준비하였다. 1908년 여름, 두만강을 넘어 함경도 경흥·회령 지역의 일본 군영을 습격하였다.

이후 이름을 연준(連俊)으로 고치고, 담배 행상을 하며 노령 각지를 왕래하던 중 1909년 10월 블라디보

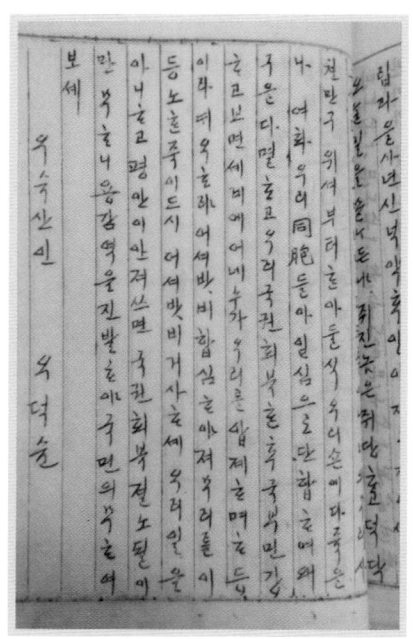

▲ 우덕순 거의가(일본 외교사료관 소장)

스토크에서 안중근을 다시 만났다. 안중근 의사로부터 이토 히로부미를 처단하려는 계획을 듣고 함께 거사할 것을 약속하였다. 유동하·조도선과 동

행하여 하얼빈에 도착하였다.

이토 히로부미를 처단하기 위해 조도선과 함께 차이자거우역에서 기다리고, 안중근은 하얼빈역에서 거사를 진행하기로 하였다. 그러나 1909년 10월 26일, 아침 6시에 숙소 주인에 의해 바깥 문이 잠겨 거사를 이루지 못했다. 이토 히로부미는 하얼빈역에서 안중근 의사의 의거로 처단되었다.

안중근 의거 후, 공범자로 지목되어 러시아 헌병대에 붙잡힌 뒤 일본군에 인도되어 뤼순(旅順)에서 재판을 받고 1910년 2월에 징역 3년 형을 선고받고 옥고를 치렀다.

출옥 후 하얼빈, 치치하얼, 만저우리(滿洲里) 등지에서 교육 및 종교 사업에 종사하며 독립운동에 힘썼다. 일제 패망 후에는 헤이룽장성(黑龍江省)의 한인민단(韓人民團) 위원장으로서 아들 대영(大榮)과 함께 동포 피난민의 본국 수송을 도왔다.

고국에 돌아온 후 대한국민당(大韓國民黨) 최고위원(1948)으로 정치 활동을 하였다. 한국전쟁 중인 1950년 9월 26일 북한에 의해 처형되었다. 1962년 건국훈장 독립장이 추서되었다.

유동하(劉東夏, 1892~1918)

함경남도 덕원 출신이다. 일본 심문 조서에는 유강로(劉江露)로 기록되어 있으나, 본명은 '유동하'이다. 아버지 유승렬은 유경집(劉敬緝)으로도 알려져 있으며, 안중근과 우덕순이 하얼빈까지 동행하며 연락을 담당하는 역할을 맡았다.

1909년 10월 21일, 이토 히로부미가 코코프체프 러시아 재무대신과 회담하기 위해 하얼빈에 온다는 소식을 듣고, 안중근 의사와 동행하게 되었다. 이토 히로부미가 하얼빈에 도착하는 날짜가 1909년 10월 26일 아침임을 확인한 후, 차이자거우에서 대기 중이던 안중근에게 이 사실을 전보로 알렸다.

이로 인해 일제에 체포되어 1909년 11월 1일, 안중근과 함께 우덕순, 조도선을 비롯한 동지들과 함께 뤼순 관동도독부 감옥서로 이송되었다. 1910년 2월 14일, 징역 1년 6개월 형을 선고받고 옥고를 치렀으며, 1911년 8월 22일 아침 9시에 출옥하였다.

조도선(曺道先, 1879~?)

함경남도 홍원 출신인 조도선은 1895년 러시아령 이르쿠츠크 등지에서 세탁업에 종사했다. 부인이 러시아인이라 러시아어를 잘해서 러시아어 통역 일을 병행했다.

1909년 10월, 안중근 의사가 이토 히로부미를 처단하려는 계획을 세우고 우덕순, 유동하 등과 비밀리에 준비를 진행하였다. 쑤이펀허 집으로 가기를 주장하던 유동하 대신 러시아어 통역이 필요했다. 이에 안중근 의사는 동흥학교 교장 김성옥의 집에서 묵고 있던 조도선에게 러시아어 통역을 요청했다.

안중근은 하얼빈역에서 이토 히로부미를 처단하기로 했으며, 조도선과 우덕순은 차이자거우역에서 이토 히로부미를 처단하기로 계획했다. 그러나 10월 26일 아침 6시, 숙소 주인에 의해 바깥문이 잠겨 거사를 실행하지 못했다.

10월 26일 오전 11시경, 차이자거우역 숙소에 있던 우덕순과 조도선은 러시아 헌병의 검문을 받았다. 검문 과정에서 실탄이 장전된 권총과 탄환이 발견되면서 두 사람은 체포되었다. 1909년 10월 31일부터 안중근 의거 연루자 15명에 대한 취조가 시작되었다. 조도선은 1910년 2월 7일부터 관동도독부 지방법원에서 공판을 받았고, 총 6차례 재판을 거쳤다. 1910년 2월 14일, 관동도독부 법원에서 징역 1년 6개월 형을 선고받고 옥고를 치렀다. 대한민국 정부는 1962년에 조도선에게 건국훈장 독립장을 추서하였다.

결론적으로, 안중근 의사를 포함한 세 사람은 러시아 헌병에게 체포되었고, 러시아 국경 지방 재판소에서 첫 심문(審問)[1]을 받았다. 그리고 10월 26일 오후에 이들은 하얼빈 일본 총영사관에 넘겨졌다.

≪노국관헌 문헌 번역문≫에, 러시아 밀레르 검사에서 일본 가와카미 총영사에게 보낸 〈제9724호〉 통지문 내용은 다음과 같다.

사법성 국경지방재판소 검사 1909년 10월 13일(역자 음력) 제 9724호 하얼빈 지급

재 하얼빈 일본 제국 총영사 전

오늘 일본제국 추밀원의장 이토 공작을 살해하고 일러(日俄) 당국 관헌 대표자 다수의 암살을 기도한 건에 관해 하얼빈시 제8구 시심판사 스트라조프, 본직의 감독 아래 집행한 예심 서류를 별지와 같이 귀관에게 보낸다. 그리고 본건 서류에 밝혀진 대로 전기 범죄인은 한국신민임을 확신한 바를 여기에 부기한다. 그 사람은 특히 호위병을 붙여 귀관에게 보내겠다.

다음으로 동청철도부설 철도경찰관헌이 횡도하자 역의 한국(인)과 포그라니치아 역 청국 세관에 재직하는 정대호에 대해 가택 수색 및 체포를 집행하기로 하고(위의 사람은 한국인 조도선의 진술로 확실히 이토공작 살해의 공모자임이 증언된 것에 근거하는 것이다.) 또한 집행 후 이들을 귀관에 인도하기로 한다.

더불어 한국인 치도센(역자 조도선)에게서 몰수한 수취서에 근거하여 '이르쿠츠크'로 보낸 편지(복수)와 전보(복수)를 수색하기로 하였다는 것을 알려 드린다. 이와 동시에 당방의 결의에 의해 본직은 상보(狀報)를 위해 하얼빈 감옥에 한국신민 치우도오센, 치엔쥬니, 삼존, 타크하이, 유카누, 침테쿠신, 카레쿠스메니 및 의사 김을 송치하였다.

위의 사람 중 앞의 두 사람 (조도선과 우연준)은 이토 공 살해 공모자임이 명료(차이자거우에서 체포된)하고 다른 사람은 차이자거우에서 살해자 등이 보낸 내용을 알

---

1 신문(訊問)은 법정에서 검사나 변호인이 피고인 또는 증인을 대상으로 질문하는 절차이다. 심문(審問)은 법원이 직접 당사자 또는 증인을 불러 필요한 사항을 확인하는 절차이다.

수 없는 전보의 수신처 '레스냐야'가 제28번지에 있었던 자이다.

별지 제 8구 시심판사의 봉인을 붙인 예심서를 원본 1책(46쪽)을 같은 시심판사가 봉인을 한 본관 관계 증거 물건을 넣은 상자 2개와 함께 송부하였음을 알려 드린다.

국경지방재판소 검사 밀레르

추신: 오늘 아침 본직은 명하여 공작살해자의 사진을 찍어두었으므로 내가 내일 나오는 데로 귀관에게 보내겠다.

검사 밀레르

하얼빈 총영사관에 이감된 후, 11월 3일 뤼순 관동도독부 법원으로 다시 이감되었다. 미조부치 다카오(溝淵孝雄, 1874~1944) 검찰관은 안중근 의사를 총 11차례 신문했고, 공판은 1910년 2월 7일부터 14일까지 총 6회에 걸쳐 진행되었다. 제1~3회 공판에서는 안중근, 우덕순, 유동하, 조도선에 대한 심문이 이루어졌다. 안중근 의사는 일관되게 단독 범행임을 주장했다. 1910년 2월 14일 월요일 제6회 공판에서 안중근은 사형, 우덕순은 징역 3년, 유동하와 조도선은 각각 징역 1년 6개월을 선고받았다.

참고문헌

안중근의사기념사업회(2010), ≪러시아 관헌 취조문서≫, 채륜
안중근의사숭모회·기념관, ≪대한국인 안중근≫ 간행물 2021년 상반기 소식지
공훈전자사료관(https://e-gonghun.mpva.go.kr)
국사편찬위원회, 한국근대사료DB, 안중근편(https://db.history.go.kr/modern/)
국사편찬위원회, 전자사료관(https://archive.history.go.kr/search/searchResult.do)
국사편찬위원회, 안중근등살인피고공판기록 1.2. (安重根等殺人被告公判記錄 1.2)

차이자거우(蔡家溝)는 어떤 특징을 가진 철도역인가?

차이자거우는 하얼빈에서 서쪽으로 84km 떨어진 역이다. 안중근 의사가 하얼빈 의거를 계획했던 1차 거사 지점이다.

동청철도(東淸鐵道)[1]는 1898년부터 부설에 착수하여, 1902년에 준공했다. 러시아 치타(시베리아 남동부 도시)에서 시작해 만저우리, 하이라얼, 치치하얼, 하얼빈, 무단장, 쑤이펀허를 거쳐 블라디보스토크에 이르는 총 1,760km의 노선이다.

동서 간선의 노선은 블라디보스토크 – 쑤이펀허 – 하얼빈 – 만저우리(滿洲里) – 치타를 횡단하며, 남만주 지선은 하얼빈 – 다롄 – 뤼순을 통과한다. 이 모든 노선을 포함하면 동청철도의 총길이는 약 2,900km에 이른다. 궤도는 광궤(1,524mm)였다. 동청철도, 동지철도, 동성철도, 북만철도, 중동철도, 장춘철도 등 다양한 이름으로 불렸다. 1911년 신해혁명 후 중국에서는 중동철도, 일본에서는 동지철도라는 이름으로 불렸다.

그러나 관행적으로 동청철도라고 불렸다. 철도는 처음 러시아가, 1927년 ~1929년 중국, 1935년 만주국에 귀속되다가, 제2차 세계대전 종전 후 소련과 중국이 공동으로 소유하다가 1952년 중국으로 귀속되었다. 일본은 러일전쟁에서 승리한 후, 포츠머스 조약(1905)을 통해 장춘 – 뤼순 간 철도 부설권을 획득하였다. 이후 1906년부터 남만철도(약 700km)[2]를 동청철도의 지선으

---

1 동청철도는 1903년 7월 완공된 철도로 러시아가 시베리아 횡단철도의 단축 노선으로 부설하였다. 본선은 만저우리(滿洲里) – 하얼빈 – 쑤이펀허(綏芬河), 러시아의 블라디보스토크와 치타 양쪽의 시베리아 노선으로 이어진다.

로 부설하였다. 이 노선은 하얼빈-창춘-선양(당시 봉천)-다롄·뤼순을 연결했다. 일본은 러일전쟁의 승전국으로서 창춘-다롄 간 노선을 러시아로부터 인수하여 만철(滿鐵, 남만주철도)로 재구성하고, 이를 표준궤로 변경하여 관리·운영하였다. 일본은 만주에서 남만주철도 수비 명목으로, 중국 정부로부터 철도 연선 10km마다 수비병 열다섯 명을 둘 수 있는 권리를 획득했다. 1907년부터 총 1만여 명을 주둔시킬 수 있었다. 관동군의 전신이다.

일본의 남만주철도는 남서쪽에서 북동쪽으로 향하고, 러시아의 동청철도는 만주를 북서쪽에서 남동쪽으로 지나며, 두 철도가 만나는 지점이 바로 하얼빈이다. 이러한 이유로 동청철도와 만철 간의 경쟁이 불가피했다.

당시 세계 각국의 철도는 폭에 따라 협궤(1,067mm), 표준궤(1,435mm), 그리고 광궤(1,524mm 및 1,668mm)로 구분되었다.[3]

1899년 건설된 차이자거우역은 징하선(京哈鐵路)[4]의 철도역이다. 중화인민공화국 지린성 쑹위안시 푸위시 차이자거우진에 위치하며, 지린성과 헤이룽장성의 경계 근처에 있다.

---

2 동청철도 지선으로 부설, 하얼빈-창춘-선양(당시 봉천)-다롄·뤼순 노선이며, 러일전쟁의 승전국 일본이 창춘-다롄간 노선을 러시아로부터 인수, 만철(滿鐵, 남만주철도)로 재구성(1906년, 표준궤로 바꿈)

3 철도가 처음 시작된 영국을 비롯해 유럽 국가 대부분과 미국, 한국, 중국 등은 표준궤를 채택하고 있다. 러시아, 카자흐스탄, 몽골, 인도 등 과거 소련의 영향이 컸던 국가들은 광궤를 사용한다. 일본, 이탈리아, 스코틀랜드 등은 표준궤보다 좁은 협궤를 사용했다. 일본은 1872년 본국에 철도를 부설할 때 협궤를 선택했다. 일본이 1899년 경인철도를 부설할 때는 표준궤를 선택했다.

4 징하선(중국어: 京哈鐵路)은 베이징시 베이징역에서 헤이룽장성 하얼빈시 하얼빈역을 연결하는 중국 국철철도 노선이다. 전체 길이는 1,411km이지만, 베이징~톈진까지는 징후선과 선양 북역~하얼빈역까지는 하다선(哈大線)과 각각 중복 구간이다.

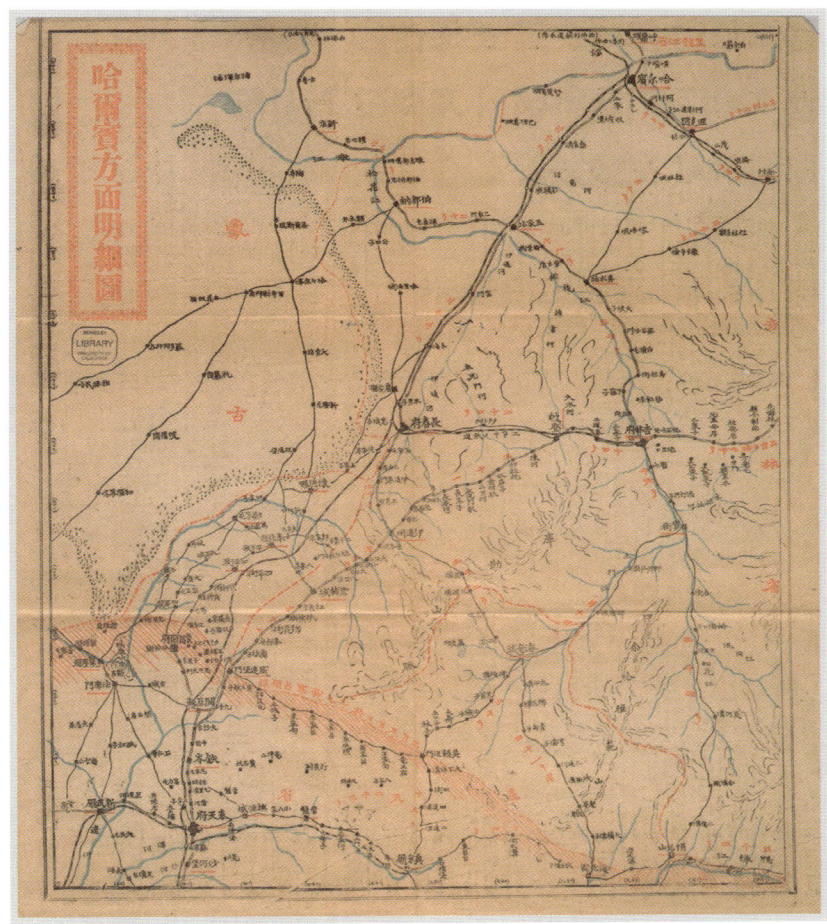

▲ 1904년 창춘 하얼빈 방면 상세 철로 지도

참고문헌

≪中華人民共和國鐵路車站代碼≫, 2010
김지환(2022), ≪모던철도≫, 책과 함께
김지환(2024), 만주철도를 둘러싼 일본, 러시아, 장작림정권의 경쟁 – 조앙철도의 동청철도
횡단을 중심으로, 역사학보, 262, p.65~96. 10.16912/tkhr.2024.06.262.65

동지였던 우덕순과 조도선은
왜 차이자거우역에서 계획한 거사를
실행하지 못했는가?

1909년 10월 24일 아침, 안중근 일행은 하얼빈역으로 나갔다. 유동하에게 표를 사도록 지시했다. 원래는 관성자(寬城子, 現 長春)까지 갈 계획을 세웠지만, 여비가 부족하여 차이자거우에서 계획을 수정했다.

안중근, 우덕순, 조도선은 12시 13분에 차이자거우역에 도착했다. 조도선을 통해 러시아 헌병에게 물었던 내용이 ≪안응칠 역사≫에 기록되어 있다.

정거장(차이자거우 역) 사무원에게 "이곳에 기차가 매일 몇 차례나 내왕하는가?"라고 물었다. 그러자 "매일 세 차례 내왕한다. 오늘 밤에는 특별 열차를 하얼빈에서 장춘으로 발송하여 일본 대신 이토를 영접해 모레 아침 여섯 시에 이곳에 도착할 것이다."라고 대답했다. (중략) 그래서 다시 깊이 헤아렸다. '모레 아침 6시쯤이면 아직 날 밝기 전이니, 이토는 필경 정거장에 내리지 않으리라. 설령 하차하여 시찰한다 해도 어둠 속이라 진짜인지 가짜인지 분별할 수 없을 것이다. 더구나 내가 이토의 면목을 모르는데 어찌 능히 거사할 수 있으랴. 다시 앞으로 장춘 등지에 가보고 싶어도 노비(路費)가 부족하니 어쩌면 좋을런지!' 이리저리 생각하며 마음만 몹시 괴로웠다.

조도선을 통해 러시아 헌병에게 얻은 정보를 가지고 안중근과 우덕순은 논의하였다. 아침 6시면 아직 어둡고, 이토가 기차에서 내릴 가능성도 적어 여기에서 거사하기에는 실패할 가능성도 있으므로 차이자거우에는 우덕순과 조도선이 맡기로 하고, 안중근은 하얼빈으로 돌아가 거사를 도모하기로 하였다.

10월 24일, 안중근 의사는 거사 지점을 관성자 역에서 차이자거우역으로 변경하기로 결정했다. 그는 유동하를 하얼빈에 남겨 차이자거우로 전보를 보내게 하고, 우덕순과 함께 조도선을 찾아 차이자거우역으로 이동했다.

안중근 의사와 일행은 차이자거우역 역사 반지하 아래에서 러시아 사람이 운영하는 소매점에 묵으면서 하루에 기차가 몇 번 다니는지 역 직원에게 물어보았다. 역 직원은 하루에 3번씩 열차가 다닌다고 대답하면서 무심결에 오늘 밤 특별 열차가 하얼빈에서 관성자로 떠나는데 이토 히로부미를 태우고 이틀 후 오전 6시에 이곳에 도착한다고 이야기해 주었다. 정보를 확인한 안중근 의사는 오전 6시에는 날이 밝지 않아 식별이 어려울 것이고, 혹시 이토 히로부미가 열차에서 내리지 않고 열차가 역을 통과할 수 있을 것이라는 생각을 하게 됐다.

안중근 의사는 거사 지점을 하얼빈역과 차이자거우역으로 나누었다. 동지 우덕순과 조도선은 차이자거우역에 남고, 안중근 의사는 다음날인 10월 25일 하얼빈으로 돌아왔다.

1909년 10월 25일, 이토 히로부미가 탄 기차는 관성자역을 지나 10월 26일 아침 6시에 차이자거우역에 도착했다. 한편, 우덕순과 조도선이 머물던 소매점 지하방은 방 밖에서 자물쇠로 잠겨 있었기 때문에, 26일 오전 이토 히로부미가 탄 기차가 지나갈 때 두 사람은 밖으로 나갈 수 없었다. 이후 두 사람은 안중근 의사의 하얼빈 의거가 성공한 뒤 러시아 헌병에게 체포되었고, 체포된 후에야 하얼빈 의거 소식을 듣게 되었다.

안중근 하얼빈 의거의 성공 직후 러시아 헌병에게 몸수색을 당해 권총과 탄환이 발견되면서 체포되었다. 차이자거우역에는 동청철도 경무국 하얼빈 지서 하사 군조 게오르기 꾸지미치 세민, 제2철도대대 제9중대 오장 치모프에이 미하일로비치 그바시야, 호경꾼 제4중대 군조 야코프 스테파토비치 소코로프가 근무하고 있었다.

참고문헌

이봉규 · 김월배 · 김이슬 · 김홍렬 · 김희수 · 민명주 · 이인실(2024), ≪안중근 의사의 숨결을 찾아≫, 걸음

≪노국관헌문헌보고≫ 번역문

안중근의 가족을 하얼빈으로 데려온 인물은 누구였는가?

1909년 10월 27일, 하얼빈 레스야나가 28호(現 삼림가 34호)에 안중근 의사의 하얼빈 의거 이후 한국인 네 명이 방문했다. 이 집은 안중근 의사가 전날까지 묵었던 곳으로 하얼빈 한민회장 김성백의 집이다. 안중근 의사가 3년 동안 풍찬노숙하며 만나기를 고대했던 가족들로, 김아려 여사와 두 아들이었다. 이들과 함께 온 사람은 바로 안중근 의사의 동지이자 독립운동가인 정대호(鄭大鎬, 1884~1940)였다.

1909년 12월 4일, 비밀 사찰 문서를 통해 통감이 고무라 외무대신에게 보고했다. 안중근 의사는 거사 직전 하얼빈 쑤이펀허 세관 서기로 근무하던 동지 정대호에게 아내와 자식들을 하얼빈으로 대동해 주기를 부탁했고, 또한 처자를 부조(扶助)해 줄 것도 부탁했다. 그러나 단 하루 차이로 안중근 의사는 가족과 하얼빈에서 만나지 못했다. 정대호는 안중근 의사의 의형제로서 하얼빈에서 일제가 안중근 의사의 가족을 구속하려는 위기 속에서도 그들을 돌봤다.

정대호는 1884년 경성 북서 반천동(現 의주로2가) 또는 반정동에서 출생하였다. 1901년 인천 금광에 근무하였다. 1902년 경성영어학교에 입학하였고, 1906년에 중도 퇴학하였다.

1903년부터 1908년 8월까지 진남포에 거주하였다. 1907년 진남포(鎭南浦)로 이주해 안중근의 이웃에 살면서 의형제를 맺고 뜻을 함께하였다. 1908년에는 진남포 세관에서 근무하였다. (주소: 진남포 비석동, 6통 2호). 1909년 9월, 진남포 세관에서 이직한 후 쑤이펀허 세관 출장소에서 근무하였다. 정대호는 안중근 의사가 하얼빈 의거를 했을 당시, 하얼빈 세관(稅關) 쑤이펀허지서(綏芬河支署)에서 근무하고 있었다.

안중근 의사의 자서전인 ≪안응칠 역사≫에 따르면, 1909년 1월(음력)에 엔치아 방면으로 돌아온 안중근 의사는 정대호 선생의 편지를 받은 후 고향 집 소식을 자세히 들을 수 있었으며, 정대호 선생에게 자신의 가족을 데려오는 일을 부탁했다고 쓰여 있다.

정대호 선생은 안중근 의사의 가족을 데리고 왔으나, 안타깝게도 안 의사의 가족들은 하얼빈 의거 다음 날에 도착해 안 의사를 만나지 못했다. 이후 정대호 선생은 하얼빈 의거의 연루자 15인 중 한 명으로 피체되어 관동도독부 감옥서로 압송되었다가 증거 불충분으로 석방되었다. 석방된 후, 1912년에는 만저우리 국민회지방총회의(滿洲里國民會地方總會) 부회장을 역임하다 고향으로 돌아갔다. 그리고 1916년 다시 톈진(天津)으로 망명하였다.

1919년에는 상하이에서 대한민국 임시정부에 참여하여 신석우(申錫雨)·이기룡(李起龍)과 함께 대한민국임시의정원(大韓民國臨時議政院) 경기도 대의원으로서 활동하였다.

같은 해 11월에는 대한적십자회 회원 모집을 위한 31대에 윤보선(尹普善)·신두식(申鬥湜)·이영근(李永根)·윤현진(尹顯振) 등과 함께 참여하였다.

1921년에는 대한민국 임시정부 학무총장 김규식(金奎植)을 중심으로 여운형(呂運亨)·여운홍(呂運弘)·조동호(趙東祜)·민병덕(閔丙德)·서병호(徐丙浩) 등과 함께 신한청년당(新韓靑年黨)에 가입하여 신한청년보(新韓靑年報)를 발행하는 등 한국 독립운동을 위해 헌신하였다.

쑨원의 협력으로 1926년 3월 1일 싱가포르에 가서 싱가포르 최초의 한인 정착자가 되었다. 이후 싱가포르 도남학교에 재직했으며, 1930년에는 경남무역공사를 설립하여 독립운동 자금을 모집하였다. 1940년 9월 6일 별세하였고 싱가포르 크리스천 묘지에 안장되었다.

이후 가족에 의해 1990년 7월 5일 유해가 봉환되어 경기도 화성 어천리 가족 묘지에 안장되었으며, 대전현충원 애국지사 제4묘역 145번에 다시 안장되었다. 1977년 대통령 표창을 받았고, 1991년 건국훈장 애국장이 추서되었다.

 참고문헌

김월배 · 김이슬(2020), ≪안중근, 하얼빈에 역사를 묻다≫, 걸음
공훈전자사료관(https://e-gonghun.mpva.go.kr)

안중근 가족이 하얼빈에 오는 과정과
신문(訊問) 내용은 무엇인가?

　정대호는 안중근 의사 이웃으로 지내며 의형제를 맺고 뜻을 함께하다가 만주로 망명하여 하얼빈 세관 쑤이펀허지서에서 근무하였다. 정대호는 거사 전에 안중근으로부터 가족을 부탁받았다.
　'헌밀(憲密) 제2159호 1909년 11월 9일'에 첨부된 '11월 7일부 진남포 분견소장 보고'에 이 내용이 자세히 나온다.

　정대호는 10월 17일, (중략) 전화로 진남포 비석동 집에 있는 큰아버지 정서우(鄭瑞雨)를 불러내어 (중략) '안중근의 의뢰를 받아 그의 가족을 데리러 왔다. 나의 가족과 함께 평양 관동(貫洞)의 김윤호(金允浩) 댁까지 데리고 와 달라'고 부탁했다. 정서우는 그 뜻을 안중근 집에 통지했다. 이에 안중근의 아내가 크게 기뻐하며 (중략) 두 아들과 함께 3명만 정대호와 같이 쑤이펀허에 가기로 결정했다.

　이에 따라 그는 안중근의 가족을 진남포로부터 쑤이펀허까지 안전하게 호송하였다. 마침, 정대호의 노모와 가족도 진남포에 있었기에 그는 안중근의 부탁을 수락하였다. 여러 곡절 끝에 정대호와 그의 가족, 그리고 안중근의 처자는 1909년 10월 27일에 하얼빈에 도착했으나, 그날은 이미 하얼빈 의거가 발생한 다음 날로, 안중근은 체포된 상태였다.
　안중근과 전보를 주고받은 정대호는 하얼빈 의거 연루자 15인 중 한 명으로 지목되어 곧 체포되었고, 이후 뤼순감옥으로 보내졌다. 그는 안중근과 관련된 혐의로 일제 경찰에게 체포되어 옥고를 치렀으나, 증거 불충분으로 석방되었다. 안중근의 부인은 안중근과의 관련성을 부인하며 정대호의 친척으로 행세하였다.

안중근 의사는 최후 진술에서 검찰 취조의 허구성을 지적하며, "고향을 떠날 때 아들이 두 살이고, 이후에 만난 적이 없는데 아들이 나를 알아볼 리 없다."라고 말했다.

의거 관련이 없었기에 안중근의 가족은 11월 22일 쑤이펀허로 향할 수 있었지만, 안중근의 부인 김아려와 아들 문생(분도), 준생은 이후로도 안중근을 만나지 못했다.

그사이 하얼빈 일본 영사관에서 촬영된 사진 한 장이 전해졌다. 이른바 '안중근이 빠진 안중근 가족사진'으로, 이는 부인과 두 아들이 찍힌 사진이다.

 참고문헌

국사편찬위원회, ≪통감부 문서≫ 7

안중근 의거와 관련해 추가로 체포된 인물은 누구였는가?

러시아 국경 지방 재판소 제8구 검사 콘스탄틴 콘스탄치노 비치 밀레르의 신문과 스트라조프 판사의 심문을 거쳐 재판이 진행되었다.

1909년 10월 26일 오후 10시 10분에 일본 하얼빈 총영사관으로 인계되었다. 하얼빈역 동청철도 하얼빈 분서장 기병 1등 대위 크나프, 형사 탐정국장 기병 2등 폰큐겔컨, 기병 조장 파노프에 의해 유동하, 정대호, 김성옥, 김형재, 탁공규, 김여수, 장수명, 김택신, 정서우, 이전옥, 방사첨, 김진근, 홍시준 등이 체포되어 하얼빈 총영사관에 수감되었다.

1909년 11월 1일 뤼순 관동도독부 감옥으로 이송 명령이 내려졌다. 안중근, 우덕순, 조도선, 유동하, 정대호, 김형재, 김여수, 김성옥, 탁공규 등은 일본 헌병 12명의 호송을 받으며 하얼빈을 출발했다. 첫날은 장춘 헌병 분견소에서 하루를 묵었고, 11월 3일 뤼순역에 도착했다. 관동도독부 전옥 구리하라 사타키치(栗原貞吉)의 명령에 따라 인수되었다.

차이자거우역 철도 경무국 하얼빈지서 하사 군조 게오르기 꾸지미

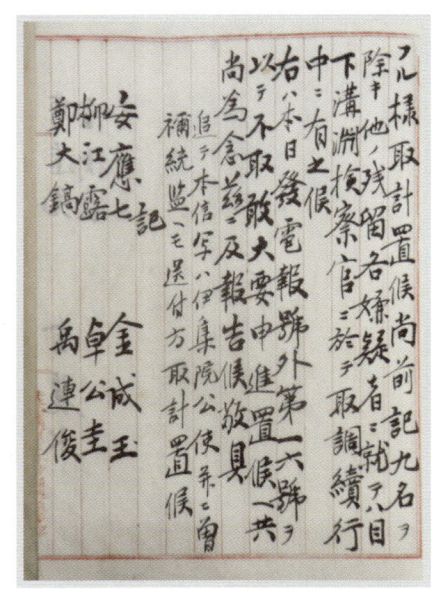
▲ 안중근 외 하얼빈에서 뤼순으로 이송 문서 (일본 외교사료관 소장)

치 세민에 의해 우덕순과 조도선이 체포되어 국경 지방 재판소에서 재판받은 후 하얼빈 총영사관으로 압송되었다.

안중근 외 하얼빈 의거 연루자 15명 중 7명은 즉시 석방되었으며, 4명(김형재, 김여수, 김성옥, 탁공규)은 12월 24일에 석방되었다. 정대호는 1910년 2월 1일 오후 불기소 처분을 받고 풀려났다.

기밀 제3호(재하얼빈 총영사대리 영사관보 오노 모리에(大野守衛)→외무대신 고무라 주타로(小村壽太郞)

원본책명	해외의 한국독립운동사료(ⅩⅤ) : 日本篇(3) 亞洲第一義俠 안중근(Ⅲ)		
발행년	1995	발행자	국가보훈처
주요내용	伊藤 가해 피고사건 수사보고서 1) 재노령 한국인 사상과 단체 2) 피고인 - 안응칠(안중근), 우연준(우덕순), 조도선, 유강로, 김성백, 김성옥, 정대호, 탁공규, 김형재(김봉추), 김여수, 김택신, 홍시준, 김성엽, 장수명, 정서우, 방사첨, 이진옥, 박문순, 한성준, 대동공보사와 이강 등 관련자 4인, 이치권, 김기룡, 엄인섭, 홍범도, 김인수, 김성모, 정재관, 이상설, 이범진, 이위종, 최재형 3) 차이자거우(蔡家溝)역 음식점 주인에 대한 신문 조서 4) 우덕순, 안응칠이 이강에게 보내는 서신 5) 우연준이 지은 작가 6) 신문 조서(김영환, 김성옥, 강봉주, 박문순)		

우연준(禹連俊) 연령 30세, 주소: 경성 동서(東署) [우덕순(禹德淳)]

조도선(曺道先) 연령 31세, 주소: 함남 홍원군(洪原郡)

유강로(柳江露) 연령 28세, 주소: 경북 풍기군(豊基郡) [유동하(劉東夏)]

김여생(金麗生) 연령 30세, 주소: 함북 명천군(明川郡)

정대호(鄭大鎬) 연령 36세, 주소: 경성 북서(北署) 성동(盛洞)

김성옥(金成玉) 연령 49세, 주소: 경성 북서(北署) 하동(河洞)

탁공경(卓公瓊) 연령 36세, 주소: 함남 중하리(中荷里)

김형재(金衡在) 연령 30세, 주소: 하얼빈

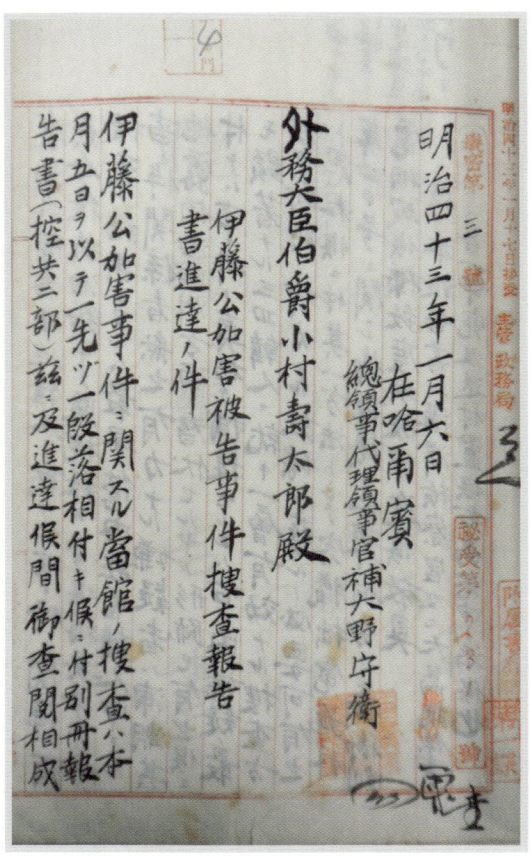

▲ 오노 모리에가 고무라 주타로에 보고한 하얼빈 의거
(일본 외교사료관 소장)

📖 참고문헌

안중근의사숭모회(https://www.patriot.or.kr/), 안중근 생애편
공훈전자사료관(https://e-gonghun.mpva.go.kr)
국사편찬위원회, 한국근대사료DB, 안중근편(https://db.history.go.kr/modern/)
국사편찬위원회, 전자사료관(https://archive.history.go.kr/search/searchResult.do)
국사편찬위원회, 안중근등살인피고공판기록1,2. (安重根等殺人被告公判記錄 1,2)

러시아 정부는 어떤 이유로 안중근을
일본 측에 인도했는가?

　러시아는 일본과의 외교적 마찰을 피하고자 사건 자체를 일본에 양도했다. 러시아는 1909년 10월 26일(러시아력 10월 13일) 오전 9시 30분 하얼빈역에서 안중근 의사를 체포하고 심문했다. 국경 지방 재판소 제8구 시심(始審, 예심) 재판소 판사는 동 재판소 검사 밀레르와 하얼빈 주재 일본 총영사관 서기생 스기노 호코타로(杉野鋒太郞)의 입회하에 안중근 의사에 대해 '형법 제403조에 해당하는 피고 사건'이라 언도(言渡)하고 심문을 집행했다.
　러시아 조차지(租借地)인 동청철도 구역의 하얼빈역의 사법권은 러시아에 있었다. 러시아 정부는 안중근 의사를 취조한 후 오후 10시 10분에 안중근 의사의 신병과 취조기록 원본인 〈노국(露國·러시아)관헌 취조번역문〉을 일본 하얼빈 총영사관으로 넘겼다.
　〈노국(露國·러시아)관헌 취조번역문〉의 구성은 다음과 같다. '신문 및 구류 결정서(안중근 등)', '결정서(안중근·우덕순·조도선 등을 일본에 넘긴다는 내용)'와 통지문, 하얼빈역 현장에 있던 러시아인에 대한 신문 조서, 관계자 진술서 및 보고서이다.
　러시아 국경지방재판소 제8구 판사 스트라조프는 "본관이 피고로 구인한 우치안('응칠안'의 오기)이라는 자는 연해주 지사가 발부한 한국 신민 신원증명서를 제시하였다."라고 하면서 "우치안은 한국에 국적을 가진 자임을 인정할 만한 증거가 충분하다. 본건은 러시아 재판에 회부할 성질의 것이 아니다."라고 결정했다.
　일본 하얼빈 총영사인 가와카미 도시히코(川上俊彦)는 러시아 국경 지방

재판소 검사 밀레르로부터 안중근 의사를 일본으로 송치하고, 조서 원본과 증거 물품이 담긴 상자 두 개를 넘기겠다는 통지문을 받았다.

'일제는 사건 당일 러시아 사법당국에 안중근의 신병 인도를 요청하였다.'라면서 러시아는 안중근이 한국 국적자라는 사실을 근거로 재판 관할권이 일제에 있다고 판단하여 신속히 넘긴 것이라고 설명했다.

이 보고서에는 의거 직후 당시 상황이 기록되어 있다. 밀레르 검사의 진술에 따르면 안중근 의사가 2~3회 총격을 발사한 직후 니키포르포 기병대위(철도경찰서장 대리)의 제지를 받았다. 그러나 안중근 의사는 이를 물리치고 총격을 계속했다. '니키포르포는 흉행자(凶行者)에게 돌진했으나 흉행자의 완력이 강해 그를 진압할 수 없었다. 다른 러시아 장교의 도움을 받아 흉행자의 권총을 빼앗아 더는 발사할 수 없었다.'라고 기록되어 있다.

 참고문헌

김봉진(2022), 《안중근과 일본, 일본인》, 지식산업사
〈노국(露國·러시아)관헌 취조번역문〉

'안중근 의거'는 어떤 사건을 의미하는가?

안중근 의사가 ≪동양평화론≫ 서문 말미에 기록한 글이다.

"동양평화를 위한 의전(義戰)을 하얼빈에서 개전하고 담판(談判)하는 자리를 뤼순구에서 정했으며 이어 동양평화 문제에 관한 의견을 제출하는 바이니, 여러분은 눈으로 깊이 살필지이다."

안중근 의거의 의미는 하얼빈과 뤼순에서의 행적을 함께 살펴봐야 한다. 1909년 10월 안중근 의사는 이토 히로부미의 하얼빈 방문 소식을 듣고 우덕순과 의거를 계획하고 1909년(융희(隆熙) 3년, 메이지 43년) 10월 26일(러시아력 10월 13일) 하얼빈역에서 이토 히로부미를 주살했다. 이토 히로부미와 러시아 재무대신 코코프체프의 회담 목적은 대한제국과 만주에 대한 지배력을 강화하기 위한 일본의 요청이었다.

1909년 10월 26일, 안중근 의사가 쏜 하얼빈역 정의의 총은 망국의 고통을 안고 있던 대한국인의 가슴에 용기백배의 힘을 주었다. 온 세계는 이 영웅의 의거에 대하여 찬탄을 금치 못했다. 중국 신문 〈민우일보(民旴日報)〉 논평에서는 안중근 의거를 '100만 대군의 혁명에 버금가는 것으로 세계의 군주정치 및 인도 철학에 관한 학설을 일변시킬 위대한 사건'이라고 했으며, 이를 '하얼빈 의거'라고 했다.

하얼빈 의거는 일제의 '간도 침탈'이라는 목적을 무력화시키는 효과를 가져왔다. 또한 제국주의 열강의 침략에 대해 온몸으로 저항한 안중근의 의거였다.

안중근 의사는 1909년 11월 3일 뤼순감옥에 수감되었다. 1910년 3월 26일, 순국 전까지 144일 동안 최후의 목적은 단순히 이토 히로부미 처단이 아니라, 재판을 통하여 국제사회에 일제의 한국 병탄 침략 실상을 알리고, 절대 용납할 수 없다는 한국인의 의지를 국제사회에 각인시키는 데 목적이 있었다.

그러나 주살 직후, 현장에서 2~3회의 러시아 측 심문을 받고 일본 측에 넘겨졌다. 정치범의 재판은 일본의 나가사키 지방법원이 담당하는 관례를 무시하고 일제는 안중근 의사 재판을 관동도독부 법원이 관할하도록 결정했다.

왜곡재판이 예상되는 불리한 상황에서도 안중근 의사는 일제의 한국 침략을 합리화하려는 미조부치 관동도독부 검찰관, 통감부에서 파견한 사카이 경시, 이를 진두지휘하는 일본외무성 관리 구라치(窪知鐵吉) 국장, 관동도독부 지방법원장 마나베(眞鍋十藏) 재판장의 구형, 상고를 포기한 관동도독부 고등법원 히라이시(平石義人) 법원장과의 대화, 일본인의 국선 변호인 등과 불공정한 재판에 맞서는 사법 투쟁을 벌임으로써, 하얼빈 의거의 정당성을 주장하였다.

하지만, 일제는 5개월에 걸친 신문으로, 불과 1주일 만의 형식적인 재판을 통해 안중근 의사를 사형에 처하였다. 그 기간에 안중근 의사가 일제의 사법 기관에 맞서 벌인 독립 투쟁을 '관동도독부 공판 투쟁'이라고 한다.

안중근 의사는 하얼빈 의거의 목적과 동양평화에 대한 사상을 전하기 위해 감방에서 144일 동안 일본의 의도된 왜곡재판에서도 하얼빈 의거의 전말을 밝힌 ≪안응칠 역사≫를 저술하였다. 더불어 한국의 독립 회복과 동양평화 이념과 논리를 집약한 〈안응칠 소회〉를 남겼다. 또한, 자신의 사상이 담긴 인류의 보편적 가치를 실현하고자 ≪동양평화론≫을 작성했으나 히라이시 고등법원장이 약속을 이행하지 않아 미완성 상태로 순국하였다. 이를 '≪동양평화론≫ 집필 투쟁'이라고 한다.

즉, 안중근 의거는 하얼빈 의거, 관동도독부 공판 투쟁, 그리고 ≪동양평화론≫ 집필 투쟁을 모두 포함하는 것을 의미한다.

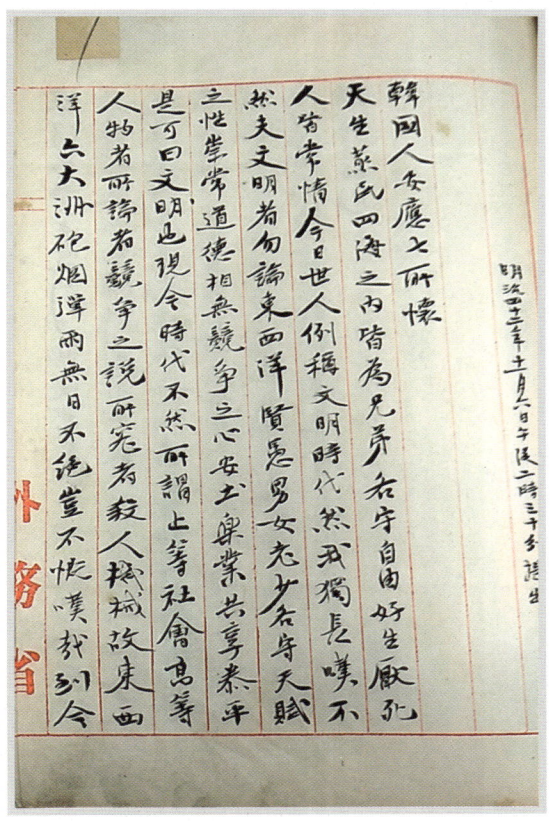

▲ 안응칠 소회(일본 외교사료관 소장)

참고문헌

김월배 · 판마오중(2014), ≪안중근은 애국－역사는 흐른다≫, 한국문화사
공훈전자사료관(https://e－gonghun.mpva.go.kr)
국사편찬위원회, 한국근대사료DB, 안중근편(https://db.history.go.kr/modern/)
국사편찬위원회, 전자사료관(https://archive.history.go.kr/search/searchResult.do)
국사편찬위원회, 안중근등살인피고공판기록1,2. (安重根等殺人被告公判記錄 1,2)

제 3 부

담판(談判)

법정 투쟁, 뤼순감옥, 순국

安重根 바로 알기,
묻고 답하다

안중근이 순국한 감옥은
당시 어떤 이름으로 불렸는가?

　안중근 의사는 관동도독부 감옥서에서 144일간 수감되었다. 1909년 11월 3일(수요일)에서 1910년 3월 26일(토요일)까지의 기간이다. 안중근 의사가 수감된 감옥의 공식 명칭은, '관동도독부 감옥서'이지만, 우리는 이를 일반적으로 '뤼순감옥'이라 부른다. 그리고 현재 이곳은 박물관으로 운영되고 있으며, 공식 명칭은 뤼순일아감옥구지박물관(旅順日俄監獄舊址博物館)이다.

감옥의 수감 기능 당시 변천사

　관동도독부 감옥서(뤼순감옥)의 명칭은 다음과 같다.
　1894년 7월, 일본은 청일전쟁을 일으켰다. 전쟁이 끝난 후 일본과 중국은 〈시모노세키조약〉을 체결했다. 청일전쟁이 끝난 1895년, 러시아는 독일과 프랑스와 연합하여 삼국간섭을 통해 일본을 압박했다. 결국 일본은 랴오둥반도(遼東半島)에서 철수했다. 그 후 러시아가 중국을 도와주는 데에 공을 세웠다는 것을 내세워 1897년 12월에 함대를 보내어 뤼순을 점령했다.
　이듬해 3월 27일에 중국을 강박하여 〈뤼다조차지조약(旅大租地條約)〉을 맺어 뤼순, 다롄을 조차지로 만들어 그 땅에서 식민 통치를 시작했다. 1899년 뤼순에 관동주(關東州)를 설립하고 체계적인 식민 통치 행정기관을 개설했다. 그리고 뤼순에 위수감옥을 설립하였다. 규모가 작고 수감 기능이 부족하자 러시아 관동주 총독 알렉세에프(Evgenii Ivanovich Alekseiev)가 차르 니콜라이2세(Nicholas II)의 동의를 받아 1902년부터 뤼순 위안바오팡(元寶房)의 농경지에 큰 규모의 감옥을 다시 건립했다.

1904년 2월, 러일전쟁으로 감옥은 원래대로 건립하지 못하고, 85칸의 감방으로 건립되었다. 러일전쟁 시기 감옥은 러시아 군대의 야전병원과 기마병 주둔지로 활용하였다. 1905년 러일전쟁이 끝난 후, 일본은 뤼순-다롄 일대를 식민 지배했다. 그 후부터 정치, 군사, 경제, 문화, 교육 등 여러 방면에서 식민 통치를 강화했다.

1906년 9월 관동 총독부의 민정부 내 감옥서를 설립하며 위안바오팡 러시아 감옥을 확장하기 시작했다. 1907년 11월 감옥은 관동도독부 감옥서라는 명칭을 정식으로 사용하였다. 신체검사실, 암실, 공장, 의무실을 설치하였고, 그 후 일부 확장했다.

1920년 8월에는 관동청 감옥(關東廳監獄)으로 명칭을 변경하고, 벽돌공장, 채소밭, 임야 지역, 간수 훈련 지역 등을 설립하였다. 1926년 10월 관동청 형무소(關東廳刑務所)로, 1934년 12월에는 관동형무소(關東刑務所)로 개명하면서 1907년부터 활용한 사형실을 세탁실로 활용하고, 감옥 동북쪽에 새로운 사형장을 건립하였다. 1939년 1월에는 뤼순형무소(旅順刑務所)로 명칭을 변경하였다. 1945년 8월 22일 소련이 감옥을 해체할 때까지 사용되었다.

감옥의 박물관 기능의 변천사

1945년부터 1955년 소련의 뤼순 관리 시기에는 소련에 의하여 활용되다가, 소련이 뤼순에서 철수한 후 1956년부터 1971년까지는 뤼순 경찰국이 관리하여 뤼순공안국 간부 숙소와 뤼순구치소로 일부 활용되었다. 일부는 인근 인민공사 생산대의 숙소로 활용되었다.

1966년에 제국주의 죄증 전람관으로 활용되었다.

1970년 뤼다시 혁명위원회(旅大市革命委員會)의 감옥 전면 개방 결정으로 1971년 7월 6일 정식으로 전체를 개관하여 뤼순계급 교육전람관으로 사용하였다. 당시에는 뤼순박물관의 한 개 사업 부문으로 개방되었다.

1983년 6월에는 뤼순제국주의 침화유적보관소(旅順帝國主義侵華遺跡保管所)로 명칭을 변경하여 관람 기능과 함께 다롄과 뤼순지역의 러일전쟁 및 일본 식민지 시기의 유물들을 집중적으로 수집·보관하였다.

1983년 12월부터는 다롄시 정부 관리로 이관되었다.

1988년 1월 13일에는 전국 중점 문물 보호 기관으로 선정되었다.

1992년 8월에는 뤼순일아감옥구지진열관으로 이름을 변경하고 본격적인 박물관 기능을 수행하기 시작하였다.

2003년 5월, 뤼순일아감옥구지박물관으로 이름을 변경하였다. 동시에 다롄시 근대사연구소(大連市近代史研究所)를 설치하여 다롄 시내 근대사 연구를 전담하는 연구기관으로 현재에 이르고 있다.

▲ 1916년 뤼순감옥 전경

 참고문헌

뤼순일아감옥구지박물관(2017), ≪旅順日俄監獄舊址博物館≫, 중국금성출판사

안중근과 동지들은 감옥에서 어떤 활동을 했는가?

 안중근 의사는 1909년 10월 26일 오전 9시 30분, 하얼빈 의거를 결행한 뒤 당일 순순히 체포되었다. 러시아 국경 지방재판소 제8구 검사 콘스탄틴 콘스탄치노 비치 밀레르의 신문(訊問)과 스트라조프 판사의 심문(審問)을 거쳐 재판받았다.
 거사 당일 오후 10시 10분에 일본 하얼빈 총영사관에 인계되었다. 하얼빈역 동청철도 하얼빈 분서장 기병 1등 대위 크나프, 형사 탐정국장 기병 2등 폰큐겔컨, 기병조장 파노프에 의해 유동하, 정대호, 김성옥, 김형재, 탁공규, 김려수, 장수명, 김택신, 정서우, 이전옥, 방사첨, 김진근, 홍시준 등도 체포되어 하얼빈 총영사관에 수감되었다.
 차이자거우역 철도 경무국 하얼빈 지서 하사 군조 게오르기 꾸지미치 세민에 의해 우덕순과 조도선도 체포되었고, 국경 지방재판소에서 재판받은 후 하얼빈 총영사관으로 압송되었다.
 1909년 11월 1일, 뤼순 관동도독부 감옥서로 이송 명령이 내려졌다. 안중근, 우덕순, 조도선, 유동하, 정대호, 김형재, 김려수, 김성옥, 탁공규 등은 일본 헌병 12명의 호송을 받으며 하얼빈을 출발했다. 첫날은 장춘 헌병 분견소에서 하루를 묵었고, 11월 3일 뤼순역에 도착했다. 이후 관동도독부 전옥 구리하라 사타키치의 명에 따라 인수되었다.
 관동도독부 감옥서에서 안중근 의사는 미조부치 검사로부터 11회, 사카이 경시로부터 14회 신문을 받았다. 1909년 11월 6일에는 〈안응칠 소회〉를 제출하였다. 1909년 12월 13일 ≪안응칠 역사≫ 집필을 시작했다.

1910년 2월 7일부터 12일까지 관동도독부 지방법원에서 마나베 판사로부터 5회에 걸친 공판을 받고, 2월 14일 제6회 공판에서 사형을 언도받았다. 2월 15일에는 안병찬을 통해서 동포에게 유언을 알렸다. 2월 17일에는 관동도독부 고등법원장 히라이시 우진토와 면담하였다. 이후 ≪동양평화론≫ 집필을 시작했다. 3월 10일 홍석구(빌렘) 신부에게 고해성사를 청했고, 두 동생에게 유언을 남겼다. 3월 15일에는 ≪안응칠 역사≫를 탈고하였다. 3월 24일에는 유서 6통을 작성하였다.

그리고 안중근 의사와 동지인 우덕순, 조도선, 유동하의 옥중생활은 〈경향신문〉 융희(隆熙) 4년(1910) 3월 11일 자 기사에 다음과 같이 기록되어 있다.

▲ 뤼순감옥에서 안중근, 우덕순, 조도선, 유동하의 기록
   (〈경향신문〉 대한융희 4년 3월 11일 자)

안중근은 ≪동양평화론≫을 저술하고, 우덕순, 조도선은 양복 제조, 유동하는 연초 제조 기술을 배운다.

즉, 안중근 의사의 동지인 우덕순, 조도선, 유동하는 옥중에서 직업 교육을 받은 것으로 보도되었다.

 참고문헌

안중근의사숭모회·기념관(2021), ≪안중근 의사의 삶과 나라사랑 이야기≫, 일곡문화재단
〈경향신문(京鄕新聞)〉, 융희(隆熙) 4년(1910) 3월 11일 자
국사편찬위원회, ≪통감부 문서≫ 7

일본 정부는 안중근 재판에 어떤 방식으로 개입했는가?

안중근 의사를 판결하는 과정에서 일본 행정부는 행정부 관료를 직접 파견하고 진두지휘하며, 사법부의 변호권을 제한하고 법원장을 도쿄로 소환하는 방식으로, 직접적으로 간섭했다. 사법부와 행정부의 독립성이 지켜지지 않고, 견제와 균형이 심각하게 무너진 왜곡된 재판, 곧 곡판(曲判)이다. 이는 일본 행정부의 직접적인 간섭이었다.

1909년 10월 28일, 일본은 다음과 같은 '송치서(送致書), 안응칠 외 15명'을 작성했다.

> 오른쪽은 이토 공작 살해 피고인과 혐의자로서 이번 달 26일 하얼빈 주재 러시아 시심 재판소 검사로부터 이 사건에 관한 서류 1건과 함께 왼쪽 증거물 건의 송치를 받았다. 메이지 42[1909]년 법률 제52호 제3조에 의거하여 오른쪽 피고 사건은 외무대신의 명령에 따라 귀청(貴廳) 관할로 옮겨진다. 이에 피고인 신병(身柄)과 함께 서류, 물건 모두를 송치한다.
>
> 메이지 42년 10월 28일
> 하얼빈 대일본 제국 총영사관 총영사 가와카미 도시히코
> 관동 도독부 지방법원 검찰관 미조부치 다카오 귀하

일본 외무대신 고무라 주타로(小村壽太郎, 1855~1911)는 안중근 등에 대한 '재판 관할권'을 뤼순 관동도독부 법원이 담당하도록 명령했다. 또한 같은 날인 28일, 고무라는 정무국장 구라치 데츠키치(倉知鉄吉, 1871~1944)를 뤼순에

파견했다.

최서면 도쿄 한국학 원장에 따르면, 구라치 데츠키치가 뤼순에 머무르는 동안 그의 역할은 다음과 같았다.

첫째, 안중근에 대한 일본 형법, 한국 형법, 청국 형법 중 적용 법률의 선택

둘째, 당시 정치범은 무기징역은 있어도 사형 언도를 해서는 안 된다는 사법계의 불문율을 뒤집고 사형을 선고케 한 일

셋째, 안중근에 대한 뤼순고등법원과 통감부, 그리고 헌병 사령부의 3자 간의 압력을 조정하는 것

넷째, 안중근 재판에 대한 외국인 변호사의 불허가 공작

다섯째, 안중근 사건과 한일병합에 대한 대책과 정립

여섯째, 해외 거주 한인들에 한하여서는 나가사키 공소원에서 취급한다는 사법성 결정에 반하여 뤼순 관동법원에서 취급케 하는 것

일곱째, 샌프란시스코에서 있었던 스티븐슨 주살 사건의 자료 모집과 비교 검토

그중 하나를 구체적으로 예로 들면, 약 1개월 후인 12월 2일, 고무라는 구라치에게 '안중근 극형(極刑)'을 지령한다. "귀전(貴電) 34호에 관하여 정부로서는 안중근의 범행은 극히 중대하다고 보아 징악(懲惡)의 정신에 의거하여 극형에 처함에 상당한다."라는 것이다. 이튿날 구라치는 고무라에게 '전보 37호'를 보낸다.

고등법원장 히라이시와 교섭했더니 그는 크게 당황하면서 정부의 희망을 따르기에 매우 곤란하다고 말했다.

> "(중략) 이곳 법원의 젊은 직원 중에는 사법권 독립사상에 따라 법원이 정부의 지휘를 받는 자세가 싫다는 기색을 이미 드러낸 자가 있다. 이를 고등법원장이 조종하기 곤란함은 짐작이 간다. 그러나 정부의 희망 역시 지당함을 숙의한 끝에 원장도 그 뜻을 이해하게 되었다."

히라이시는 "매우 곤란하다."라면서 저항했다. '사법권 독립사상' 내지 '법관의 양심' 때문이었다. 하지만 지키지 못하고 '양심'을 버렸다. 그런 사실을 구라치는 '전보 39호(극비)'에서 보고한다.

> 오늘 고등법원장과 회견하고 정부의 희망에 따라 간담한 끝에 결국 이렇게 타합(打合)했다. 이는 말할 것도 없이 엄한 비밀에 부쳐두기를 바란다.
> 안중근에 대해 법원장 자신은 사형을 과(科)하리라고 논했다. 정부의 희망도 그러한 이상 우선 검찰관에게 사형을 구형시키고 나서 지방법원에서 목적을 달성하도록 노력할 것이다. 만약 법원에서 무기(無期) 도형(徒刑)의 판결을 내리는 일이 생기면 검찰관에게 공소시켜서 고등법원에서 사형을 선고토록 한다.

안중근 의사 공판이 열리기 전에 이미 사형이 결정되었다. 공판은 '공정한 재판'이 아닌 '왜곡된 재판' 즉 곡판(曲判)이었다.

 참고문헌

일본 외교사료관 ≪이토공작만주시찰일건≫
金宇鍾 · 李東源(1998), ≪安重根義士≫, 黑龍江朝鮮民族出版社
국사편찬위원회, 한국독립운동사 – 자료6
국사편찬위원회, 한국독립운동사 – 자료7

안중근 재판 과정에서 공판 투쟁을 벌인 장소는 어디였는가?

　안중근 의사의 공판은 '관동도독부 법원'에서 진행되었다. 1910년 2월 7일부터 14일까지 총 여섯 차례의 재판이 열렸으며, 마지막인 2월 14일 제6차 공판에서 사형 판결이 선고되었다.
　이 장소는 러시아와 일본, 중국, 세 나라 관련 기구로 존재하였다. 러시아는 병영으로, 일본은 법원으로 사용하였다. 건물 양쪽 단층 건물은 1902년 러시아 참모 관저로 사용하였다. 중국은 관동 공서와 병원으로 사용하였다.
　러시아는 1898년 3월 27일 〈중러 뤼다 조차지 조약〉을 통해 뤼순과 다롄을 조차하였다. 이후 1899년 8월 29일 〈관동주 통지 규약〉을 공포하였다. 이 지역은 1902년에 러시아 보병의 병영으로 사용되었다.
　1905년 9월 5일 러일전쟁 이후 일본은 뤼순에 정치, 경제, 군사적 행정 기구를 설립하였다. 1906년 9월 관동도독부 법원의 설립을 계획하였다. 고등법원과 지방법원이다. 1907년 관동도독부 법원의 건물이 완공되었다. 1908년 10월부터 1924년 2월까지 2심제로 법원을 운영하였다. 관동도독부 법원, 1923년 관동청 법원으로 이름이 바뀐다. 1924년 12월부터 1945년 8월까지는 3심제 법원을 운영하였다. 1945년 8월 15일, 뤼순일본법원은 해체된다.
　1947년 4월, 다롄시 정부의 전신인 관동 공서로 사용되었다. 1948년 1월에는 소련의 관리하에 중소우의의원(中蘇友誼醫院)으로 운영되었다. 1952년 1월에는 뤼순 시립의원으로 운용되었으며, 1962년에는 뤼순구 인민의원으로 명칭이 변경되었다.
　1999년 3월, 다롄평화여유관광유한공사가 설립되었다. 2001년 3월 28일,

다롄시급 문물보호 단위로 지정되었다. 같은 해 8월, 다롄평화여유관광유한공사가 50년 사용권을 획득하였다. 2001년 3월 25일, 관동청 고등법원 구지가 공표되었다. 2006년 5월 1일, 뤼순일본관동법원 사적지 진열관으로 개관한다.

　뤼순일본관동법원 사적지 진열관은 독립운동가 안중근과 신채호를 기리는 전시를 하고 있다. 1층에는 지방법원 형사법정과 민사법정을 복원하고, 당시의 실물을 전시하고 있다. 지방법원 원장실, 검찰관실, 검찰관 관장실이 있다. 2층에는 고등법원을 복원하여 고등법원 대법정에서 안중근 공판 모습을 전시하고 있다. 고등법원 원장실과 영웅 열사 전시실이 있다. 또한 안중근 의사 추모실이 있다. 이 진열관은 평화와 애국을 교육하는 장소로 활용되고 있다.

 참고문헌

뤼순일본관동법원 사적지 진열관 팸플릿

심문 과정에서 안중근은 어떤 자세와 태도를 보였는가?

심문(審問)이란 법원이 직접 당사자나 증인을 불러 필요한 사항을 확인하는 절차를 말한다. 이는 소송 과정에서 법원이 사실 관계를 확인하기 위해 사용하는 방법이다.

관동도독부 감옥서에 송치되어 있던 아홉 사람 중 김형재, 김려수, 김성옥, 탁공규는 1909년 12월 24일 석방되었다. 정대호는 1910년 2월 1일 석방되었다. 안중근, 조도선, 우덕순, 유동하 네 사람만 기소되었다. 관동도독부 법원은 지방법원과 고등법원으로 구성된 이심제(二審制)였으며, 두 법원은 뤼순의 한 건물에 함께 자리 잡고 있었다.

지방법원장은 마나베 주조(眞鍋十藏)였고, 고등법원장은 히라이시 우진토(平石義人, 1864~1939)였다. 초기 관동도독부 법원에서는 정치범을 국사범으로 대우했다. 그러나 구라치 데츠키치 정무국장은 행정부가 사법부를 지휘하며 사법부의 독립을 허용하지 않았다. 고등법원장 히라이시가 1910년 1월 도쿄로 소환된 후 재판에 대한 타협을 추진하였으며, 같은 해 1월 27일 뤼순으로 복귀하였다. 그는 안중근 의사를 개인적인 원한에 의한 살인범으로 사형에 처하려고 했다. 한국인 변호사 안병찬(安秉瓚, 1879~1921)의 변호계가 마나베 지방법원장에 의해 각하되었다. 또한 통감부는 재판 과정에서 방해 공작을 펼쳤다. 총무장관 이시즈카가 외무차관 이시이 기쿠지로(石井菊次郎, 1866~1945)에게 1910년 1월 7일에 보낸 '전보 제2호(암호)'의 내용을 보면 다음과 같다.

안병찬이란 자가 안중근의 변호를 그의 어머니로부터 인수하고 뤼순으로 출발한다는 정보에 접했다. 이 자는 1905년 한일 협약[을사늑약] 때 반대 상소의 극단(極端) 행동을 했던 적이 있다. 늘 배일사상을 가진 자이다.

≪한국독립운동사≫자료 7, p.521~522

1910년 2월 1일, 미조부치 검사는 영국인 변호사 더글러스(G. C. Douglas, 생몰 미상) 변호사와 러시아인 변호사 미하일 로프(Konstantin Petrovic Mikhailov, 생몰 미상)의 변호를 허가하지 않고, 일본인 두 명의 관선 변호사만 허락하였다.

안중근 의사의 제1회 공판은 2월 7일에 열렸다. 제2회는 2월 8일, 제3회는 2월 9일, 제4회는 2월 10일, 제5회는 2월 12일에 열렸으며, 이날 검사 선고가 이루어졌다. 제6회 공판은 2월 14일에 열려 판사의 판결이 내려졌다. 공판은 매일 오전 9시에 시작해 점심시간을 제외하고 오후 5시까지 진행되었다. 판사는 지방법원장 마나베 주조, 검사는 미조부치 다카오, 서기는 와타나베 료이치(渡邊良一), 입회 통역은 소노키 스에요시(園木末喜, 1883~1952), 국선 변호인은 미즈노 기치타로(水野吉太郎, 1874~1947)와 가마타 마사하루(鎌田正治)였다.

제1회 공판에서 안중근 의사 죄목은 〈추밀원의원 공작 이토 히로부미 및 그 수행원을 살해하고자 결의하고 1909년 10월 26일 오전 9시 노국동청철도(露國東淸鐵道) 하얼빈역에서 미리 준비한 권총을 발사하여 공작을 치사케 하고, 공작의 수행원인 가와카미(川上俊彦) 총영사, 궁내대신 모리 야스지로(森泰二郎) 비서관, 남만주 철도 주식회사 다나카 세이치로(田中淸次郎)의 각 수족(手足) 흉부 등에 총상을 입혀, 상기 3명에게도 위험에 이르게 하였다.〉라고 했다. 이토 히로부미만을 살해하려고 했다고 자백했으나, 일본 측은 그를 다수를 살해하려는 흉악범으로 몰아가려 했다. 안중근 의사의 공판은 실질적으로 단 한 차례로 끝났다. 그마저도 안중근 의사는 ≪안응칠 역사≫에서

"내가 상세한 의견을 더 말하려고 하면 재판관이 회피하며 입을 막아 미처 설명할 수 없었다."라고 기록했다. 그런데도 안중근 의사는 틈틈이 공판에서 투쟁을 이어갔다.

제2회 공판에서는 우덕순과 조도선에 대한 심문이 진행되었다. 제3회 공판에서는 오전에 유동하에 대한 심문이 있었고, 오후에는 유동하, 조도선, 우덕순에게 진술을 요구하였다. 그러나 유동하와 조도선은 아무 말도 하지 않았다. 안중근 의사는 거사의 목적을 밝히며 재판의 부당성과 이토의 죄상을 언급하였다. 마지막으로 일왕 효명(孝明) 살해에 대해 발언하라는 요청을 받자, 재판부는 황급히 재판을 중지하고 방청객을 퇴장시켰다. 공개 재판이 중지된 후 마나베는 서면 제출을 요구했으나, 안중근 의사는 이를 거절하고 다시 하얼빈 의거의 목적과 정당성을 주장하였다. 이후 우덕순이 진술을 이어갔다.

제4회 공판에서는 미조부치 검사가 논고(論告)를 진행했다. 논고는 오전부터 오후까지 이어졌다. 구형과 관련하여 안중근 의사는 이토 공작을 살해하려 한 살인미수죄와 궁내대신 모리 비서관, 가와카미 도시히코(川上俊彦) 총영사, 남만주 철도 주식회사 다나카 세이치로(田中淸次郎)에 대해 살의를 가지고 주살을 시도했으나 그 목적을 달성하지 못한 살인미수죄로 사형을 구형받았다. 또한, 우덕순과 조도선에게는 살인 예비행위로 징역 2년 이하를, 유동하에게는 살인방조에 의거해 징역 1년 6개월을 구형했다. 이에 대해 안중근 의사는 ≪안응칠 역사≫에서, "검사는 피고의 죄상을 설명하되, 종일토록 쉬지 않고 입술과 혓바닥이 닳도록 말하다가 기진했다."라고 기술하였다. 또한, "더구나 내가 사원(私怨)에 의해 이토에게 해를 가했다고 하는데, 어처구니가 없다."라고 기술하였다.

제5회 공판에서는 일본인 변호사 두 명이 변론을 진행하였다. 이후 마나베는 최후 진술을 요청하였고, 유동하와 조도선은 자신들이 사건과 무관함을 진술하였으며, 우덕순도 진술하였다. 안중근 의사는 약 1시간 동안 최후 진술을 하며 미조부치 검사가 오해하고 있으며 심문이 부당하다고 주장하였다. 그는 판사, 변호사, 검사, 통역 모두가 일본인임을 지적하며 한국인 변호사의 변론이 인정되어야 한다고 강조하였다. 또한, 이토 히로부미가 통감 시기에 저지른 시정(施政)의 잘못됨을 일일이 지적하였다. 그리고, 을사늑약, 헤이그 밀사, 고종 폐위, 의병 운동에 대해 진술하였으며, 일본인에 대한 견해를 밝혔다. 마지막으로 "나는 어떠한 법에 따라 처벌받는가 하는 문제이지만, 나는 한국의 의병이며, 지금 적군의 포로가 되어 있으므로 만국공법에 따라 처벌되어야 한다."라고 주장했다.

 참고문헌

안중근(1910), ≪안응칠 역사(安應七歷史)≫
中野泰雄, 김영광 역서(1984), ≪일본 지성이 본 안중근(安重根與伊藤博文)≫, 경운출판사
국사편찬위원회, ≪통감부 문서≫ 7
국사편찬위원회, 한국독립운동사－자료7

재판 결과에 대해 안중근은 어떤 반응과 태도를 보였는가?

안중근 의사 공판 제6회인 2월 14일 오전 10시에 마나베 판사가 주문을 낭독했다. 4인 피고인에 대한 주문은 다음과 같이 판결됐다.

피고 안중근은 사형에 처한다. 피고 우덕순은 징역 3년에 처한다. 피고 조도선과 유동하는 각각 징역 1년 6개월에 처한다. 압수물 중 피고 안중근의 소유에 관계된 권총 1정, 탄환 1개, 탄소(彈巢; 탄창) 2개, 탄환 7개와 피고 우덕순의 소유에 관계된 권총 1정(탄환 16개 첨[添])을 몰수하고, 기타는 각 소유자에게 돌려준다.

안중근 의사는 ≪안응칠 역사≫에서 판결 이유에 대한 자신의 견해를 밝혔다.

"나는 감옥에 돌아와 스스로 생각했다. 내가 헤아렸던 것에서 벗어나지 않았다. 예부터 수많은 충의(忠義) 지사들이 죽음으로써 충간(忠諫)하여 정략을 세우니 뒷날의 역사에 맞지 않은 일이 없다. 이제 내가 동양 대세를 걱정하여 정성을 다하고 몸 바쳐 방책을 세우다가 끝내 허사로 돌아가니 통탄한들 어찌하랴."

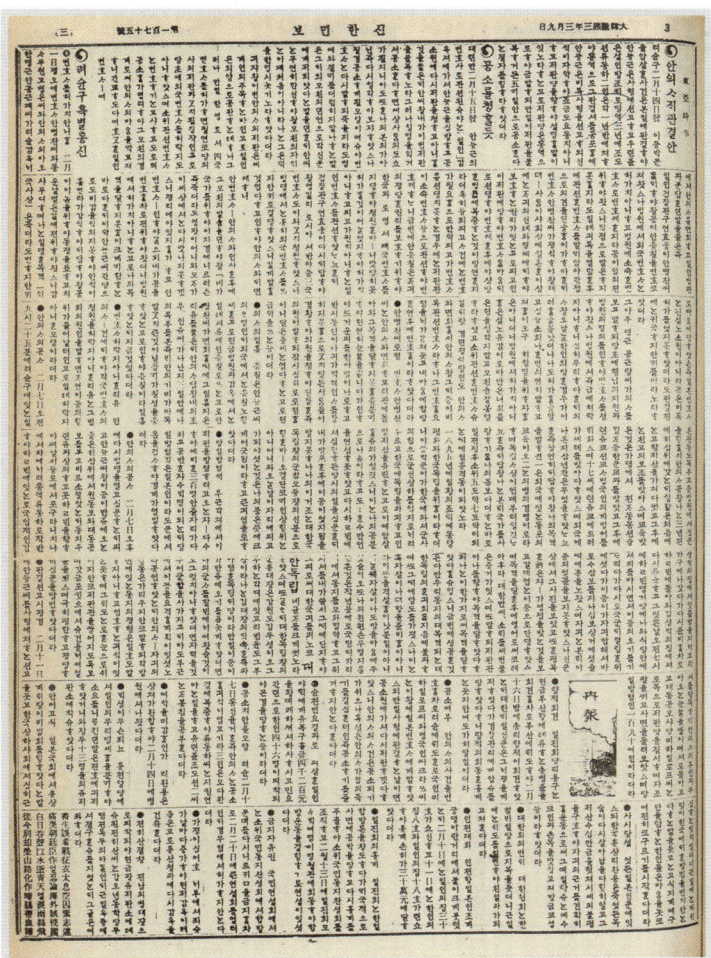

▲ 안중근 의사 제6회 공판 기사(<신한민보> 대한융희 4년(1910) 3월 9일 자)

참고문헌

안중근(1910), ≪안응칠 역사(安應七歷史)≫
국사편찬위원회, ≪통감부 문서≫ 7
국사편찬위원회, 한국독립운동사 – 자료6

안중근은 자신에게 어떤 '죄'가 있다고 인정했는가?

안중근 의사의 공판 제6회는 2월 14일 오전 10시에 열렸으며, 마나베 판사가 주문을 낭독했다. 주문(主文)으로, 안중근 의사를 사형에 처한다.

안중근 의사는 ≪안응칠 역사≫에서 이를 이렇게 묘사하였다.

> 이윽고 크게 깨달은 뒤에 손뼉을 치고 크게 웃으며 말하되, '나는 과연 큰 죄인이다. (중략) 내가 어질고 약한 한국 국민이 된 죄로다.' 그러자 마침내 의심이 풀리고 마음이 안정되었다.

안중근 의사의 깨달음은 '한국인들이 어질고 약한 나라이기 때문에 죽임을 당하는 일'이라고 생각했다. 그리고 '침착한 마음' 속에서 끓어오르는 분기를 태연자약하게 받아들였다.

 참고문헌

안중근(1910), ≪안응칠 역사(安應七歷史)≫

관동도독부 법원 재판에 참관한 한국인은 누구였는가?

안중근 의사의 공판은 1910년 2월 7일부터 14일까지 총 6회에 걸쳐 진행되었다. 신문이 모두 끝난 날은 2월 6일이었다. 사카이 경시는 경무국장 마쓰이에게 '고비수(高秘收) 제1022호의 1'을 보냈다. 마쓰이는 이 보고서를 이튿날인 7일에 총무 장관 이시즈카 앞으로 다음과 같이 통보했다.

"공판은 화요일(7일)부터 개정하여 1주일 이내로 형을 선고할 예정이다. 안(安)은 사형 언도가 내려지면 곧 공소할 의사를 가지고 있다. 그러므로 재판 확정은 이달 말에 이를 전망이다. (중략) 더 이상의 체재는 아무런 이익이 없을 듯하다. 만족스러운 결과를 얻고 돌아가지 못해 사명을 욕되게 했다. 황공해 마지않는다."

1910년 2월 1일, 미조부치는 다음과 같은 '공판 청구서'를 관동 도독부 지방법원에 제출했다.

[공판 청구서]

살인죄: 안응칠이라는 안중근, 우연준이라는 우덕순, 조도선, 유강로라는 유동하

머리말의 피고 사건을 공판에 부치기 위해 일체의 소송 기록 목록과 함께 송치하오니 피고인을 호출하기 바랍니다.

메이지 43(1910)년 2월 1일

관동 도독부 고등법원 검찰관 미조부치 다카오

관동 도독부 지방법원 귀중(貴中)

피고인으로는 안중근, 우덕순, 조도선, 유동하이다. 관동도독부의 지방법원과 고등법원은 같은 건물에 있었다.

〈대한매일신보〉는 '안중근의 공판(제1일 오전)'이라는 기사(2월 12일 자)로 보도하고 있다.

> 방청자는 다롄 등지에서 어젯밤부터 왔는데 오늘 아침 6시에는 300매의 방청표가 모자랐다. 그냥 돌아간 자가 담(堵)처럼 많았다. 고등관(高等官) 방청석도 꽉 찼다. 부인(婦人) 방청자는 20여 명이었다. 외국인은 다롄 [주재] 러시아 영사 부부와 한 명의 러시아인(미하일로프)이오, 한국인은 변호사 안병찬과 중근 씨의 두 아우뿐이라.

지방법원의 재판장은 마나베이다. 방청객이 많아 300명으로 제한하였다. 1층에 지방법원 법정이 있었으나, 2층 고등법원 법정을 활용하였다. 주로 방청객은 다롄과 뤼순에 거주하는 일본인이었다. 일본에서 온 기자와 해외에서 온 기자들도 있었다. 여기에는 한국인 방청객으로 안중근의 두 아우인 안정근, 안공근, 사촌 안명근, 그리고 변호사 안병찬이 참석한 것으로 확인된다.

그리고, 김호일이 엮은 ≪대한국인 안중근≫에는 한국인 방청객이 작성한 '안중근 공판' 기록이 수록되어 있다. 〈安重根氏 公判書, 在旅順傍聽生, 土響會, 1995〉이다. 1994년 8월 부산 부민동 동회 사무장 박철수 씨가 발견한 〈안중근 씨 공판서〉를 부산 향토사 연구 모임인 '토향회'가 간행했다. 〈안중근 씨 공판서〉의 표지는 한지로 되어 있는데, 앞면에는 〈안중근 씨 공판서〉라 쓰여 있고 뒷면에는 '隆熙四年月'이라 표기되어 있다.

내용을 기록한 내면자는 "안중근 씨 공판(제1회 오전) 본월 7일(융희4년 2월)에 피고 안중근 및 기타 3인이 체포 당시의 복장을 피하고 마차를 타고 일본 경부 순찰과 (중략) 8시에 뤼순 일본 관동도독부 고등법원 제1정에 입하여 포승을 하고 일동이 여식의 신문을 받은 뒤 9시 이십 분에 우선 안중근 씨의 공판을 개정하고 일정한 순서에 경(경과)한 후 피고인 왈 3년 전에 해삼위에서 거주하였는데 생활은 시종 고향의 재산에 의하여(후략)"라고 했다.

안중근 공판 기록은 1910년 3월 28일 만주일일신문사에서 일본어로 발행한 단행본 ≪안중근공판속기록≫이 대표적이다. 국내 기관과 학자들은 이 속기록을 번역하여 출판하고, 안중근 연구의 기본적인 사료로 활용해 왔다. 당시 관동도독부 법원 공판정에 참석한 한국인은 변호사 안병찬, 안정근, 안공근, 안명근 등 네 명뿐이었다는 것이 널리 알려진 사실이었다. 그러나 이 〈안중근 공판서〉에서는 재판에 참석한 사람이 네 명이 아니라 다섯 명이라고 하였으며, 이름을 밝히지 않은 한 사람을 '재뤼순 방청생'이라고 기록하였다.

참고문헌

김호일 엮음(2010), ≪大韓國人 安重根≫, 안중근의사숭모회
〈대한매일신보(大韓每日申報)〉, 1910년 2월 4일 자
국사편찬위원회, 한국독립운동사 - 자료6

안중근은 어떤 최후의 유언을 남겼는가?

안중근 의사는 뤼순감옥에 면회 온 동생 안정근, 안공근에게 1910년 3월 10일 최후의 유언을 남겼다.

"내가 죽은 뒤에 나의 뼈를 하얼빈 공원 곁에 묻어 두었다가 우리 국권이 회복되거든 '고국으로 반장해 다오.' 나는 천국에 가서도 또한 마땅히 우리나라의 국권 회복을 위해 힘쓸 것이다. 너희들은 돌아가서 동포들에게 모두 나라의 책임을 지고 국민된 의무를 다하며 마음을 같이 하고 힘을 합하여 공로를 세우고 업을 이루도록 일러다오. 대한독립의 소리가 천국에 들려오면 나는 마땅히 춤추며 만세를 부를 것이다."

안중근 의사의 최후 유언은 대한제국의 국권 회복에 대한 바람과 국민에 대한 의무를 당부하는 보편적 가치 실현이 응축된 처절한 절규였다. 자신의 목숨을 초개(草芥)와 같이 버리고 국가를 위해 헌신하는 모습이었다.

순국 115년이 지난 2025년 현재까지도 안중근 의사의 유해를 찾지 못하고 있다. 한평생 조국의 독립만을 생각했던 안중근 의사의 유해는 아직도 뤼순 어딘가에 묻혀 있다. 안중근 의사의 유언을 지켜 국권이 회복된 고국으로 봉환하는 것은 국가와 후손 된 국민의 의무이자 도리이다. 국권이 회복되거든 고국으로 반장(返葬)[1]해 달라고 남긴 안중근 의사의 유언을 실행할 수 있는 날이 조속히 와야 한다.

---

1 객지(客地)에서 죽은 사람을 그가 살던 곳이나 그의 고향(故鄕)으로 옮겨서 장사(葬事)를 지냄.

▲ 안중근 의사 근영

참고문헌

김삼웅(2018), ≪안중근 평전≫, 시대의창
김월배·김이슬(2020), ≪안중근, 하얼빈에 역사를 묻다≫, 걸음
김월배·김이슬(2025), ≪안중근, 고국으로 반장해 다오≫, 헤르몬하우스

안중근이 고해성사를 할 당시의 모습은 어땠는가?

안중근 의사는 천주교인이다. 사형이 선고되자, 빌렘 신부에게 고해성사¹를 요청했다. 1910년 3월 10일과 11일, 이틀에 걸쳐 고해성사와 미사 참례를 했다. 빌렘 신부는 프랑스 외방 선교회 조선교구 선교사이다. 1883년 사제 서품을 받고 1888년 조선 교구로 배속되었다. 당시 천주교 인천교구 주교좌 답동성당(당시 제물포성당) 주임, 용산 예수성심신학교 교수, 천주교 수원교구 왕림성당(당시 갓등이 본당)의 주임신부 등으로 활동하다가 1896년 황해도 지역 전담 사제로 청계동 본당 초대 주임을 맡았다. 청계동 성당에서 안중근 의사와 세례성사로 인연을 맺었다. 빌렘 신부는 ≪빌렘 신부, 안중근을 기록하다≫에 뤼순 감옥에서 안중근 의사와의 마지막 고해성사, 미사 참례 광경을 이렇게 기록하였다.

"저는 중의를 걸치고 머리에 사제 각모를 쓰고 두 손에 십자가를 들고 맨 뒤에서 걸었습니다. 감옥에서 이런 행렬은 처음이었을 것입니다. 넓은 응접실에 들어가자 2명의 간수 사이에서 토마스(안중근)가 가느다란 수갑을 찬 채로 저를 기다리고 있었습니다.

저는 탁자에 공손히 십자가를 내려놓고, 수감자에게 혼자 와서 제 곁에 무릎을 꿇으라는 표시를 했습니다. 간수들과 관리들이 거리를 두고 둘러섰고, 우리는 암묵적인 합의하에 그렇게, 필요한 만큼 떨어져 있었습니다.

---

1 천주교에서 세례받은 신자가 지은 죄를 뉘우치고 신부를 통해 하느님에게 고백하여 용서를 받는 천주교 성사. 죄로 인해 손상된 하느님과의 관계 회복, 영적 치유를 목적으로 함.

고해성사 내내 참관인들은 아주 조용했고, 우리는 마치 어느 오래된 대성당의 한구석에 있는 것처럼 자유로웠습니다. 저와 제 고해자는 우리를 둘러싼 이들을 경계하지 않고 깊이 몰입했습니다.

고해자가 일어섰을 때 저는 그저 그의 손을 잡았습니다. '대화는 나중에 하자꾸나, 오늘은 다른 할 일과 생각할 것이 있지 않은가. 나도 마찬가지이고' 토마스가 저를 붙잡고 이튿날 영성체를 하게 해달라고 청했습니다. '나는 내일 미사를 올리러 올 준비는 되어 있다만 형무소장의 허가가 있어야 해. 자네가 직접 요청하게.' 토마스는 그 즉시 아무 거리낌 없이 소장에게 가서 요청했습니다. (중략)

제 미사 가방은 이미 넓은 응접실에 놓여 있었습니다. 통역인과 직원 몇 명이 저를 도와 가방을 풀고 제대를 준비하며 큰 호의를 보였습니다. 십자가를 벽에 걸고, 하수포를 드리우고, 제대로 사용할 큰 탁자를 놓았습니다. 그 위에 성석, 제대포, 촛대 등을 올려놓았습니다.

모든 것이 준비되자 수감자가 들어왔습니다. 제가 그에게 말했습니다. '토마스, 자네는 합당한 자격을 갖추지 못했지만, 주님께서는 오늘 자네에게 은총을 베풀걸세. 주님의 은총에 감사하고, 자네가 바치게 될 마지막 미사인 이 미사에 성실히 참례하도록 노력하게. 자네가 청년 신자였을 적에, 청계동에서 내가 미사드리는 것을 도왔듯이, 나를 돕도록 하게.' 저는 먼저 일본인들이 제대 앞에 깔아놓은 아름다운 돗자리를 존중하는 뜻에서 가죽 신발을 벗고 이런 경우를 대비해서 가져온 흰색의 아름다운 한국 버선으로 갈아 신도 성장(聖裝)을 하였습니다.

우리는 '성부와 성자와 성령의 이름으로' 미사를 시작했습니다. 토마스는 5년 동안 미사 참례를 못 했어도 응답문을 한 구절도 잊지 않았습니다. 그는 저음의 확신에 찬 목소리로 응답하였습니다. 지상의 모든 생각은 저 멀리 두었습니다.

굉장한 미사였습니다. 벅찬 감격 속에서 얼마나 몰입했던지요. 저는 이 미사를 잊지 않았고, 또 결코 잊지 못할 것입니다. 모든 것이 너무나 낯설고 너무나 즉흥적으로 이루어졌습니다. 그러면서도 너무나 장엄했습니다.

구리하라 형무소장과 그의 부관인 나카무라, 그리고 9명의 간수는 제대에서 3m 떨어진 곳에 반원 형태로 모여 앉아 각자 자기의 검에 기댄 채 조용히 있었습니다. 그들 가운데 형무소의 영적 지도자인 불교 승려가 자리하고 있었는데 특별한 복장에 노란 가사(袈裟)를 걸치고 있었습니다. 호기심이 솟아났던 것이 분명합니다만, 그것은 한순간도 변함없던 존경심과 뒤섞인 것이었습니다. (후략)"[2]

안중근 의사는 순국 직전 고해성사를 받기 위해 신부를 보내줄 것을 요청했으나 뮈텔 주교는 이를 거부하였고, 조선 교구의 신부들이 안중근 의사에게 성사 집행하는 것도 금지하였다. 그러나 빌렘 신부는 안중근 의사를 찾아가서 성사를 해주었고, 뮈텔 주교는 빌렘 신부에게 성무(聖務) 자격 정지 징계[3]를 내렸다. 이에 빌렘 신부는 교황청에 이의를 제기했고, 빌렘 신부의 성사 집행 정지는 해제되었다. 그러나 두 사람의 갈등은 심각해졌으며, 빌렘 신부는 1914년 4월 프랑스로 귀국했다. 그 후 다시 조선에 돌아오고자 했으나 뜻을 이루지 못했다. 뮈텔 주교 일기 기록(1919.4.18.)에는 빌렘 신부가 1919년 파리강화회의[4]에 파견된 김규식을 도와 한국 독립을 위해 노력했다는 내용도 전해진다.

---

[2] 조제프 빌렘(2020), ≪빌렘 신부, 안중근을 기록하다≫, 한국교회사연구소, p216~217.
[3] 성직자에게만 적용되는 징계, 성사 집전이나 관할권 행사 등 일부 또는 전부 행위가 금지되는 경우를 말함.
[4] 파리강화회의(1919.01~1920.) - 제1차 세계대전의 전후 처리 문제를 논의하기 위한 회의 전체를 뜻함. 프랑스에서 약 5개월(1919.01~06.)간 영국, 미국, 프랑스 주도로 약 30여 국가 대표들이 참여하여 전후 처리에 대한 기본적인 사항을 협의하는 회의가 열림. 이 회의에서 국제문제를 풀어나갈 원칙으로 미국 대통령 윌슨(Thomas Woodrow Wilson)이 주장했던 14개조가 선택됨. 이 원칙에 근거하여 1920년까지 패전국과 승전국가 간의 조약협상이 진행됨. 파리강화회의의 개최 소식은 식민지가 된 한국 독립운동가들에게 영향을 주었고, 상해에서 결성된 신한청년당(新韓靑年黨)은 여운형(呂運亨) 명의로 작성된 '독립청원서'를 미국 대통령에게 전달하려고 김규식(金奎植)을 파리강화회의에 대표로 파견하였음.

📓 참고문헌

조제프 빌렘(2020), ≪빌렘 신부, 안중근을 기록하다≫, 한국교회사연구소

안중근이 임종 직전에 남긴 말은 무엇이었는가?

안중근 의사는 1910년 3월 26일 순국했다. 당일 오전 10시 4분에 사형대에 올라 10시 15분에 생을 마감했다.

오전 10시에 미조부치 다카오(溝淵孝雄) 검찰관, 구리하라 사다키치(栗原貞吉) 전옥(典獄) 등이 형장 검시실에서 안중근 의사에게 사형 집행의 취지를 고지하고 유언이 있는지를 물었다. 안중근 의사는 다음과 같이 유언을 남겼다.

"특별히 유언할 말은 없으나 단지 내 거사는 동양평화를 위한 것이므로 내가 죽은 후, 한일 양국이 일치단결해서 동양평화를 도모하길 바란다."

그리고 '동양평화 만세'를 삼창하고 싶으니 특별히 허락해달라고 했다. 하지만 구리하라 전옥은 이를 허락하지 않았다. 이어서 간수에게 백지와 백색 천으로 안중근 의사의 눈을 가리게 하였다. 구리하라 전옥은 마지막 기도를 허가하자 안중근 의사는 2분 정도 묵도(默禱)를 올렸다. 그리고 두 명의 간수가 안중근 의사를 데리고 계단 위 사형대에 올라 오전 10시 4분에 형이 집행됐다. 10시 15분이 되어 감옥의(監獄醫)는 외상을 검시해 절명(絶命)한 취지를 보고하였다. 안중근 의사는 순국으로 영면에 들었다.

안중근 의사가 순국한 뤼순감옥 당시 명칭은 관동도독부 감옥서(關東都督府監獄署)였다. 현재는 뤼순일아감옥구지 박물관으로 명명해서 대중에 개방하고 있다. 박물관 내 안중근 의사가 수감된 감방을 복원해 1988년 관람객들에게 공개했다. 안중근 의사가 순국한 사형장에는 안중근 의사 사진과 안중근 의사의 영정이 놓여 있다.

참고문헌

안중근의사숭모회 · 기념관(2024), ≪안중근 안쏠로지≫, 서울셀렉션

이봉규 · 김월배 · 김이슬 · 김홍렬 · 김희수 · 민명주 · 이인실(2024), ≪안중근 의사의 숨결을 찾아≫, 걸음

가톨릭신문(2009.03.11.), "[커버스토리] 안중근 최후의 날 – 안중근의 마지막 행적"

안중근 의거는 어떤 관점에서 정당성을 평가할 수 있는가?

안중근 의사가 이토 히로부미 주살에 관한 생각을 밝힌 증언이 있다. 하얼빈 의거 후 가장 먼저 밝힌 내용을 보면 최초 생각을 구체적으로 알 수 있다. ≪통감부 문서≫ 7에는 다음과 같이 기술되어 있다.

[저격범 安應七 訊問 내용 來報 件], 문서번호 來電第一六〇號

발신일, 明治四十二年十月二十八日 午後二時四〇分 東京發 (1909년 10월 28일)
10월 26일 發 川上 總領事로부터의 來電은 아래와 같음.

公爵 가해 범인 한국인 운치 안을 어제 오후 10시 10분 러시아 관헌으로부터 인도받아 즉시 신문을 마친 바, 본인 진술에 의하면 "본인은 3년 전에 鹹鏡道 甲山에서 의용병에 가입해 伊藤 公에 대해 敵意가 생겨 약 1개월 전 드디어 한국 富寧에서 살해할 뜻을 결심하고, 그로부터 포세트灣을 거쳐 10월 23일 블라디보스토크에 도착해 公爵이 어제쯤 하얼빈에 도착한다는 취지를 同地 신문에서 알았던 까닭에 다음 날 아침 同地를 떠나 그저께 밤 8~9시경에 그곳에 도착해 어제 아침까지 정거장 부근을 배회하다가, 公爵이 하차할 때 군중에 섞여서 플랫폼에 이르러 公爵이 大藏大臣 등과 함께 러시아 군대 앞을 통과할 때 미리 사진으로 보아서 알고 있는 터라, 제1열에 선 老年者를 公爵이라고 확신하고 이를 향해 소지한 7연발의 피스톨 몇 발을 발사하고 다시 후열에 서 있던 일본인을 향해 수차 발사한 후 러시아 순사에 의해 붙잡혔다. 본인은 한국이 일본의 보호국이 되면 한국인의 행복이 증진될 것으로 생각했으나 公爵이 統監이

된 이래 함부로 무고한 양민을 죽이고 虐政을 실시하는 까닭에 마침내 살의가 생기기에 이르렀다. 그리고 본인의 행위는 모두 단독 범행이지 달리 공범자는 없다."

본인의 태도는 태연자약했다. 1909년 10월 28일, 하얼빈 의거 이틀 후이다. 즉, 안중근 의사는 이토가 통감으로 함부로 무고한 양민을 죽이고 학정(虐政)을 실시하는 까닭이라고 하얼빈 의거의 이유를 명확히 밝히고 있다. 대한제국 국민의 살인과 학정 실시에 대한 정당방위를 주장했다.

또한, 〈한국인 안응칠 소회(韓國人安應七所懷)〉 원문에서도 다음 내용을 알 수 있다.

"(전략) 이토 히로부미라는 자는 천하대세를 헤아려 알지 못하고 잔혹한 정책을 남용했던 탓에 동양 전체가 장차 참상을 면할 수 없게 만들었다. 슬프다! 천하대세를 멀리 걱정하는 뜻있는 청년들아 어찌 팔짱만 끼고 아무 방책 없이 앉아서 죽음을 기다림이 옳겠는가! 그래서 나는 생각하다 못해 하얼빈에서 권총 하나로 만인의 눈앞에서 늙은 도적 이토의 죄악을 성토하여 동양의 뜻있는 청년들의 정신을 일깨운 것이다.
[所謂伊藤博文 未解深料天下大勢 濫用殘酷之政策 東洋全幅 將來未免魚肉之場. 噫! 遠慮天下大勢 有志靑年等 豈肯束手無策 坐而待死可乎! 故此漢 思之不已 一砲於哈爾賓 萬人公眼之前 欲爲聲討伊藤老賊之罪惡 警醒東洋有志靑年等之精神也.]"

소회(所懷)란 '늘 품고 있는 생각'이라는 뜻이다. 안중근 의사는 이토 히로부미를 잔혹한 정책의 남용으로 동양의 평화를 파괴한 자로 생각한 것이다. 1910년 2월 9일 관동법원 제3회 공판에서도 피력했다.

"나는 일본의 4천만, 한국의 2천만 동포를 위하고, 또는 한국 황제 폐하에게 충성을 다하고자 이번의 거사를 하였던 것이다. 이제까지 수회에 걸쳐서 진술한 것과 같이, 나의 목적은, 한국 독립의 문제와 동양평화, 한국 독립을 공고히 구축하는 것은 나의 필생의 목적이며, 필생의 과업이다.

　무릇 삼라만상에 있어서는, 좀 벌레라 할지라도, 자기의 생명과 재산의 보호를 빌지 않는 것은 없다. 하물며, 인간된 자는 그들을 위해서 충분히 진력하지 않으면 안 되는 것으로 생각한다. 그러나 이토 통감이 하고 있는 짓들은, 입으로는 평화를 위한다고 말하나, 사실은 그와 반대로 하고 있다.

　과연 그런 생각이 있었더라면 한·일 양국인 사이에는 서로 거리감이 없고 동국인(同國人) 된 관념을 가지도록 진력하지 않으면 안 된다고 생각한다. 이토는 통감으로서 한국에 취임하고부터, 한국 국민을 학살하고, 현 한국 황제를 마치 자기의 부하처럼 억압하고, 선제를 폐위시켰으며, 국민을 파리 잡듯이 학살을 일삼고 있다."

즉, 관동법원 지방법원에서 마나베 주조(眞鍋十藏) 재판장의 심문에 대해 안중근 의사는 대한독립과 동양평화가 바로 하얼빈 의거의 이유라고 답변했다. 이는 안중근 의거의 정당성을 일관되게 보여주는 것이다.

 참고문헌

안중근(1909), 〈한국인 안응칠 소회(韓國人安應七所懷)〉
국사편찬위원회, 《통감부 문서》 7

제 4 부

사상(思想)

사상, 교육, 저술, 평화, 유묵

安重根 바로 알기,
묻고 답하다

안중근의 생애와 사상 중 핵심적인 내용을 간략히 정리하면 어떻게 되는가?

　안중근 의사는 황해도 해주부 수양산 아래 광석동에서 1879년 9월 2일(음력 7월 16일) 출생했다. 부친 안태훈과 모친 조성녀 3남 1녀 중 장남이다. 태어날 때 배와 가슴에 검은 점이 7개 있었기에 북두칠성의 기운으로 태어났다는 의미로 어릴 때는 응칠(應七)이라고 불렸다. 소년 시절에 말타기와 활쏘기를 즐겼다. 집을 자주 드나드는 포수들의 영향으로 사냥하기를 즐겨서 명사수로도 알려졌다.

　1894년 갑오농민전쟁이 일어나 황해도 해주 감사의 요청으로 부친 안태훈이 산포군(山砲軍)[1]을 조직해 농민군을 진압할 때 참가하였다. 또한 박석골 전투 등에서 진압군의 활동에 큰 도움을 주었다.

　1894년, 한 살 위인 김아려와 결혼하였다. 자녀로는 2남 1녀를 두었으며, 딸 현생과 아들 문생(분도), 준생이 있다. 부친을 따라 천주교에 입교하여 1897년 토마스라는 세례명을 받았다. 천주교 신부에게 프랑스어를 배우기도 하는 등 천주교를 통해서 신학문에 관심을 가졌다.

　1905년 강제로 체결된 을사늑약(乙巳勒約)을 개탄하고 나라를 구하겠다는 일념으로 중국 산둥(山東)을 경유하여 상하이에 갔다. 상하이에서 유력한 한인들에게 실망하고 돌아왔다. 진남포에서 삼흥학교(三興學校)를 설립하고 구국 영재를 양성하는 데 힘썼다. 인재 양성을 위해 안창호(安昌浩, 1878~1938), 이준(李儁, 1859~1907) 등 저명한 애국지사들을 초청해서 강연회를 개최하기

---

[1] 예전에, 산악 작전을 위하여 경포병(輕砲兵)으로 구성된 부대

도 하였다. 1906년 4월, 진남포 천주교 본당에서 운영하던 초등 교육기관인 돈의학교(敦義學校)를 인수하고 교장으로 취임하였다.

1907년 대구에서 시작된 국채보상운동(國債報償運動)이 전국적으로 확대되자, 국채보상회 관서(關西) 지부를 설치하고 이 운동에 적극 참여하였다. 평양 명륜당에 모인 1천여 명의 선비들에게 의연금을 내도록 권유하고, 가족들의 적극적인 참여를 독려하며 열성적으로 구국 활동을 전개하였다. 그 해, 헤이그에 특사를 파견한 것을 이유로 일제는 대한제국 황제 고종(高宗, 1852~1919)을 강제로 퇴위시키고 군대를 해산시켰다. 이를 계기로 전국적으로 의병이 봉기했다. 이후 간도와 연해주 지역으로 망명하여 독립투쟁을 이어갔다.

1908년 연해주에서 국외 의병부대를 조직하여 참모중장의 임무를 맡았다. 의병부대를 이끌고 국내 진입 작전을 벌였으며 일부 승리를 거두고 일본 군인과 상인 등을 포로로 생포하는 전과를 올렸다. 안중근 의사는 만국공법에 따라 포로들을 석방하면서 무기까지 내어주었다. 하지만 석방한 포로들이 일본군에게 의병부대의 위치를 알려주면서 기습공격을 받고 회령 영산에서 접전 끝에 패퇴하였다. 블라디보스토크에서 의병의 재기를 도모하였으나 뜻대로 되지 않았다.

1909년 3월, 안중근 의사를 포함해 항일의 뜻을 같이하는 12명이 동의단지회를 결성하였다. 12명의 동지는 왼손 넷째 손가락의 첫 마디를 잘라 혈서로 '大韓獨立(대한독립)'이라고 쓰며, 독립운동에 헌신할 것을 다짐하고 단지동맹을 결성했다.

안중근 의사는 1909년 10월 26일 오전 9시 30분, 하얼빈역에서 조국 침략의 원흉인 이토 히로부미를 주살한 뒤 의거 현장에서 러시아 헌병에게 체포되며 '코레아 우라(대한국 만세)'를 세 번 크게 외쳤다.

1909년 11월 3일 뤼순감옥에 수감되어 옥중자서전 ≪안응칠 역사≫와 미완성 ≪동양평화론≫을 저술하였다. 옥중에서 200여 점의 유묵을 남겼으며 대부분이 1910년 경술년(庚戌年) 2월과 3월에 쓰였다. 이 중 현존하는 유묵은 69여 점이다. 옥중에서도 대한독립과 동양평화의 염원을 잃지 않고 의연하게 투쟁을 이어가던 그는 1910년 2월 14일 사형을 선고받았고, 3월 26일 오전 10시에 사형이 집행되어 순국하였다.

대한민국의 독립에 끼친 공로를 인정받아서 건국훈장 중 최고 등급인 건국훈장 대한민국장이 1962년 안중근 의사에게 추서되었다.

참고문헌

안중근의사숭모회 · 기념관(2024), ≪안중근 안쏠로지≫, 서울셀렉션
김월배 · 김이슬(2020), ≪안중근, 하얼빈에 역사를 묻다≫, 걸음
안중근의사기념관(https://ahnjunggeun.or.kr)
공훈전자사료관(https://e-gonghun.mpva.go.kr)
국립국어원 표준국어대사전(https://stdict.korean.go.kr)

안중근이 펼친 '교육을 통한 국권 회복 운동'은 어떤 방식으로 이루어졌는가?

안중근 의사는 자서전 ≪안응칠 역사≫에서 "1906년 봄 3월에 가족과 함께 청계동을 떠나 진남포로 이사하고 살 집을 한 채 지어 집안을 안정시킨 후에 남은 재산을 출연하여 두 곳에 학교를 세우니 하나는 삼흥학교(三興學校)요, 또 하나는 돈의학교(敦義學校, 저자 주: 돈의학교는 인수)로서 나는 교무(敎務)를 맡아 재주가 뛰어난 청년들을 가르쳤다."라고 했다.

안중근 의사의 교육 운동 기간은 1906년 봄부터 1907년 8월까지 약 1년 남짓한 짧은 기간이었다. 하지만, 이 시기 동안 그는 대대로 이어온 재산의 대부분을 교육 사업에 투자했다. 학생들에게는 신식 군사 교련과 함께 영어를 가르쳤다. 자주독립 국가가 되기 위해서는 서양을 알아야 한다는 이유에서였다. 안중근 의사는 민족의식이 투철한 민족 지도자를 양성하기 위해 가장 중요한 과제가 대학 설립이라고 생각했다. 그는 파리 외방전교회 소속, 당시 조선대목구장 뮈텔(Gustave-Charles-Marie Mutel, 閔德孝, 1854~1933) 주교에게 대학 설립을 요청했으나 요청이 받아들여지지 않자 "교의 진리는 믿을지언정 외국인은 믿을 수 없다."라고 말했다.

1905년 을사늑약이 체결되자 안중근 의사는 항일 독립운동의 기지를 마련하기 위해 중국 산둥반도, 상하이를 방문했으나 뜻을 이루지 못했다. 그러던 중, 상하이 성당에서 황해도에서부터 알고 지냈던 르 각(Le Gac, 곽원량(郭元良), 1876~1914) 신부를 만나 나라 살릴 길을 의논했다. 르 각 신부는 안중근 의사에게 첫째, 교육의 장려요, 둘째, 경제를 일으키고, 셋째, 민심의 단합이요, 넷째, 실력을 기르는 것이라는 조언을 했다. 안중근 의사는 교육 구국운동의 중요성을 인식했다.

국내로 돌아온 안중근 의사는 청계동의 가산(家産)을 정리하고 진남포 삼화항에 정착하여 인재를 양성하였다. 그는 천주교 본당이 운영하던 돈의학교를 인수했고, 삼흥학교를 설립했다.

1907년 황해도와 평안남북도 등 3개 도의 50여 학교에서 온 학생 5,000여 명이 참가한 연합운동회에서 안중근 의사가 운영했던 학교가 우승을 차지했다. 이는 두 학교가 민족정신이 투철한 인재를 양성하기 위해 철저히 민족 교육을 실시한 결과였다.[1]

1) 돈의학교(敦義學校)

진남포 천주교회 본당은 1897년 진남포 개항 당시 파리 외방전교회 소속 빌렘 신부가 설치한 공소(公所)에서 시작되었으며, 1900년 평안남도 진남포시 용정리(龍井里)에 세워졌다. 초대 주임신부인 프랑스 선교사 포리(Urbain Jean Faurie, 방(方), 1847~1915, 식물학자) 신부는 신자 수 30명의 작은 진남포 본당을 신자들의 열정으로 신축하고, 기존 공소 건물을 개조하여 돈의학교를 설립했다. 초대 교장 이평택(李平澤, 파트리치오)은 교육 이념인 그리스도의 사랑을 실천하며 지역사회에 천주교를 알리기 위해 돈의학교를 내실 있게 운영했다. 돈의학교는 진남포의 명문 사립학교로 꾸준히 성장했으나, 1906년 제2대 주임 르레드(Julius Lereide, 신(申)) 신부 부임 시 재정난이 심해져 문을 닫을 위기에 처했다.

1905년 12월경, 안중근 의사는 중국 상하이에서 르 각 신부와 만나 인재 양성의 필요성을 논의했다. 교육을 통한 구국계몽(救國啓蒙) 활동을 위해 서우학회(西友學會)[2]에 가입했으며, 신민회(新民會)[3]와도 연관이 있었다. 1906년 3

---

1 안중근의사기념관(https://ahnjunggeun.or.kr/)

월, 안중근 의사는 형제들과 함께 황해도 신천의 청계동(淸溪洞)에서 진남포로 이주했다. 이후 그는 진남포 지역의 교육을 이끌어가기 위해 총력을 기울였다. 안중근 의사가 돈의학교와 삼흥학교의 교무(敎務)를 맡고 경비를 부담하면서 두 학교는 다시 활발한 교육 활동을 전개하였다.

안중근 의사는 교사 증축, 교원 증원, 학생들의 군대식 훈련을 실시한 교련(敎鍊) 과목 이수 등에 힘썼다. 1907년 1월 당시 돈의학교의 학생 수는 45명이었으며, 임안당의 부자와 외사경찰인 순검 정씨가 교사로 있었다. 같은 해 7월, 교장직을 사임한 안중근 의사는 학생들과 교직원에게 "도끼(형벌)가 내 앞에 있어도 인(仁)을 임하면 반드시 실천하고, 솥(형벌)이 내 뒤에 있어도 의(義)를 본다면 반드시 나아가리라(斧鉞在前 臨仁必踐 鼎鑊在後 見義必往)."라는 애국 투혼의 결의를 담은 고별사를 남겼다.

안중근 의사의 형제가 돈의학교의 재정을 담당하며 실질적인 중흥(中興)의 기틀을 마련하자, 르레드 신부도 성당을 신축하고 돈의학교를 증축하여 재학생만 약 300명에 이르게 되었다. 1914년 제1차 세계대전이 발발하자 프랑스 선교사들은 전쟁터로 떠났고, 르레드 신부 역시 본당을 떠났다. 이후 본당은 평신도 회장 김윤성(가브리엘)이 주도적으로 운영했으나, 재정난이 심각해져 1916년에 폐쇄되었다. 돈의학교 출신으로는 안중근 의사의 제자이며 해방 후 ≪의탄의 개가-안중근혈투기(義彈의 凱歌-安重根血鬪記)≫를 저술한 이전(李全) 등이 있다.

---

2   1906년 10월 관서 지역 출신 지식인과 청년들이 중심이 되어 조직한 계몽운동 단체
3   1907년에 국내에서 결성된 항일 비밀결사단체

2) 삼흥학교(三興學校)

안중근 의사는 삼흥학교를 세우고 이준, 안창호 등 애국지사들의 초청 강연회를 개최하는 등 구국 인재를 양성하는 데 힘썼다.

당시 〈대한매일신보〉에는 안중근 의사 3형제가 삼흥학교를 설립하여 번영하고 있음을 보도했다.

> **賣土寄校**
> 三和港寓居安重根氏三兄弟가 私立三興學校ᄒ고 前後經費를 自擔ᄒ지 有年에 門屋中五六拾名生徒가 難容其膝이라 安氏가 勸勉學徒日天이 幸感則將有大廈ᄒ야 必有吾徒成就之日이라ᄒ며 撫胸痛泣을 無時不然터니 何幸安氏之妻男載寓居김能權氏가 聞學校之情形ᄒ고 不勝感慨之心ᄒ야 所有田與遝을 一幷放賣ᄒ여 葉一萬五千兩으로 買得三十餘間瓦家一座하여 義附三興ᄒ얏다더라[4]
>
> 삼화항에 거주하는 안중근 3형제가 사립 삼흥학교를 설립하고 전후 경비를 스스로 부담한 지 여러 해가 되었는데, 그러던 중 50~60명의 생도를 수용하기 어렵게 되었다. 안 씨가 학도들에게 격려하여 말하기를 "하늘이 다행히 감읍함이 있으면 장차 큰 일이 있을 것이니, 반드시 너희들이 성취할 날이 올 것이다."라고 가슴을 쓸어내리며 울기를 자주 하더니, 재령에 거주하는 안 씨의 처남 김능권 씨가 학교의 정형을 듣고 감격한 마음을 이기지 못하여 소유하고 있던 전답을 팔아서 1만 5천 량을 마련하여 39여 간 집을 마련하여 삼흥학교에 기부하니 어찌 다행이 아니겠는가.[5]

한편, 안중근 의사는 이 시기에 학교 재정을 돕기 위해 평양에서 3인 합자의 석탄 개발 회사인 삼합의(三合義)를 설립했으나, 일본인의 방해로 중단할 수밖에 없었다.

안중근 의사의 유묵에는 교육과 관련된 내용이 다수 포함되어 있다. 1910년 2월과 3월에 안중근 의사가 관동도독부 감옥서에서 휘호하여 작성한 유

---

4 대한매일신보(국한문)[大韓每日申報(국한문)], 19070531
5 박환(2013), ≪민족의 영웅 시대의 빛 安重根≫, 선인

묵은 200여 점에 달한다고 한다.

그중 교육과 관련된 유묵으로는 '일일불독서 구중생형극(一日不讀書 口中生荊棘, 하루라도 글을 읽지 않으면 입안에 가시가 돋친다.)', '황금백만냥 불여일교자(黃金百萬兩 不如一敎子, 황금 백만 냥도 자식 하나 가르침보다 못하다.)', '박학어문약지이례(博學於文約之以禮, 널리 글을 배우고, 예법으로 단속한다.)' 등이 있다.

📖 참고문헌

평양교구사편찬위원회(1981), ≪천주교평양교구사≫, 분도출판사
조광(1994), '안중근의 애국계몽운동과 독립전쟁', 「교회사연구」 9
윤병석 편역(1999), ≪안중근혈투기≫, 국가보훈처
김삼웅(2018), ≪안중근평전≫, 시대의 창
안중근(1910), ≪안응칠 역사≫
조제프 빌렘(2020), ≪빌렘 신부, 안중근을 기록하다≫, 한국교회사연구소
국립중앙도서관 ≪대한민국 신문 아카이브≫
안중근의사숭모회(https://www.patriot.or.kr/)
안중근의사기념관(https://www.ahnjunggeun.or.kr/)

<인심결합론>에는 어떤 사상이
담겨 있는가?

〈해조신문(海潮新聞)〉은 대한제국 말기에 러시아 블라디보스토크 지역에서 발행된 한글 신문이다. 대한제국의 국권 회복과 동포 구제를 발간 목적으로 1908년 2월 26일에 창간호를 시작하여 5월 26일까지 약 3개월 동안 총 75호를 간행했다. 해조신문의 명칭은 해삼위(海參崴)에 거주하는 조선인(朝鮮人)들이 만든 신문이라는 의미이다. 해삼위는 블라디보스토크의 중국어 지명이다.

안중근 의사는 1908년 3월 21일 자 〈해조신문〉에 '기서(寄書)'라는 제목으로 〈인심결합론(人心結合論)〉을 기고했다.

노산(鷺山) 이은상(李殷相, 1903~1982)이 〈인심결합론〉을 다음과 같이 현대어로 번역했다.

대저 사람이 만물보다 귀하다는 것은 다른 것이 아니라 삼강오륜을 알기 때문이다. 그러므로 사람이 세상에 처하되 첫째는 몸을 닦고 둘째는 집을 정돈하고 셋째는 나라를 보호하는 것이다.

그래서 사람은 몸과 마음을 서로 합하여 생명을 보호하고 집은 부모와 처자에 의해서 유지되고 나라는 국민 상하의 단결에 의해서 보존되는 것이어늘 슬프다. 우리나라는 오늘날 이같이 참담한 경지에 빠졌으니 그 까닭은 다른 것이 아니라 서로 화합하지 못한 것이 제일 큰 원인인 것이다.

이 불화하는 병의 원인은 교만 병이다. 하 많은 해독이 교만으로부터 생겨나나니 소위 교만한 무리들은 저보다 나은 자를 시기하고 저보다 약한 자를 업신여기며 동등

한 자는 서로 다투어 아랫사람이 안 되려 하니 어찌 서로 결합함을 얻을 수가 있을 것인가.

그러나 교만을 바로잡는 것은 겸손이 바로 그것이다.

사람이 만일 각각 겸손함을 주장 삼아 자기를 낮추고 남을 공경하여 남이 자기를 꾸짖는 것을 달게 받으며 자기가 남을 꾸짖는 것은 너그러이 하고 자기 공을 남에게 양보한다면 사람이 짐승이 아니어늘 어찌 서로 불화할 리가 있겠느냐.

옛날에 어느 나라 임금이 죽을 적에 자식들을 불러 경계해 말하되 "너희들이 만일 내가 죽은 뒤에 형제끼리 마음을 합하지 못하면 쉽게 남의 꺾임이 되려니와 마음을 합하기만 하면 어찌 남들이 꺾을 수 있으리오." 하였었다.

이제 고국산천을 바라보니 동포들이 원통하게 죽고 죄 없는 조상의 백골마저 깨뜨리는 소리를 차마 듣지 못 하겠다.

깨어라! 연해주(노령)에 계신 동포들아! 본국의 이 소식을 듣지 못했는가. 당신들의 일가친척은 모두 대한 땅에 있고 당신들의 조상 분묘도 모국 산하에 있지 않단 말인가. 뿌리가 마르면 가지 잎새도 마르는 것이니 조상의 같은 피의 족속이 이미 굴욕을 당했으니 내 몸은 장차 어떻게 하리오.

우리 동포들아! 각각 '불화' 두 자를 깨뜨리고 '결합' 두 자를 굳게 지켜 자녀들을 교육하며 청년자제(靑年子弟)[1]들은 죽기를 결심하고 속히 우리 국권을 회복한 뒤에 태극기를 높이 들고 처자 권속과 독립관에 서로 모여 일심단체로 육대주가 진동하도록 대한독립 만세를 부를 것을 기약하자.[2]

안중근 의사는 당시 우리나라가 민족의 화합이 부족해서 어려운 상황이 되었다고 지적하며 국권 회복을 위해 단합해야 한다고 강조했다.

1 　장래성이 있는 젊은 남자들
2 　안중근의사기념관(https://ahnjunggeun.or.kr/kwa-47090)

서울 남산공원에 자리 잡은 안중근의사기념관 주변에는 인심결합론을 새 긴 석비(石碑)가 있다.

 참고문헌

해조신문(海潮新聞), 1908년 3월 21일 자
안중근의사숭모회 · 기념관(2024), ≪안중근 안쏠로지≫, 서울셀렉션
안중근의사기념관(https://ahnjunggeun.or.kr)

<동포에게 고함>에는 어떤 내용이 담겨 있는가?

안중근 의사는 변론을 맡고 있던 안병찬(安秉瓚, 1879~1921) 변호사가 1910년 2월 15일에 관동도독부 감옥서로 면회 왔을 때 <동포에게 고함>이라는 유언을 남겼다. 안중근 의사가 순국하기 하루 전날인 1910년 3월 25일 <대한매일신보(大韓每日申報)> 국한문 판과 <황성신문(皇城新聞)>에 <동포에게 고함>이 게재되었다.

> 동포에게 고함.
> 내가 한국 독립을 회복하고 동양평화를
> 유지하기 위해 삼 년 동안 풍찬노숙하다
> 마침내 그 목적에 도달하지 못하고 이곳에서 죽노니,
> 우리 이천만 형제자매는 각각 스스로 분발하여
> 학문에 힘쓰고 산업을 진흥시키길 간절히 바란다.
> 그리하여 나의 뜻을 이어 자유 독립을 회복한다면,
> 죽는 자 여한이 없겠노라.

당시 우리나라 이천만 동포에게 남긴 안중근 의사의 유언을 통해 조국의 자유 독립을 회복하기 위한 간절한 당부와 애국심을 느낄 수 있다. 또한, 죽음을 앞둔 상황에서도 조국의 독립을 먼저 염원하고 의연함을 잃지 않는 모습에서 당당함을 확인할 수 있다.

참고문헌

안중근의사숭모회·기념관(2024), ≪안중근 안쏠로지≫, 서울셀렉션
〈대한매일신보(大韓每日申報)〉, 1910년 3월 25일 자
〈황성신문(皇城新聞)〉, 1910년 3월 25일 자
대한민국 신문 아카이브(https://www.nl.go.kr/newspaper/index.do)

<장부가>는 어떤 내용을 담고 있는가?

　안중근 의사는 하얼빈 거사를 앞두고 1910년 10월 22일 하얼빈에 도착하여 한민회(韓民會) 회장 김성백의 집에 유숙하였다.
　거사를 사흘 앞둔 10월 23일, 안중근 의사는 우덕순과 유동하와 함께 사진을 찍었다. 그날 저녁 안중근 의사는 장차 행할 일을 생각하며 강개(慷慨)[1] 한 마음을 가눌 길 없어 구국의 의지를 담아 장부가(丈夫歌)를 지어서 읊었고 우덕순은 이에 거의가(擧義歌)로 화답하였다. 장부가는 안중근 의사의 친필로 된 한시와 한글로 된 시가 함께 전해진다.

[장부가(丈夫歌) 한시(漢詩)]
丈夫處世兮 其志大矣　장부처세혜 기지대의
時造英雄兮 英雄造時　시조영웅혜 영웅조시
雄視天下兮 何日成業　웅시천하혜 하일성업
東風漸寒兮 壯士義烈　동풍점한혜 장사의열
忿慨一去兮 必成目的　념개일거혜 필성목적
鼠竊○○兮 豈肯比命　서절이토혜 개긍비명
豈度至此兮 事勢固然　개도지차혜 사세고연
同胞同胞兮 速成大業　동포동포혜 속성대업
萬歲萬歲兮 大韓獨立　만세만세혜 대한독립

1　의롭지 못한 것을 보고 의기가 북받쳐 원통하고 슬픔.

萬歲萬萬歲 大韓同胞 만세만만세 대한동포

[장부가(丈夫歌) 한글시 원문]

장부가 세상에 쳐홈이여 그 쯧이 크도다

씨가 령웅을 지음이여 령웅이 씨 룰 지으리로다

텬하룰 웅시홈이여 어니 날에 업을 일울고

동풍이 졈드 차미여 쟝사에 의긔가 쯔겁도다

분긔히 한 번 가미여 반다시 목젹을 이루리로다

쥐 도젹 ○○이여 엇지 즐겨 목숨을 비길고

엇지 이에 이룰 쥴을 시아려스리오 사셰가 고여하도다

동포 동포여 속히 디업을 이룰지어다

만셰 만셰여 디한 독립이로다

만셰 만만셰여 디한 동포로다

[장부가(丈夫歌) 한글시 번역본]

장부가 세상에 처함이여, 그 뜻이 크도다.

때가 영웅을 지음이여, 영웅이 때를 지으리로다.

천하를 웅시함이여, 어느 날에 업을 이룰고.

동풍이 점점 차가운데, 장사의 의기가 뜨겁도다.

분개히 한 번 감이여, 반드시 목적을 이루리로다.

쥐 도적 이토여, 어찌 즐겨 목숨을 비길고.

어찌 이에 이를 줄을 헤아렸으리오, 사세가 본디 그러하도다.

동포 동포여, 속히 대업을 이룰지어다.

만세 만세여, 대한 독립이로다.

만세 만만세여, 대한 동포로다.

결연한 의거의 결의를 담은 장부가 친필 원본에는 이토 히로부미를 '伊藤'으로 표기하지 않고 ○○으로 표기했다.

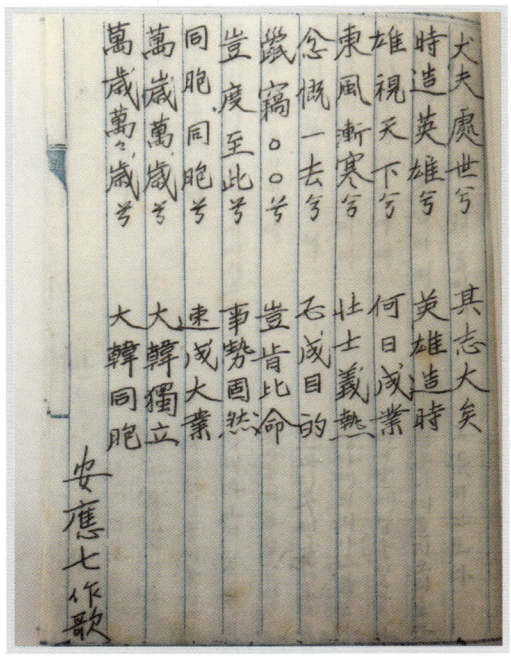

▲ 안중근 의사 장부가(일본 외교사료관 소장)

 참고문헌

안중근(2014), ≪안중근 의사 자서전≫, 범우
안중근의사숭모회·기념관(2024), ≪안중근 안쏠로지≫, 서울셀렉션

안중근이 ≪안응칠 역사≫를 집필하는데 얼마나 시간이 걸렸으며, 그 내용은 어떤 것인가?

안중근 의사는 1909년 11월 3일부터 1910년 3월 26일 순국하기까지 총 144일 동안 관동도독부 감옥서에 수감되었다. 수감 기간에 1909년 12월 13일부터 1910년 3월 15일까지 총 93일에 걸쳐 옥중에서 자서전을 집필했다.

안중근 의사의 32년 생애를 담은 이 옥중자서전 ≪안응칠 역사≫에는 안중근 의사의 출생부터 순국 전까지의 일생, 그리고 민족과 국가를 위한 투쟁 과정 등이 담겨 있다. 1879년 7월 16일(음력) 출생과 가족의 일화, 성장 과정, 동학당 퇴치, 천주교 입교, 지방관(地方官)의 포악한 정치와 부패에 대한 저항, 의병 전쟁에 참여한 내용 등이 있다.

삼흥학교 설립과 돈의학교를 인수하여 교육을 통해 구국 활동을 이끌었고, 국채보상운동에도 참여했다.

연추에서 11명의 동지와 함께 단지동맹을 결성하여 대한독립을 위해 목숨을 바칠 것을 맹세하였다.

이토 히로부미를 주살한 하얼빈 의거를 준비하는 과정에서 장차 행할 일을 생각하며 강개한 마음을 가눌 길 없어 구국의 의지를 담아 장부가(丈夫歌)를 지어서 읊기도 했다.

1910년 10월 26일 의거 당일 하얼빈역 현장의 긴박하고 긴장되는 순간과 거사(擧事) 결행 과정도 기록되어 있다. 검찰의 심문 과정에서 이토 히로부미의 15개 죄악을 밝히고 이 죄악 때문에 이토 히로부미를 주살하게 되었다고 대답했다.

재판관의 공판 과정과 사형을 선고받고 항소를 포기하게 된 배경과 ≪동양평화론≫을 저술한 부분도 언급되어 있다. 법원과 감옥의 관리들에게서 필적(筆跡)을 요청받고 비단과 종이에 유묵을 써준 내용도 있다.
　그리고 1910년 2월 초하루(음력) 천주교 성사(聖事)[1]를 받은 내용을 마지막으로 안중근 의사의 32년 일생이 담담하게 기록되어 있다.

참고문헌

안중근(2014), ≪안중근 의사 자서전≫, 범우
안중근의사숭모회·기념관(2024), ≪안중근 안쏠로지≫, 서울셀렉션
안중근의사숭모회·기념관(2021), ≪안중근 의사의 삶과 나라사랑 이야기≫, 일곡문화재단
한국민족문화대백과사전(https://encykorea.aks.ac.kr)

1　천주교회에서 신자들에게 하느님의 특별한 은총이 외적 행위로 나타나는 증표로, 하느님의 은총이 인간의 감각적인 형태를 통해 전달되는 종교 예식

안중근이 ≪동양평화론≫을 집필한 목적은 무엇이었는가?

　안중근 의사는 뤼순감옥 수감 당시 옥중에서 ≪동양평화론≫을 저술했다. ≪동양평화론≫은 서문(序文), 전감(前鑑)을 비롯해 현상(現狀), 복선(伏線), 문답(問答)까지 총 다섯 편으로 구성될 예정이었다. 하지만 안중근 의사는 서문을 완성하고 전감은 일부만 집필할 수 있었다.

　안중근 의사의 사형선고는 1910년 2월 14일에 확정되었다. 사형 확정 후 집행 날짜는 정해지지 않았기에 안중근 의사는 ≪동양평화론≫을 완성하기 위해 사형 집행 날짜를 연기해 줄 것을 히라이시 우진토(平石義人, 1864~1939) 관동도독부 고등법원장(高等法院長)에게 요청했다. 안중근 의사는 집필에 1개월이 소요된다고 하였고 고등법원장은 집필이 완성될 때까지 사형 집행 일자를 연기해 주겠다고 약속했다.

　하지만 일제는 이 약속을 지키지 않고 1910년 3월 26일에 서둘러 안중근 의사의 사형을 집행했다. 안중근 의사가 ≪안응칠 역사≫를 탈고한 1910년 3월 15일 전후에 ≪동양평화론≫ 집필을 시작하였기에 실제 집필 기간은 10일 정도밖에 되지 않았다. 그래서 서문과 전감 일부만을 집필하고 나머지 부분은 제목만 적어놓고 완성하지 못한 채 순국하였다.

　19세기 말과 20세기 초반은 약육강식의 제국주의 시대였다. 제국주의는 특정 국가가 다른 국가나 지역을 군사적, 정치적, 경제적으로 지배하려는 정책이나 이를 목적으로 하는 사상을 의미한다.

　당시 영국, 프랑스, 미국, 독일 등 서양 강대국들이 독점 자본주의와 침략적 민족주의를 배경으로 아시아 및 아프리카의 약소국을 무력으로 침공해서 식민지로 삼았다.

≪동양평화론≫의 핵심적인 내용은 한국, 중국, 일본 3개국이 연대하여 서양의 침략에 대응하고 공동으로 협력하여 평화적인 동양의 질서를 만들어 나가야 한다는 것이다. 1910년 2월 17일 안중근 의사와 히라이시 고등법원장과의 면담을 기록한 청취서에 ≪동양평화론≫에 대해 다음과 같이 구체적인 방안을 제시하고 있다.

> 1. 일본은 뤼순을 중국에 돌려주고 중립화하여 그곳에 한중일이 공동으로 관리하는 군항을 만들고 3국이 그곳에 대표를 파견하여 동양평화회의를 조직하도록 한다. 재정 확보를 위해 회비를 모금하면 수억 명의 인민이 가입할 것이다. 각국 각 지역에 동양평화회의 지부를 두도록 한다.
> 2. 원만한 금융을 위하여 공동의 은행을 설립하고 각국이 함께 쓰는 공용화폐를 발행하도록 한다. 각 지역에 은행의 지부를 설치한다.
> 3. 3국의 청년들이 공동의 군단을 결성하고 그들에게 두 개 이상의 외국어를 배우게 하여 우방 또는 형제애의 의식을 고취한다.
> 4. 한중 두 나라는 일본의 지도 아래 상공업의 발전을 도모한다.
> 5. 한중일 세 나라의 황제가 로마 교황 교황청을 방문하여 협력을 맹세하고 왕관을 받는다. 세계 민중의 신용을 얻을 수 있을 것이다.[1]

안중근 의사는 지금으로부터 약 한 세기 전인 1910년에 ≪동양평화론≫ 제시를 통해 인류의 보편적 가치와 행복을 추구하고자 했다. 안중근 의사가 제시한 선구적인 인류 평화 공동체 사상은 오늘날 유럽연합(European Union), 북미자유무역협정(NAFTA)[2], 아시아태평양경제협력체(APEC)[3] 등 정치 및 경

---
1 김영호, 〈안중근의 ≪동양평화론≫과 동북아 경제 통합론〉, ≪안중근 학술 연구지≫, 2005, 102쪽.
2 North American Free Trade Agreement
3 Asia-Pacific Economic Cooperation

제 공동체에도 적용될 수 있는 시사점을 주고 있다.

 참고문헌

안중근(2014), ≪안중근 의사 자서전≫, 범우
안중근(2018), ≪안중근의 동양평화론≫, 서울셀렉션
김삼웅(2018), ≪안중근 평전≫, 시대의창
안중근의사숭모회·기념관(2024), ≪안중근 안쏠로지≫, 서울셀렉션
안중근(2019), ≪동양평화론: 비판정본≫, 독도도서관친구들
김영호(2005). 안중근의 동양평화론과 동북아 경제 통합론. 안중근 학술 연구지
안중근의사기념관(https://ahnjunggeun.or.kr/kwa-47087)
한국민족문화대백과사전(https://encykorea.aks.ac.kr)
동북아역사넷(http://contents.nahf.or.kr)
국사편찬위원회, 우리역사넷(https://contents.history.go.kr)
중앙선데이(2023.10.21.), "지식인 안중근, 한·중·일 평화공존 사상 싹 틔웠다"

≪안응칠 역사≫는 어떤 경로로
세상에 알려지게 되었는가?

≪안응칠 역사≫는 안중근 의사가 순국한 지 60년이 지난 후에야 일본어로 번역된 등사본(謄寫本)[4]이 안중근 의사 재판기록과 함께 발견되었다. 1969년 일본 도쿄의 간다(神田) 고서점에서 최서면(崔書勉, 1928~2020) 도쿄 국제한국연구원장을 통해 발견되었다.

1978년에는 일본 나가사키에서 고미술상을 경영하던 와타나베 쇼시로가 소장하고 있던 한문 등사본이 공개되었고 이를 나가사키본이라고 부른다.

1927년에는 안중근 의사 의거 당시 뤼순헌병학교 교관이었던 시치조 기요미(七條淸美, 1892~1956)가 도쿄 국회도서관에 〈시치조 기요미 문서(七條淸美 關係文書)〉를 기증했다. 도쿄 국회도서관 헌정자료실에 보관 중인 이 문서에 포함된 '안중근 전기 및 논설'에 ≪동양평화론≫과 ≪안응칠 역사≫ 등사 합본이 수록되어 있다. 이 등사본을 시치조본이라고 부른다. 시치조 기요미는 당시 사법성(司法省)[5] 관리였다. 가족들의 증언에 따르면 그는 안중근 의사가 옥중에서 쓴 자서전과 ≪동양평화론≫을 처음 보고 '대단한 글'이라고 평가하고 밤을 새워가며 10부 정도를 필사해서 친구들에게 나눠줬다고 한다.[6]

1969년 발견된 일본어 등사본을 저본(底本)[7]으로 사단법인 안중근의사숭모회에서 1970년 ≪안중근 의사 자서전≫을 간행했다. 그리고 1979년에는

---

4 필사본 중에서 고본(稿本) 및 인쇄본 등의 원본을 손으로 베껴서 복본이나 부본으로 만든 것
5 일본의 사법기관으로 일본 법무성(法務省, Ministry of Justice)의 전신
6 신동아(2006년 2월호), "안중근과 조선독립운동의 원류"
7 문서의 초고(草稿)

순한문본인 나가사키본을 저본으로 두 번째 번역본을 간행했다. 1990년에는 시치조본을 저본으로 나가사키본의 '이하 생략' 부분을 보완하여 안중근의사기념관에서 ≪안중근 의사 자서전≫을 추가로 간행했다.

 참고문헌

안중근의사숭모회 · 기념관(2024), ≪안중근 안쏠로지≫, 서울셀렉션
신동아(2006년 2월호), "안중근과 조선독립운동의 원류"

≪안응칠 역사≫와 ≪동양평화론≫의 내용은 어떻게 전해졌으며, 원본은 어디에 있는가?

≪안응칠 역사≫와 ≪동양평화론≫은 아직 원본이 발견되지 않고 등사본(謄寫本)과 번역본만 알려져 있다. 안중근 의사 친필로 작성된 원본은 일본이 아직 공개하지 않고 있지만 일본 정부에서는 행방을 알고 있으며 어딘가에 보관하고 있을 것으로 추정된다.

당시 통감부[1]나 이후 조선총독부에서는 본국인 일본에 보고할 때 원본이 아닌 필사본을 보내는 관행이 있었다고 한다. 운송 도중에 분실될 것을 우려했기 때문이다. 이 정황으로 따져볼 때 안중근 의사 관련 모든 기록의 원본도 뤼순검찰청에서 보관해 뒀을 가능성이 높다고 최서면(崔書勉, 1928~2020) 도쿄 국제한국연구원장은 주장했다.[2]

안중근 의사 유해 찾기에 전념하고 있는 김월배 교수는 "친필본을 필사할 정도로 안중근 의사에 대한 일본인의 관심이 컸던 만큼 원본 또한 사법성 증거 물품 보관기관에 있을 것 같다. 민간과 정부의 공조가 필요하다."라고 제안했다.[3]

---

1 1906년 2월 일본 제국주의가 대한제국 황실의 안녕과 평화를 유지한다는 명분으로 서울에 설치하여 1910년 8월 주권의 상실과 더불어 조선총독부가 설치될 때까지 4년 6개월 동안 대한제국의 국정 전반을 사실상 장악했던 식민 통치 준비기구
2 한겨레신문(2011.05.23.), "'옥중수기 원본 찾았다' 78년 한바탕 소란 있었지만…"
3 중앙일보(2021.02.16.), "[박정호 논설위원이 간다] 2만2319자에 담긴 충정 '인(仁)'으로 악에 대적하라'"

참고문헌

안중근의사숭모회·기념관(2024), ≪안중근 안쏠로지≫, 서울셀렉션
안중근의사기념관(https://ahnjunggeun.or.kr)
가톨릭신문(2021.03.02), "안중근 의사 자서전「안응칠 역사」"
한겨레신문(2011.05.12.), "옥중수기 '안응칠 역사'는 총독부 관리 필독서였다"
한겨레신문(2011.05.16.), "안응칠 이름 감춘 일 외교사료관서 '숨바꼭질 40년'"
한겨레신문(2011.05.23.), "'옥중수기 원본 찾았다' 78년 한바탕 소란 있었지만…"
중앙일보(2021.02.16.), "[박정호 논설위원이 간다] 2만 2,319자에 담긴 충정 '인(仁)으로 악에 대적하라'"

안중근의 '동양평화'는
어떤 의미를 지니는가?

안중근 의사가 제시한 ≪동양평화론≫은 한중일 3국이 평화롭게 공존할 길을 찾는 사상이다. ≪동양평화론≫의 핵심은 한중일 3국이 서로를 침략하지 않고 독립을 유지하며 단결할 때, 서양 제국주의 세력의 침입을 막아 진정한 동양평화를 실현할 수 있다는 점이다.

1909년 11월 24일에 안중근 의사의 제6차 신문이 진행되었다. 미조부치 다카오 검찰관과 기시다 아이부미(岸田愛文) 서기관이 참석하고 소노키 스에요시의 통역으로 미조부치 검찰관은 피고인 안중근 의사를 신문[1]했다. 이 공판의 신문조서(訊問調書) 내용에서 안중근 의사의 동양평화에 대한 사상을 읽을 수 있다.

    검찰관: 그대는 동양평화라고 말하는데 동양은 어디를 말하는가?
    안중근: 아세아주(亞細亞洲)를 말한다.
    검찰관: 아세아주에는 몇 나라가 있는가?
    안중근: 그것은 중국 일본 한국 샴(태국) 버마(미얀마)이다.
    검찰관: 그대가 말하는 동양평화란 어떤 의미인가?
    안중근: 그것은 모두가 자주독립하여 갈 수 있는 것이 평화이다.
    검찰관: 그렇다면 그 중의 나라가 일개국(一個國)이라도 자주독립이 되지 않으면
           동양평화라고 말할 수 없다고 생각하는데 그런가?

---

1   법원이나 기타 국가 기관이 어떤 사건에 관하여 증인, 당사자, 피고인 등에게 말로 물어 조사하는 일

안중근: 그렇다[2]

　안중근 의사가 생각한 동양평화의 길은, "첫째, 일본이 우선 한국의 국권을 되돌려 주고, 둘째, 만주와 중국에 대한 침략의 야욕을 버리는 것이며, 셋째, 그런 다음 서로 '독립한' 한중일이 동맹하여 서양 세력을 방어하며, 서로 동맹하여 평화를 부르짖고, 각국이 자주독립하는 것"이라고 보았다. 다시 말해 한국이 독립하고 일제가 침략 야욕을 포기하는 것이 동양평화의 선결 조건이라는 뜻이다. 이러한 조건이 충족되어야 동양에 평화가 깃들고, 서구와도 평화롭게 공존할 수 있다고 생각한 것이다.[3]

 참고문헌

안중근(2018), 《안중근의 동양평화론》, 서울셀렉션
안중근(2019), 《동양평화론: 비판정본》, 독도도서관친구들
안중근의사숭모회 · 기념관(2024), 《안중근 안쏠로지》, 서울셀렉션
안중근의사기념관(https://ahnjunggeun.or.kr)
공훈전자사료관(https://e-gonghun.mpva.go.kr)

2　국사편찬위원회 한국 근대 사료 DB(https://db.history.go.kr/modern/main.do)
3　공훈전자사료관(https://e-gonghun.mpva.go.kr)

안중근의 유묵에 찍힌 손도장은
어떤 경위로 남겨진 것인가?

　안중근 의사의 유묵에는 이름 아래에 단지동맹 때 자른 왼손의 장인(掌印)이 찍혀있다. 안중근 의사가 결성한 동의단지회에 대해 ≪안응칠 역사≫에서는 동의단지회의 결성 시기에 대해 구체적인 일시를 기록하지 않고, "기유년(己酉年) 정월 연추 방면으로 돌아와 동지 12인과 같이 상의하여"라며 연해주에서 연추로 귀환한 시점이라고 기록하였다.

　안중근 의사는 조국의 국권 회복을 위해 자신을 희생하였다. 그는 동지들과 함께 손가락을 단지하며 결의를 다졌다. 이후 유묵을 쓸 때마다 단지한 손을 낙관처럼 사용했다. 실제로 그가 남긴 수많은 유묵에서 그 흔적을 쉽게 찾아볼 수 있다. 이 손도장과 함께 안중근 의사가 낙관처럼 사용한 것이 하나 더 있으니 바로 '대한국인(大韓國人)'이라는 단어였다. 그는 관동도독부 감옥서에서 두 달간 유묵을 쓰며 항상 그 말미에 손도장과 함께 '대한국인'이라 적었다.

　대한국인은 그 시대의 다른 기록에서는 좀처럼 찾아볼 수 없는 용어이다. 안중근 의사에게 '대한국인'이라는 단어는 매우 중요한 의미를 지녔으며, 그 안에 담긴 뜻은 상당히 특별했다. '대한국인'의 '대(大)'는 사전적으로 여러 가지 뜻을 가지고 있다. '많다', '크다', '훌륭하다', '고귀하다', '중히 여기다' 등이다. 이 중 '고귀하다'는 정신적 가치가 크다는 의미로 해석할 수 있다. 따라서 정신적 가치가 큰 한국인을 '대한국인'이라 해석할 수 있다. 그렇다면 여기서 말하는 정신적 가치란 무엇일까?

대한제국 시기, 일제에 의해 국권을 유린당하고 서구 열강의 압박에 시달리면서 나라의 위태로움이 극에 달했다. 안중근 의사는 11명의 동지와 함께 단지동맹을 결성하며 대한독립과 국권 회복을 다짐했다. 그리하여, 단지한 왼손과 '대한국인'이라는 단어는 안중근 자신을 나타내는 상징물로 사용하였다. 헌신적으로 구국에 강한 의지를 상징적으로 보여준 행위였던 만큼, '대한국인'에 담긴 정신적 가치는 어떤 어려운 상황에서도 좌절하지 않고 위기를 극복하며, 불요불굴(不撓不屈)의 정신을 의미한다고 할 수 있다.

안중근 의사는 '대한국인'이라는 단어를 통해 좌절하지 않는 한국인의 정신을 상징적으로 보여주었다. 안중근 의사를 비롯한 당시 동포들은 대한민족이 위대하고 강한 정신을 가진 고결한 정신을 가진 존재임을 알리려고 했다. 단지동맹의 장인(掌印)을 통해 이천만 동포들이 한마음으로 구국 운동에 나서 대한독립의 꿈을 간절히 담는 메시지를 전달했다.

참고문헌

김월배 외(2017), ≪대한국인, 대한민국을 말하다≫, EBS미디어

안중근의 유묵은 어떤 역사적 의미와 가치를 지니는가?

2024년 10월 기준으로 파악된 안중근 의사 유묵 현황은 총 69점이다. 보물로 지정된 유묵은 31점으로, 제569-1호부터 제569-31호까지이다. 국내 소재 미지정 유묵은 12점이다. 실물이 존재하는 국외 소재 유묵은 16점, 사진본만 존재하는 유묵은 6점이다. 또한, 내용은 전해지지만 실물이나 사본이 확인되지 않은 유묵은 4점으로 파악된다. 현재 유묵 중 약 7점은 관동도독부 간수, 관동도독부 법원 검찰관, 판사, 통감부 통역, 세무관 등 기증자가 특정되어 있다.

1910년 2월 14일 사형선고를 받은 다음 날부터 3월 26일 순국하기 전까지 안중근 의사는 여러 유묵을 남겼다. 이 유묵들은 1910년 2월과 3월 사이에 작성된 것으로 알려져 있다. 안중근 글씨체는 중국 당나라의 안진경체라고 평가되지만, 그의 서체는 '해주체' 또는 '중근체'라고도 불린다. 안중근 의사 기념관장을 역임한 김호일 교수는 안중근 의사의 서체를 다음 네 가지로 분석하였다. 첫째는 생동감, 둘째는 평정심에서 우러나온 글씨, 셋째는 풍부한 고전을 구사하는 글씨, 넷째는 내용이 나라 사랑하는 마음과 평화를 갈구한다고 하였다.

유묵 문구 내용 중 동일한 것이 하나도 없다. 간혹 내용상 유사한 부분이 있더라도 동일한 유묵을 한 폭 이상 휘호하지 않았다. 내용을 살펴보면 대체로 안중근 의사의 높은 기개와 도덕, 그리고 애국적 사상을 한두 구절의 명구나 5언 내지 7언 절구(絶句)로 표현한 시문들로 이루어져 있다. 유묵의 내용은 애국에 대한 의지와 나라를 위하고 동양평화를 기원하는 사서삼경의 고전

중에서 인용된 것들이며, 자연의 영원함과 내세를 지향하는 글귀가 담겨 있다. 이 작품들은 개인의 작품으로는 가장 많은 국가지정문화유산으로 지정되었다.

유묵의 특징은 동양평화와 애국으로 나눌 수 있다.

첫째, '동양평화'를 갈구하였다.

> 동양대세사묘현 유지남아기안면 화국미성유강개 정략불개진가련
> (東洋大勢思杳玄 有志男兒豈安眠 和局未成猶慷慨 政略不改眞可憐, 보물 569-5호)
> "동양대세 생각하매 아득하고 어둡거니 뜻 있는 사나이 편한 잠을 어이 자리, 평화시국 못 이룸이 이리도 슬픈지고 정략(침략전쟁)을 고치지 않으니 참 가엾도다."

이는 당시 동양 세계를 국세 정세로 개탄하면서 동양평화론을 가장 집약적으로 표현한 유묵이라고 할 수 있다. 안중근 의사의 동양평화론은 한국, 중국, 일본 3국이 각각 독립을 유지하면서 서로 힘을 합쳐 근대 문명 국가를 건설하자는 뜻을 집대성한 명문이다.

둘째, '애국'을 희망하였다.

> 국가안위 노심초사(國家安危 勞心焦思, 보물 제569-22호)
> "국가의 안위를 걱정하고 애태운다."

안중근 의사의 애국심이 담긴 유묵이다. 유묵 오른쪽에는 '증(贈) 야스오카(安岡) 검찰관'이라고 적혀 있다. 이는 당시 뤼순법원 검찰관 야스오카가 친절하게 대해 준 것에 대한 감사의 표시로 증정한 것이다. 야스오카가 사망한 후 그의 장녀 우에노(上野)가 소장하다가, 1976년 도쿄 국제한국연구원을 거쳐 한국 안중근의사기념관에 기증되었다.

위국헌신 군인본분(爲國獻身 軍人本分, 보물 569 – 23호)

"나라를 위하여 몸을 바침은 군인의 본분이다."

안중근 의사의 숭고한 군인정신을 실증하는 유묵이다. 안중근 의사가 관동도독부 감옥서와 관동법원 공판정을 오고 갈 때 경호를 맡았던 일본군 헌병 지바 도시치(千葉十七)에게 써준 유묵이었다. 안중근 의사의 인품과 사상에 감복한 지바 도시치는 제대 후 고향에 돌아가 안중근 의사의 사진과 이 유묵을 소중히 보관했다. 그의 사후, 미망인과 양녀 미우라(三浦)가 이를 봉안하다가 다이린지(大林寺)를 거쳐 1980년 도쿄 국제한국연구원을 통해 안중근 의사기념관에 기증하였다.

 참고문헌

이주화, 안중근 자료 소개 – 오노 모리에 회고록 원고 및 추가 발견 안중근 유묵을 중심으로, 자료로 보는 안중근, 근현대사 인물 학술대회①, 대한민국역사박물관, 2024
김호일 엮음(2010), ≪大韓國人 安重根≫, 안중근의사숭모회
김월배·판마오중(2014), ≪안중근은 애국 – 역사는 흐른다≫, 한국문화사

제 5 부

선양(宣揚)

연구 및 학술, 선양

安重根 바로 알기,
묻고 답하다

안중근의사기념관은
어떤 시설인가?

　안중근 선양의 대표적인 단체로는 한국의 안중근의사기념관이 있다. 안중근의사기념관은 국가보훈부 국가관리 기념관으로서 (사)안중근의사숭모회에서 위탁 관리 및 운영하고 있다. 중국 하얼빈에는 하얼빈 안중근의사기념관이 있으며, 중국 뤼순에는 뤼순일아감옥지구박물관과 뤼순일본관동법원사적지 진열관이 있다.

　안중근의사기념관은 1970년 10월 26일 개관했다. 당시 박정희 대통령의 지시와 국민의 성금으로 남산의 조선신궁 터에 건립되었다. 1974년에는 안중근 의사의 동상이 건립되었다. 기와집 형태로 지어진 초기 기념관은 노후화되고 협소해졌다. 이에 따라 2005년 안중근의사기념관 건립위원회가 발족되었다. 2009년 3월 26일에 건립 기공식을 거쳐 2010년 10월 26일 현재의 기념관이 개관되었다.

　새로 조성된 기념관은 동의단지회를 구성했던 12인을 기리기 위해, 12개의 사각형 모양으로 설계되었다. 2011년 3월 27일, 안중근의사기념관은 일본 류코쿠(龍谷)대학 도서관과 학술 연구 교류 협정을 체결하고, 류코쿠대학 안중근 동양평화센터와 학술 교류를 추진하고 있다. 또한, 2011년 11월 26일에는 중국 하얼빈 안중근의사기념관과 교류 협정을 체결하였다. 2016년 7월 16일에는 중국 뤼순일아감옥구지박물관과 자매결연 및 업무 협약을 맺었다. 현재 일본과는 학술 교류를, 중국과는 매년 안중근 아카데미 회원들과 방문 교류를 이어가고 있다.

　선양으로는 매년 3월 26일 안중근 의사 순국 추모 행사와 10월 26일 하얼빈 의거 기념 행사를 진행하며, 상설 전시도 운영하고 있다. 중앙홀, 제1전시실, 제2전시실, 제3전시실, 기획전시실, 체험 전시실, 특별 전시를 통해 안중근 의사의 삶과 정신을 국민에게 알리고 민족의식을 고취하고 있다.

교육으로는 일반 시민을 대상으로 하는 안중근 아카데미, 하계 교원 연수, 동계 교원 직무연수, 초등학생 대상 방학 가족 교육, 중고등학교 학생들의 역사 탐방 및 학급 단체 교육을 진행한다. 그리고 안중근 의사에게 편지 쓰기, 안중근 의사 자서전 읽기를 운영한다.

행사로는 안중근 평화음악회, 창작 발레, 뮤지컬 등 다양한 공연을 한다. 매년 상반기와 하반기에 소식지 '대한국인 안중근'을 발간하며, 대학생을 대상으로 안중근 장학생을 선발한다. 또한 단독 또는 연합으로 안중근 국제학술회의를 개최한다.

안중근의사기념관은 '우리의 젊은 세대와 후손들에게 나라와 민족의 의미를 일깨우고, 나라와 민족을 위해 희생하신 애국지사를 민족의 긍지로 삼으며, 스스로 삶의 표본과 중심을 일으켜 세우는 산교육의 장으로 자리매김'을 표방하고 있다.

 참고문헌

안중근의사기념관(https://www.ahnjunggeun.or.kr/)

하얼빈에는 안중근 의거와 관련된 장소로 어떤 곳들이 있는가?

1909년 10월 26일, 하얼빈역, 안중근 의사는 이토 히로부미를 주살(誅殺)했다. 하얼빈역은 안중근 하얼빈 의거가 일어난 역사적 현장으로, 이곳에 안중근 의사가 이토 히로부미를 향해 총을 쏜 지점과 이토 히로부미가 총에 맞은 지점을 표시한 장소가 있다. 이 지점은 하얼빈 기차역 1번 플랫폼에 있는데, '안중근 의사가 총을 발사한 지점(삼각형)과 이토 히로부미의 피격당한 자리(사각형)'가 바닥에 표시되어 있고, 그 위에 '안중근 격폐 이토 히로부미 사건 발생지(安重根擊斃伊藤博文事件發生地) 1909·10·26' 표지판이 천장에 달려 있다. 이 지점은 하얼빈역에 있는 하얼빈 안중근의사기념관 내 큰 유리창을 통해 볼 수 있다.

또한, 안중근 의사와 동지들이 하얼빈 의거를 위해 머물렀던 당시 하얼빈 한민회(韓民會) 회장인 '김성백의 집터1'가 있다. 이밖에, 안중근 의사가 동지 우덕순과 함께 산책하며 거사 계획을 점검한 '하얼빈 공원(現 자오린 공원(兆麟公園)2)', 안중근 의사가 조도선을 소개받으러 교장 김성옥을 찾아간 '동흥학교(東興學校, 現 하얼빈시 다오리구조선족중심소학교(哈爾濱市道里區朝鮮族小學校))3 4', 하얼빈 의거 후 바로 러시아 헌병대 파출소에 잡혔다가, 그날 밤 일본 측의 요구로 인계된 '하얼빈 일본총영사관(現 화위안소학교(花園小學校))5' 등이 있다.

1 　현주소는 다오리구 선린가 34호(道理區森林街34號), 당시 지명은 레스나야가 28호(列斯那亞街28號)
2 　현주소: 선린가 41호(森林街41號)
3 　현주소: 다오리구 징웨이4도가 7호(道里區經緯四道街7號)
4 　안중근 의사는 동흥학교 교원 김형재를 통해, 하얼빈 의거 동지 중 한 명인 조도선을 소개받음.
5 　현주소: 난강구 화위안가 353호(南崗區花園街353號)

안중근 의사는 하얼빈 일본총영사관 지하 감옥에 구속되어 취조받았다. 현재 초등학교로 사용되고 있는 이곳 건물 외벽에는 '이토 히로부미를 주살한 안중근 의사가 1909년 10월 26일부터 11월 1일까지 갇혀 있던 곳'이라는 내용의 알림판이 걸려 있다.

그리고 안중근 의사와 동지들이 이토 히로부미를 주살하기 위해 또 다른 거사 장소로 답사했던 '차이자거우역'이 있다. 이 역은 행정구역상 하얼빈은 아니지만 안중근 의사와 동지 우덕순, 조도선이 이토 히로부미를 주살하기 위해 함께 답사했던 역이다[6]. 이 역에는 두 동지가 남아 거사를 준비하였고, 안중근 의사는 하얼빈으로 돌아가 하얼빈역에서 이토 히로부미 주살을 도모했다.

참고문헌

안중근의사기념사업회(2010), ≪러시아 관헌 취조문서≫, 채륜
안중근(2020), ≪안응칠 역사: 비판정본≫, 독도도서관친구들
이봉규 · 김월배 · 김이슬 · 김홍렬 · 김희수 · 민명주 · 이인실(2024), ≪안중근 의사의 숨결을 찾아≫, 걸음
徐明勳(2005), ≪安重根在哈爾濱的11天≫, 黑龍江美術出版社
공훈전자사료관(https://e-gonghun.mpva.go.kr)

---

[6] 차이자거우역은 지린성 송위안시 푸위시 차이자거우진(吉林省松原市扶餘市蔡家溝鎭)에 위치

하얼빈에 있는 안중근의사기념관은
어떤 시설이며 어떤 역할을 하는가?

 2014년 1월 19일, 하얼빈역 남광장에 하얼빈 안중근의사기념관이 문을 열었다. 그전에는 기념관이 아닌 기념실, 기념전이란 이름을 반복하며 안중근 의사 관련 내용을 전시했다. 하얼빈시 조선족민족예술관(哈爾濱市朝鮮民族藝術館)이 새 청사로 이전하면서 안중근 의사 기념 공간을 만들 수 있는 장소가 2006년에 공식 개관하면서 생겼다. 하얼빈 시정부 승인하에 서학동 관장과 강월화(康月華), 서명훈(徐明勳) 등 원로 학자들의 노력과 더불어, 안중근 의사 기념전(관)이 하얼빈시 조선민족예술관 1층에 자리 잡게 됐다. 2008년, 조선민족예술관 2층으로 이전 및 재전시했고, 2009년, 하얼빈 의거 100주년을 맞아 동상과 부조를 새로 만들었다.
 2013년 6월, 박근혜 대통령이 시진핑 주석과 만나면서, 하얼빈역에 하얼빈 의거 기념물 설치와 안중근 자료 발굴을 요청했다. 2014년 1월 19일, 중국은 기념물 대신 하얼빈역에 안중근의사기념관을 만들었다. 하얼빈 시정부와 하얼빈 철도국에서 공동 출자한 기념관은 전 상무대합실 절반을 할애해 만들었다. 하얼빈 의거 현장 복원도 함께 이뤄졌다. 2006년 7월, 현장에 의거지 표식을 해 놓았다. 이는 서명훈 선생이 역사적으로 고증하고 하얼빈 시정부에 표지를 설치하게 한 것으로, 그 위에 '안중근 격폐 이토 히로부미 사건 발생지(安重根擊斃伊藤博文事件發生地) 1909·10·26' 표지 간판을 달았다. 기념관 내 안중근 의사 관련 기록물과 고증 역시 서명훈 선생의 아이디어와 연구 결과물로, 안중근 의사의 출생, 가족, 하얼빈에 있던 열하루 동안의 동선과 '하얼빈 의거'의 시말(始末) 등 관련 자료를 전시하고 있다.

하얼빈 안중근의사기념관이 개관하자, 일본은 불편함을 드러냈다. 2014년 1월 19일, 당시 일본 외무성 아시아 대양주국장 이하라 준이치(伊原純一)는 하얼빈역에 안중근의사기념관이 개관한 것에 대해서 한국과 중국의 주일(駐日) 대사관 공사에 각각 전화를 걸어 '매우 유감'이라고 했고[1], 다음날인 20일, 일본의 관방장관인 스가 요시히데(菅義偉)는 "안중근은 일본의 초대 총리를 살해한 테러리스트다."라고 했다.[2]

하얼빈 안중근의사기념관은 개관 후, 하얼빈역 증·개축으로 인해 잠시 휴관했다가 2019년, 하얼빈역 남(南)광장 귀빈대합실 옆에 재설치 되었다. 하얼빈의 한국 교민들과 동포들은 매년 하얼빈 안중근의사기념관에서 안중근 의사를 기리는 행사를 시행한다. 하얼빈 의거일인 매년 10월 26일에는 안중근 의사를 선양하고, 안중근 의사 순국일인 매년 3월 26일에는 안중근 의사를 추모하고 있다.

중국 정부에서 관리하는 전국박물관 정보시스템 홈페이지에 따르면, 하얼빈 안중근의사기념관의 성질은 '문물계통 국유박물관(文物系統國有博物館)'으로, 주제는 '혁명 기념'으로 분류된다. 관리는 하얼빈 조선족민족예술관이 맡아서 하고 있다. 하얼빈 안중근의사기념관은 하얼빈역 남광장에 있는데, 하얼빈역을 뒤로 두고 오른쪽으로 돌면 안중근의사기념관 표지가 있어서 쉽게 찾을 수 있다. 관람 시간은 '9:00~11:30', '13:30~16:30'이다(월요일 휴관, 무료). 중국 국적이 아닌 외국인은 입장 시 여권을 제시하면 관람할 수 있다.

---

1   SBS 뉴스(2014.01.20.), "日정부, 한·중 주일공사에 '안중근 기념관' 항의"
2   국민일보(2014.01.21.), "'일본의 영웅을 살해한 테러리스트…' '안중근 의사 기념관' 개관 두고 한·일 사이버 전쟁 격화"

참고문헌

김월배·김이슬(2020), ≪안중근, 하얼빈에 역사를 묻다≫, 걸음
이봉규·김월배·김이슬·김홍렬·김희수·민명주·이인실(2024), ≪안중근 의사의 숨결을 찾아≫, 걸음
徐明勳(2011), 〈哈爾濱的安重根紀念事業現狀與展望〉, ≪紀念安重根義士擧102周年學術硏討會論文集≫, ≪松花江≫, 特刊, p.41~49.
徐明勳·康月華·金月培(2011), ≪安重根義士知識問答≫, 黑龍江朝鮮民族出版社
국민일보(2014.01.21.), "'일본의 영웅을 살해한 테러리스트…' '안중근 의사 기념관' 개관 두고 한·일 사이버 전쟁 격화"
연합뉴스(2007.12.31.), "전시회 꼬리표 못 뗀 하얼빈 안중근기념관"
SBS 뉴스(2014.01.20.), "日정부, 한·중 주일공사에 '안중근 기념관' 항의"
하얼빈 안중근의사기념관(哈爾濱安重根義士紀念館) 팸플릿
全國博物館年度報告信息系統(http://nb.ncha.gov.cn)

하얼빈 안중근의사기념관에 설치된 동상은
어떤 모습이며 어떤 의미를 지니는가?

　하얼빈 안중근의사기념관 안으로 들어가면 곧바로 안중근 의사 동상이 보인다. 이 동상은 2009년, 안중근 의사 하얼빈 의거 100주년을 기념하여 하얼빈시 조선족민족예술관에서 조각가 라이시캉(賴錫康)에게 의뢰, 5개월의 제작 기간을 거쳐 완성됐다.

　안중근 의사 동상은 세 개의 단층 위에 놓여 있으며, 기념행사가 있을 때면 사람들은 동상 발 앞에 헌화하며 안중근 의사를 기린다. 동상의 모습은 한반도 지도 위에 서 있는 형태로 표현되어 있다. 외투 왼쪽 주머니에 동청철도(東淸鐵道) 중문판 기관지(機關紙)인 〈원동보〉가 꽂혀 있는 것을 볼 수 있다.

　안중근 의사가 확인한 1909년 10월 23일 자 〈원동보〉에는, '전 조선 통감인 이토 히로부미가 동청철도의 전용 열차로 25일 오후 11시에 관성자역에서 출발한다. 그는 하얼빈에 가서 러시아 재무대신 코코프체프와 회견할 것이다.'라는 내용이 실려 있었다.

　안중근 의사가 신문 기사를 통해 이토 히로부미의 하얼빈 도착을 알게 됐다는 내용은 일제 법원이 남긴 공판 기록인 〈공판시말서(公判始末書)〉와 〈안중근 사건 공판속기록(安重根事件公判速記錄)〉[1] [2]에 아래와 같이 기록돼 있다.

1　1910년 2월 18일~15일 〈만주일일신문(滿洲日日新聞)〉에 연재된 것으로, 안중근의사기념사업회·안중근연구소 엮음·신운용 편역(2010), 《안중근·우덕순·조도선·유동하 공판기록: 안중근사건 공판속기록》에 실림.
2　《안중근 사건 공판 속기록(安重根事件公判速記錄)》 1책(1910년, 明治 43년 3월 28일 간행, 1책)은 2019년 한국의 한 학생과 그 가족에 의해 기증됐다(대한민국 정책브리핑, 2019.04.09.).

재판관: 이토 공작이 일본을 출발하여 만주를 순시(巡視)한다는 일은 언제 알 수 있었는가?

안중근: 연추에서 블라디보스토크로 나온 날 〈원동보〉, 〈대동공보(大東共報)〉라는 두 가지 신문을 보았고 또 풍설(風說)을 들어 그 일을 알았다.

– 〈공판시말서〉[3] 中 –

재판관: 그 편지[4]를 보건데, 그대는 이토 공작이 관성자를 12일에 출발하여 특별열차로 온다는 것을 〈원동보〉에서 보았다고 쓰여 있는데, 그것은 어떻게 알았는가.

안중근: 〈원동보〉에서 알았다.

– 〈안중근 사건 공판속기록〉[5] 中 –

참고문헌

국사편찬위원회(1976), ≪한국독립운동사 자료 6: 안중근편Ⅰ≫, 국사편찬위원회
안중근의사기념사업회·안중근연구소 엮음·신운용 편역(2010), ≪안중근·우덕순·조도선·유동하 공판기록: 안중근사건 공판속기록≫, 채륜
徐明勳·康月華·金月培(2011), ≪安重根義士知識問答≫, 黑龍江朝鮮民族出版社
대한민국 정책브리핑(2019.04.09.), "대통령 안중근 의사 사건공판 속 기록 등 기증한 학생 가족과 환담"
국사편찬위원회 한국사데이터베이스(https://db.history.go.kr/)
대한민국 정책브리핑(www.korea.kr)

---

[3] 국사편찬위원회(1976), ≪한국독립운동사 자료 6: 안중근편Ⅰ≫의 '四八. 公判始末書'에 제시
[4] 〈대동공보〉 편집주임 이강에게 보낸 편지
[5] 안중근의사기념사업회·안중근연구소 엮음·신운용 편역(2010), ≪안중근·우덕순·조도선·유동하 공판기록: 안중근사건 공판속기록≫, 채륜, p.37.

안중근과 하얼빈 공원은 어떤 역사적 인연으로 연결되어 있는가?

하얼빈 공원의 현재 명칭은 자오린 공원(兆麟公園)이다. 안중근 의사가 동지 우덕순과 함께 하얼빈 의거를 준비하며 산책하고 거사 계획을 점검했던 당시, 이 공원의 명칭은 동사회(董事會) 공원이었다. 1906년에 조성된 공원으로, 1933년 하얼빈 제1공원으로 명칭 변경 후, 1946년 3월 5일 중국 항일운동가 리자오린(李兆麟, 1910~1946)의 유해가 공원에 안장되면서 자오린 공원으로 명칭이 변경되었다.

이 공원에는 안중근 의사를 기념하기 위해 2006년 7월에 설치된 안중근 의사의 유묵 기념비가 있다. 기존의 안내도에는 청초당(靑草塘) 유묵비 위치를 안중근 의사의 얼굴 사진과 '靑草塘' 한자로 같이 표시했었는데, 2025년 5월에 확인 결과 안중근 의사 얼굴 사진이 없는 '靑草塘' 한자 표기 아래에 영문 'Green Grass Pond'만이 표시된 새로운 안내도로 교체되어 있었다.

자오린 공원의 남문(南門)으로 들어가서 왼쪽으로 돌아 작은 연못을 지나가면, 안중근 의사의 유묵 기념비를 찾을 수 있다. 유묵 기념비의 앞면에는 '청초당'이 새겨져 있고, 뒷면에는 '연지(硯池)'가 새겨져 있다.

'청초당'은 보물 제569-15호로 지정된 안중근 의사의 유묵이다. '풀이 푸르게 돋은 언덕'으로 봄에 풀이 푸르게 돋아나듯 우리나라의 독립도 곧 다가올 것이라는 안중근 의사의 염원을 담고 있다. '연지'는 보물 제569-9호로 지정된 안중근 의사의 유묵 '오로봉위필, 삼상작연지, 청천일장지, 사아복중시(五老峯爲筆, 三湘作硯池, 靑天一丈紙, 寫我腹中詩)[1]'에서 '연지' 두 글자를 따온 것이다.

안중근 의사는 1910년 3월 10일, 관동도독부 감옥서 면회실에서 안정근, 안공근 두 아우와 빌렘 신부를 면회하고 전한 최후의 유언에서 하얼빈 공원을 언급했다.

"내가 죽은 뒤에 나의 뼈를 하얼빈 공원 곁에 묻어 두었다가 우리 국권이 회복되거든 고국으로 반장해 다오. 나는 천국에 가서도 또한 마땅히 우리나라의 국권 회복을 위해 힘쓸 것이다."

 참고문헌

윤병석 편역(2011), ≪(한국독립운동사자료총서 제28집) 안중근 문집≫, 독립기념관 한국독립운동사연구소
이봉규·김월배·김이슬·김홍렬·김희수·민명주·이인실(2024), ≪안중근 의사의 숨결을 찾아≫, 걸음
徐明勳·康月華·金月培(2011), ≪安重根義士知識問答≫, 黑龍江朝鮮民族出版社

1　"오로봉으로 붓을 삼고 삼상의 물로 먹을 갈아 푸른 하늘 한 장 종이 삼아 뱃속에 담긴 시를 쓰련다."라는 의미(윤병석 편역, 2011)

북한에는 안중근을 기리는 기념물이 어떤 형태로 존재하는가?

평안남도 남포시 남포공원에 안중근 의사 기념비가 있다. 비의 정면에는 '애국열사 안중근선생기념비'라고 쓰여 있고, 측면에는 '一九六五年 三月二六日 건립'이라고 쓰여 있어, 1965년에 안중근 의사 순국일인 3월 26일에 맞춰 세운 것을 알 수 있다. 또한, 진남포 돈의학교 터에도 안중근 의사 기념비가 세워져 있다.

조선혁명박물관에는 안중근 의사 사적 관련 전시물이 전시되고 있으며, 2005년에는 안중근 의사 기념주화를 발행했다.

▲ 북한 내 안중근 의사 비석

북한에는 1979년에 개봉한 영화〈안중근 이토 히로부미를 쏘다(安重根擊斃伊藤博文)〉가 있다. 이 영화는 북한 백두산창작단에서 만든 창작 연극〈안중근 이토 히로부미를 쏘다〉를 각색하여 북한 조선예술영화제작소에서 제작한 작품으로, 감독은 엄길선이다. 촬영 후에는 상하이 영화번역제작소(上海電影譯制片廠)에서 번역 작업을 거쳐 중국영화공사(中國電影公司)를 통해 배급되었다.

참고문헌

김호일 엮음(2010), ≪大韓國人 安重根≫, 안중근의사숭모회
안중근(2020), ≪안응칠 역사: 비판정본≫, 독도도서관친구들
이봉규·김월배·김이슬·김홍렬·김희수·민명주·이인실(2024), ≪안중근 의사의 숨결을 찾아≫, 걸음
徐明勳·康月華·金月培(2011), ≪安重根義士知識問答≫, 黑龍江朝鮮民族出版社
연합뉴스(2010.03.21.), "북한에 있는 안중근 의사 기념비"
PD저널(2010.03.22.), "춘천MBC '안중근, 분단을 넘다' 26일 전국방송"

러시아에 안중근 관련 기념시설은
어떤 것이 있는가?

　러시아에는 안중근 의사 기념비와 단지동맹 유지비가 있다.
　안중근 의사 기념비는 2002년, 서울보건신학연구원이 블라디보스토크 주립의과대학과 협약을 맺으면서, 안중근 의사가 연해주에서 펼친 의병 투쟁 등 항일운동을 기리기 위해 세워졌다. 이 기념비는 2012년 말 철거된 후 창고에 보관되었다가, 2년 반 뒤 우스리스크의 '한인 이주 140주년 기념관'으로 이전되어 기념관 마당에 다시 세워졌다.
　단지동맹 유지비는 안중근 의사와 11명의 동지가 단지동맹을 통해 동의단지회를 조직 및 항일투쟁을 기린 기념비이다. 1909년, 3월 5일경 연추하리(延秋下里)에서 안중근 의사와 11명의 동지는 왼손 약지를 끊고 그 피로 태극기 앞면에 '대한독립'이라고 쓴 뒤, '대한독립만세'를 세 번 부르며 단지동맹을 맺었다. 단지동맹 유지비는 2001년 10월, 크라스키노(Kraskino) 추카노프카 마을 인근에 한국 광복회와 고려학술문화재단에 의해 세워졌다.
　단지동맹 유지비는 부근 강물 범람으로 인해 자주 훼손되었고, 2006년 원래 세워진 장소 근처에 있는 유니베라 회사의 공터로 옮겨졌다. 그러나 이 지역이 러시아 국경 지역으로 편입되면서, 2011년 8월 4일 약 4억 원의 예산을 들여 기념 공원이 조성되었다. 2001년에 세워졌던 핏방울 형상의 단지동맹 유지비는 현재 이곳에 자리 잡고 있다. 높이 3m, 너비 1.5m 크기의 화강암으로 만들어진 단지동맹 유지비에는 다음과 같은 글이 새겨져 있다.

"1909년 2월 7일 안중근 의사를 비롯한 결사 동지 김기용, 백규삼, 황병길, 조응순, 강순기, 강창두, 정원주, 박봉석, 유치홍, 김백춘, 김천화 등 12인은 이곳 크라스키노(연추하리) 마을에서 조국의 독립과 동양의 평화를 위하여 단지 동맹하다. 이들은 태극기를 펼쳐놓고 각기 왼손 무명지를 잘라 생동하는 선혈로 대한독립이라 쓰고 대한국 만세를 삼창하다. 광복회와 고려학술문회재단은 2001년 10월 1일 러시아 정부의 협조를 얻어 이 비를 세우다."

기념 공원은 한국과 러시아 간 민간 교류의 상징이다. 또한, 이 공원은 북한에서 블라디보스토크로 가는 길목에 있다.

 참고문헌

김호일 엮음(2010), ≪大韓國人 安重根≫, 안중근의사숭모회
안중근(2020), ≪안응칠 역사: 비판정본≫, 독도도서관친구들
윤병석 편역(2011), ≪(한국독립운동사자료총서 제28집) 안중근 문집≫, 독립기념관 한국독립운동사연구소
徐明勳·康月華·金月培(2011), ≪安重根義士知識問答≫, 黑龍江朝鮮民族出版社
연합뉴스(2023.01.17.), "블라디보스토크 총영사관, 현지인에 우리 역사 알린다"
SBS 뉴스(2015.07.06.), "러시아 떠돌던 안중근 기념비, 우수리스크에 안착"

하얼빈에서 출판된 안중근 관련 학술서에는 어떤 책들이 있는가?

하얼빈은 동방의 모스크바이자 작은 파리로 불린다. 하얼빈은 중국 얼음 축제를 대표하는 곳으로서 빙설대세계는 전 세계 각지에서 온 관광객을 끌어들이는 중요한 관광지가 되었다. 그러나 하얼빈에서는 안중근의사기념관이 한국 문화의 정점으로 꼽힌다. 안중근의사기념관은 한중 우호의 상징으로 자리매김하고 있다.

하얼빈시는 안중근 의사를 '하얼빈시 선정 세계 40대 위인' 및 '하얼빈시 역사 인물'로 선정하였다. 그리하여 안중근 의사를 통한 문화교류를 촉진하고 있다. 이러한 노력으로 안중근 의사에 관한 연구가 활발히 이루어지고 있다. 헤이룽장성 당사 연구소 소장 김우종 선생과 하얼빈시 민족종교국 부국장을 역임한 서명훈 선생을 중심으로 심도 있는 연구가 진행되었다.

김우종과 최서면이 편집한 《안중근-논문, 전기, 자료》, 김우종이 편집한 《안중근과 하얼빈》 화보집, 서명훈의 저서 《안중근의 하얼빈에서 열하루》, 서명훈이 편집한 《중국인 마음속의 안중근》, 이정걸의 저서 《안중근 연구》, 서명훈·강월화·김월배가 집필한 《안중근 지식 문답》, 그리고 이대무의 《대한 영웅 안중근》 등이 있다.

번역서로는 이동원이 번역한 박은식의 《안중근》, 안중철이 번역한 일본인 나가노의 저서 《안중근은 왜 이토 히로부미를 사살했나》가 있으며, 논문집으로는 하얼빈 공업대학교의 〈안중근 연구 논문집〉과 헤이룽장성 사회과학원의 〈안중근 의사 의거 100주년 기념 국제학술 세미나 논문집〉을 비롯한 여러 자료가 있다.

하얼빈의 신문과 잡지에 게재된 안중근 관련 연구 논문들이 있다. 그중 대표적인 논문으로는 김우종의 〈안중근 애국정신의 영향 및 동양평화사상〉, 하얼빈시 문화국 전국장인 왕홍빈의 〈안중근 정신과 중국〉, 하얼빈시 민족종교국 전 부국장인 서명훈의 〈중국인 마음속의 안중근〉, 헤이룽장성 사회과학원 역사연구소 연구원 차제홍의 〈안중근의 ≪동양평화론≫ 및 사상 분석〉, 하얼빈 동북임업대학교 교수 이정걸의 〈안중근 의사의 뤼순일본감옥 용감한 투쟁〉, 하얼빈공업대학교 교수 조육금의 〈안중근 사건의 문화 온축〉, 하얼빈시 사회과학원 지방역사여행연구소 소장인 왕정의〈하얼빈 안중근 동양평화여행코스에 대한 탐구〉, 헤이룽장성 문사연구관 관원인 하홍의 〈각국에서 발행된 안중근 기념우표 평가〉 등이 있다.

중국에서 안중근 의사에 관한 연구는 시기별, 지역별로 나누어 살펴볼 수 있다. 시기별로는 중화민국 시기인 1910년부터 1945년까지 중국의 5·4 운동에 대한 영향, 하얼빈 의거, 선양 및 평가 연구에 집중되었다. 그리고 2009년에는 안중근 의거 100주년을 맞아 한·중 역사 일본 공동 대응, 하얼빈 의거, 동양평화론 등이 연구되었다.

지역별로 살펴보면, 하얼빈 지역은 하얼빈 의거와 선양 및 평가를 중심으로 하고 있다. 다롄 지역은 동양평화론과 유해 발굴을 주요 주제로 삼고 있으며, 기타 지역인 베이징, 상하이, 연길에서는 관동도독부 법정 투쟁과 선양 및 평가를 중심으로 연구가 이루어지고 있다. 최근에는 한족과 조선족 연구자가 현저히 감소하고 있다.

참고문헌

서명훈·강월화·김월배(2011),≪안중근 지식 문답≫, 헤이룽장 민족 출판사
〈헤이룽장 일보〉

중국에서 안중근을 소재로 한 문예 작품에는 어떤 것들이 있는가?

중국에서 안중근 의사를 주제로 한 문예 작품에는 시, 소설, 연극, 노래 등이 있다. 중국에서의 안중근 의사 및 하얼빈 의거를 찬양한 시는 다음과 같다.

❋ 중국에서의 안중근 의사 찬양 시

지은이	소개	안중근 의사 찬양 시
위안스카이 (袁世凱, 1859~1916)	중화민국 북양정부의 초대 총통	"평생을 벼르던 일 이제야 이뤘구려(平生營事只今畢) 잃어버린 땅에서 살려는 것은 장부가 아니고 말고(死地圖生非丈)/ 몸은 한국에 있어도 이름은 만국에 떨쳤소(身在三韓名萬國) 살아선 백 살이 없는데 죽어 천년을 가오리다(生無百歲死千秋)"
량치차오 (梁啓超, 1873~1929)	중국 근대 정치가, 사상가	"흙모래 대지를 휩쓸고 폭풍이 울부짖는데(黃沙卷地風怒號)/ 칼날 같은 흰눈이 헤이룽장을 덮는다(黑龍江外雪如刀)/ 다섯발자국에 피 솟구치게 하여 큰일을 이루었으니(流血五步大事畢)/ 웃음소리가 산과 달에 높이 퍼지는구나(狂笑一聲山月高) …" (장편 시 〈추풍단등곡秋風斷藤曲〉의 일부)
황지강 (黃季剛, 1886~1935)	베이징대학교 교수 역임	"… 그 종사 끝내 폐허가 됐건만/ 그의 혼백은 만민을 감동하게 했네 … 그대는 나라의 원수를 처단했으니/ 그 위훈 해와 달처럼 길이 빛나리 …" (시 〈안중근사건 소감〉의 일부)
중류(中流, 1928~2021)	하얼빈 출생. 만주족(滿族) 출신 작가	2010년, 〈안중근의 노래(安重根之歌)〉라는 장편 서사시 발표 후, 2011년, 동명(同名)의 시집을 발표. 안중근 의사의 하얼빈 의거 전 독립운동부터 순국까지를 찬양

지은이	소개	안중근 의사 찬양 시
김파 (金波, 1942~2017)	안중근 의사의 하얼빈 의거 동지 유동하의 여동생인 유동선의 아들. 하이린(海林) 출생. 작가	1999년 출판한 ≪천추의 충혼 안중근(千秋忠魂安重根)≫이란 시집에서 안중근 의사의 뤼순 순국까지의 내용을 시로 표현 시집은 '머리시', '제1장~제7장', '맺음시'로 구성

* 金宇鍾·李東源(1998), 金波(1999), 金宇鍾(2006), 中流(2010), 中流(2011), 徐明勳·康月華·金月培(2011), 이봉규·김월배·김이슬·김홍렬·김희수·민명주·이인실(2024)을 참고하여 저자 정리

  이 외에도 저우정진(周曾錦)의 〈≪안중근전≫을 읽고〉, 린수성(林樹聲)의 〈동한(東韓)열사를 노래함〉, 청산즈(程善之)의 〈금루곡−안중근을 노래함〉, 왕양(汪洋)의 〈≪안중근선생전≫을 읽고 삼가씀〉, 차스두안(査士端)의 〈≪안중근전≫에 감동되어 지음〉 등의 시를 지어 중국 사람들은 안중근 의사의 하얼빈 의거를 찬양했다[1].

  중국에서 발표된 안중근 의사를 주제로 한 소설에는 안중근 의사 전기소설과 하얼빈 의거에 대한 소설이 있다. 이에 관한 내용은 다음과 같다.

❋ 중국에서의 안중근 의사 및 하얼빈 의거를 주제로 한 소설

지은이	소설 제목	특징
정위안 (鄭沅)	≪안중근(安重根)≫	− 안중근 의사 순국 후 중국에서 최초로 출판된 안중근 의사 전기소설. 1920년 이후 출판 − 상편, 중편, 하편으로 구성. 상편은 청칭(程淸)이 쓴 〈안중근전(安重根傳)〉, 중편은 정위안이 쓴 〈안중근략사(安重根略史)〉, 하편은 부록으로 정위안이 쓴 〈한인 매국노 처단의 역사(韓人殺賣國奴之歷史)〉와 안중근 의사의 아우 안정근의 〈안정근의 피눈물의 글(安定根之血淚語)〉이 실려 있음.

---

1 金宇鍾·李東源(1998)의 p.190~223에서 시를 엮어 원문 제시

지은이	소설 제목	특징
쑹정환 (宋禎煥)	≪안중근(安重根)≫	- 전기소설 - 안중근 의사의 출생부터 순국까지를 총 8개의 장으로 구성 - 부록에는 발췌한 〈우덕순회상기〉를 실음
아청 (阿成)	〈안중근 격폐 이토 히로부미 (安重根擊斃 伊藤博文)〉	- 2000년, 〈안중근 격폐 이토 히로부미〉라는 제목으로 안중근 의사의 하얼빈 의거에 대한 단편 소설 발표 - 2002년, 아청은 위 단편 소설을 포함해, 2000년도 이후에 발표한 자신의 단편 소설들을 묶어 동명의 소설집 출간

* 宋禎煥(1985), 阿成(2002), 徐明勳·李春實(2009), 이봉규·김월배·김이슬·김홍렬·김희수·민명주·이인실(2024)을 참고하여 저자 정리

  또한, 중국에서는 안중근 의사를 주제로 한 연극·오페라·노래·그림도 있다. 중국 초대 국무원 총리를 역임한 저우언라이(周恩來, 1898～1976)와 그의 아내 덩잉차오(鄧穎超, 1904～1992)는 하얼빈 의거를 칭송하는 내용의 연극을 공연했다. 덩잉차오는 안중근 의사 역할을 맡았고, 저우언라이는 부인 김아려 역을 했다. 후에 덩잉차오는 ≪빛나는 일생(光輝的一生)≫에서 "나와 언라이는 조선의 영웅이 이토 히로부미를 척결한 일을 칭송하는 내용의 〈안중근〉(또는 〈망국한(亡國恨)〉)이라는 연극을 공연했다."라고 회상했다. 이밖에, 진화단(進化團)의 〈安重根刺伊藤博文[2]〉(1911～1912), 남사극단(南社劇團)의 〈安重根刺伊藤博文〉(1938) 등의 연극이 있으며, 중국공산당의 주요 창시자이자, 중국 '5·4운동' 지도자 중 한 명인 리다자오(李大釗, 1889～1927)가 1919년 창작한 그림자극 극본 〈安重根刺伊藤博文〉도 있다.

  안중근 의사 주제의 오페라로는 1992년, 하얼빈에서 초연(初演)된 〈안중근〉이 있다. 하얼빈가극원(歌劇院)과 하얼빈시 조선민족예술관에서 연출한 이 오페라는 당시 많은 관중의 환영을 받아, 한국과 미국에서도 공연했다[3].

---

2 安重根刺伊藤博文: '안중근 이토 히로부미를 격살하다'라는 뜻
3 이 오페라를 공연하기까지 당시 하얼빈시 문화국(哈爾濱市文化局) 국장 왕훙빈(王洪彬), 헤이룽장성

안중근 의사를 선양·추모한 노래에는 〈안중근 송가〉, 〈추모 안중근〉, 〈길이 빛나리라〉, 〈빛나라 안중근〉 등이 있다.

안중근 의사의 하얼빈 의거를 주제로 그린 그림에는 취엔우쑹(權伍松) 헤이룽장대학교 교수가 그린 〈안중근 이토 히로부미를 격폐하다(安重根義士擊斃伊藤博文)〉, 화가 장하이둥(張海東)이 그린 〈안중근 하얼빈에서의 열하루(安重根在哈爾濱的十一天)〉 등이 있다.

참고문헌

이봉규·김월배·김이슬·김홍렬·김희수·민명주·이인실(2024), ≪안중근 의사의 숨결을 찾아≫, 걸음
阿成(2002), ≪安重根擊斃伊藤博文≫, 新世界出版社
金波(1999), ≪千秋忠魂安重根≫, 黑龍江民族出版社
金宇鍾(2006), ≪安重根和哈爾濱≫, 黑龍江朝鮮民族出版社
金宇鍾·李東源(1998), ≪安重根義士≫, 黑龍江朝鮮民族出版社
李敏(1991), ≪東北抗日聯軍歌曲選≫, 哈爾濱出版社
魯朱哲(1999), ≪朝鮮民族文化研究≫, 遼寧民族出版社
南熙哲(2015), ≪抗日歌曲選集≫, 延邊人民出版社
宋禎煥(1985), ≪安重根≫, 遼寧民族出版社
徐明勳(2011), 〈哈爾濱的安重根紀念事業現狀與展望〉, ≪紀念安重根義士義擧102周年學術研討會論文集≫, ≪松花江≫, 特刊, p.41~49.
徐明勳·李春實(2009), ≪中國人心目中的安重根≫, 黑龍江教育出版社
徐明勳·康月華·金月培(2011), ≪安重根義士知識問答≫, 黑龍江朝鮮民族出版社
中流(2010), ≪安重根之歌≫, 哈爾濱文藝雜志社
中流(2011), ≪安重根之歌≫, 哈爾濱出版社
지린신문(2011.11.24.), "력사의 한페지―안중근 배역을 맡은 등영초"
中國新聞網(2014.02.11.), "鄧穎超曾參演話劇≪安重根≫ 女扮男裝飾安重根"
baidubaike(https://baike.baidu.com)

당사연구소(黑龍江省黨史研究所) 김우종(金宇鍾) 선생, 하얼빈시 민족사무위원회(哈爾濱市民族事務委員會) 서명훈(徐明勳), 하얼빈시 조선민족예술관(哈爾濱市朝鮮民族藝術館)의 강월화(康月華) 관장의 노력이 있었다.

안중근 장학금은 어떤 배경과 과정을 통해 설립되었는가?

안중근 의사 장학금은 한국과 중국에 설립되었다. 각각 그 설립 주체와 지급 대상이 다르지만, 취지는 모두 안중근 의사의 평화 사상과 정신을 선양한다는 점에서 같다. 한국에서는 대표적으로 사단법인 안중근의사숭모회에서 선발된 한국 대학생에게 지급하고 있다[1].

중국에서 운영되는 안중근 의사 장학금은 한국인이 설립하여 선발된 중국 학생들에게 지급되었다. 그 내용은 아래와 같다.

1992년 2월 한국인 당시 한양대학교 서덕근(徐德根) 교수는 중국의 하얼빈공업대학교, 헤이룽장대학교 중문과, 베이징대학교 역사학과에 '안중근 장학금'을 만들었다. 이 장학금은 세 학교 중 하얼빈공업대학교에서 먼저 시작됐다. 1991년, 하얼빈을 찾았던 서덕근 교수가 하얼빈에 안중근 의사를 기리는 기념관이 없다는 사실에 안타까워하다가 이듬해, 다시 하얼빈을 찾아 하얼빈공업대학교에 사재(私財)로 장학금을 설치하게 된 것으로 시작됐다. '안중근 장학금'은 학생들로 하여금 안중근 의사의 애국정신과 동양평화 사상을 배울 수 있는 계기가 되게 하였고, 학업 열중 및 한중 친선과 동아시아 평화에 이바지하도록 격려하였다.

서덕근 교수가 설립한 '안중근 장학금'은 다음과 같다. 하얼빈공업대학교에서는 1992년부터 2009년까지 총 18회에 걸쳐 약 480명의 학생에게 55만 위

---

1 안중근의사숭모회(https://www.patriot.or.kr)에 공개된 2001년부터 2024년까지 누적 모금액은 528,591,665원이고, 제1기(2003년)부터 제21기(2024년) 장학생에게 지급된 누적 지급액은 296,000,000원

안 상당의 장학금이 수여되었다. 헤이룽장대학교에서는 1997년부터 2009년까지 총 13회에 걸쳐 39명의 학생에게 3만 위안 상당의 장학금이 전달되었다. 베이징대학교에서는 1997년부터 2009년까지 총 13회에 걸쳐 65명의 학생에게 9만 위안 상당의 장학금이 수여되었다. 또한, 2005년부터는 하얼빈시 조선족 제1중학교 학생들에게도 이 장학금이 전달되었다.

하얼빈공업대학교에는 서덕근 교수가 설립한 안중근 장학금 외에도 또 다른 안중근 장학금이 있었다. 그것은 바로 한국과학기술연구원(Korea Institute of Science and Technology, KIST) 정동진(丁烔鎭) 부원장이 1994년 1월에 설립한 '하얼빈공업대학교 – 한국과학기술연구원 안중근장학금'이다[2].

참고문헌

金宇鍾(2006), ≪安重根和哈爾濱≫, 黑龍江朝鮮民族出版社
徐明勳(2011), 〈哈爾濱的安重根紀念事業現狀與展望〉, ≪紀念安重根義士義擧102周年學術研討會論文集≫, ≪松花江≫, 特刊, p.41~49.
徐明勳·康月華·金月培(2011), ≪安重根義士知識問答≫, 黑龍江朝鮮民族出版社
연변통보(2006.11.05.), "2006년도 안중근 장학금 전달식 거행"
안중근의사숭모회(https://www.patriot.or.kr)
한국과학기술연구원 전북 복합소재기술연구소(https://jb.kist.re.kr)
한경(1994.02.02.), "KIST, 중국 하얼빈공업대학과 공동연구/인력교류 추진"

---

[2] 한편, 한국과학기술연구원(KIST) 복합소재기술연구소와 하얼빈공업대학교는 공식 파트너를 맺고 있다(KIST Jeonbuk Institute of Advanced Composite Materials, Institutions in Partnership with KIST. https://jb.kist.re.kr:7443/eng/main/contents.do?menuNo=300115).

안중근에 관한 연구는 어떤 분야와 주제를 포함하고 있는가?

안중근 연구 범주는 거시적으로 안중근 인물, 사료, 평가 등으로 나눌 수 있다. 구체적으로 보면 다음과 같다. 김월배(金月培, 안중근 연구자)에 의하면, 현재까지 안중근 의사에 관한 연구는 양적인 측면에서 많이 이루어졌다. 기존 안중근 의사 연구에 대해서는 몇 가지로 나뉘어 볼 수 있다.

첫째, 안중근 의사 개인 일대기와 출생 및 성장과 가족에 관한 연구, 애국주의 계몽 및 교육에 관한 연구, 의병 투쟁 및 작전에 관한 연구, 하얼빈 의거, 뤼순 공판 투쟁에 관한 연구, 또한, 안중근 의사 생애 및 인생관 연구, 안중근 의거 후 가족에 관한 연구, 안중근 의사와 기타 위인 비교연구 등이 있다.

둘째, 안중근 의사 저작에 관한 연구로서는 ≪안응칠 역사≫ 및 자서전 연구, ≪동양평화론≫에 대한 연구, 안중근 사료 연구, 안중근 유묵에 관한 연구 등이 있다.

셋째, 안중근 의사 사상 및 정신에 관한 연구로서는 종교인(천주교)으로 안중근 의사 연구, 동양평화론에 대한 평화주의 안중근 의사 연구 등이 있다.

넷째, 안중근 의거 평가에 관한 연구가 있다. 안중근 의거에 관한 나라별 반응연구, 안중근 의거에 관한 신문 연구, 안중근 의거를 평가한 예술 및 문학 작품에 관한 연구, 안중근 의사에 대한 명인들의 회고 연구 등이 있다.

다섯째, 최근 안중근 의사 유해 발굴과 관련된 연구와 안중근 의사 애국주의 경제관 등이 소개되고 있다.

또 다른 연구 분류도 있다. 조광의 〈안중근 연구의 어제와 오늘〉에 따르면 다음으로 분류할 수 있다.

첫째, 안중근 관계 기초연구이다. 이는 문헌 문록 및 연구사, 학위논문, 축차 간행물 특집, 학술 발표회 논문집, 사진 사료집 – 사적지 기행이다.

둘째, 안중근 관계 단행본이 있다. 사료집, 안중근 전기, 안중근 전문 연구서 등이다.

셋째, 안중근 연구 논문이 있다. 사료 정리, 종합적 연구, 생애 및 독립운동 연구, 법정 투쟁 및 법리 연구, 천주교계 연구, 정치·사회사상 연구, 동양평화론 연구, 관계 인물 연구, 의거 인식 및 반응연구 등이다.

넷째, 문학과 예술 및 아동 문학이다. 전기 문학, 희곡·시나리오·음반·DVD, 아동 문학·위인전 등으로 구분하고 있다. 이는 〈안중근 연구 논저 목록〉에서 국내에서 연구된 안중근 관계 자료 및 연구 논저와 논설류 조사 결과이다.

이러한 연구 결과를 활용하여 안중근학(安重根學: 안중근의 지식체계)을 정립시킬 수 있다. 이 근저에는 자료 발굴과 객관적 연구가 중요하다.

참고문헌

김월배(2009), ≪안중근 애국주의 경제관 연구≫, 안중근 의거 100주년 하얼빈 안중근의사기념관

조 광(2010), ≪안중근의 동양평화론: 그 사상과 의미: 안중근 연구의 어제와 오늘 부록 안중근 연구 논저 목록≫, 국회 외교통상통일위원회 주최

안중근을 연구한 일본 저자는
누가 있는가?

일본에는 안중근 의사에 대해 저술한 저자가 있는가 하면, 이토 히로부미를 연구하며 한일 관계와 연계하여 저술한 저자도 있다.

주요 저자와 저서로는 나카노 야스오(中野泰雄)가 쓴 ≪안중근과 이토히로부미(安重根と伊藤博文), 역시, 일본의 지성이 본 안중근≫, 사키 류조(佐木隆三)가 저술한 ≪이토 히로부미와 안중근(伊藤博文と安重根)≫, 이치가와 마사아키(市川正明)[1]가 쓴 ≪안중근과 한일관계사(安重根と日韓關係史)≫, 오오노 가오루(大野芳)가 쓴 ≪이토 히로부미 암살사건(伊藤博文暗殺事件)≫, 운노 후쿠주(海野福壽)가 저술한 ≪이토 히로부미와 한국합병(伊藤博文と韓國合並)≫, 구스노키 세이치로(楠木誠一郎)가 쓴 ≪이토 히로부미 암살(伊藤博文暗殺)≫, 가미가이도 겐이치(上垣外憲一)가 저술한 ≪암살 이토 히로부미(暗殺・伊藤博文)≫, 미요시 도루(三好徹)가 쓴 ≪역사를 전하는 이토 히로부미(史伝伊藤博文)≫, 카시마 카이마(鹿嶋海馬)가 저술한 ≪이토 히로부미는 왜 살해당했나(伊藤博文はなぜ殺されたか)≫, 사이토 다이켄이 쓴 ≪내 마음 속의 안중근≫이 있다. 일본 류코쿠대학(龍谷大学) 안중근 동양평화론 센터에서는 ≪공동연구 안중근과 동양평화: 동아시아 역사를 위해 국경을 넘는 대화(共同硏究 安重根と東洋平和: 東アジアの歷史をめぐる越境的対話)≫를 출간했다. 그 외에 한석청(韓碩靑)이 쓴 소설 ≪安重根≫ 등이 있다.

---

1 이치카와 마사아키(市川正明)는 일본에 귀화한 재일 사학자 김정명(金正明, 1929~2019)이다. 영인본 ≪동양평화론≫ 전문을 찾아내 세상에 알렸고, ≪안응칠역사(安應七歷史)≫를 고증하여 안중근 사료를 적극적으로 발굴했다.

그중 대표적인 저서인 나카노 야스오가 쓴 ≪안중근과 이토 히로부미≫의 내용을 소개한다. 나카노 야스오는 1922년 도쿄에서 출생했으며, 1944년 와세다 대학을 졸업한 후 일본 아세아 대학 경제학부 교수로 재직했다. 특히 그는 책의 서문에서 다음과 같이 기술하고 있다.

> "나의 아버지는 아사히신문의 서울 특파원으로 일하면서 조선총독부의 헌병 정치를 신랄하게 비판해 왔다. 귀국 후 중의원이 된 뒤에도 태평양 전쟁 중 체포되어 자결했다. 내가 안중근 의사의 재판기록과 ≪안응칠 역사≫를 읽은 것은 5년 전의 일이지만, 내가 안중근의 이름을 처음 알게 된 것은 중학생 시절이었다. 그때 아버지는 우리 집에 함께 살았던 안씨 성을 가진 한국 청년을 '안중근'이라는 별명으로 부르곤 했던 것이다."

그는 이러한 경험을 통해 안중근 의사에 관한 관심을 가지게 된 계기를 설명했다. 또한 일본 정치 사상사에서 후쿠자와 유키치와 이토 히로부미가 모두 지나치게 높이 평가되어 있다는 점을 지적하며, 그 평가를 재조명해야 한다는 생각으로 이 책을 집필하게 된 동기를 밝혔다.

이 책은 제1장에서 사건과 재판, 제2장에서 안중근 생애의 역사, 제3장에서 사형수와 ≪동양평화론≫으로 구성되어 있다. 안중근 재판기록에 근거한 사실을 나열하며, 이토 히로부미에 대한 평가에서 '쏜 자보다 죽은 자에게 죄가 있다'라는 관점을 일관되게 유지하고 있다.

참고문헌

中野泰雄, 김영광 역서(1984), ≪일본 지성이 본 안중근(安重根與伊藤博文)≫, 경운출판사
서명훈·강월화·김월배(2011), ≪안중근 지식문답≫, 헤이룽장 민족 출판사

안중근 무죄론의 내용은 무엇이며, 이를 주장한 저자는 누구인가?

일본 도쿄 변호사 협회의 부회장 가노 다쿠미(鹿野琢見, 1919~2009)는 이모부 지바 도시치와 안중근 의사의 인연을 같이하고 있다. 지바 도시치와 안중근 의사의 교류는 한일 간의 중요한 가교 구실을 하고 있다. 지바 도시치는 일본 헌병이었다. 1909년 11월 1일부터 안중근 의사와 일행을 하얼빈에서 호송했다. 그는 1910년 3월 26일 안중근 의사가 순국하기까지 간수로서 안중근 의사와 친분을 쌓으며 깊은 감화를 받았다.

퇴역 후 일본에서 미야기현(宮城県) 와카야나기쵸(若柳町) 다이린지(大林寺)에서 안중근 영정과 같이하는 영원한 교유의 상징 역할을 하고 있다. 이러한 지바 도시치가 가노 다쿠미의 이모부이다. 가노 다쿠미는 다이린지에 안중근 의사 유묵비를 세우고, 1979년 안중근 의사 탄신 100주년을 맞아 안중근 가족사진(김아려, 분도, 준생)인 유물을 안중근의사숭모회에 기증하였다. 그는 1983년 '안중근 의사 연구회'를 창설하고 부회장을 역임했다.

가노 다쿠미는 《안중근 무죄론(安重根無罪論)》을 발표했다. 그는 이 글에서 먼저 사건의 배경을 분석한 뒤, 안중근 의거의 동기, 목적, 수단, 방법 등을 여러 측면에서 검토하며 정치적·법률적 정당성을 논증했다. 그는 "당시 한국에 대한 일본 침략 세력은 사실 이미 전쟁 상태에 처했다."라고 했다. 안중근은 의병 중장 신분으로 자기를 지키기 위한 전쟁에 참전했다. "조국의 독립과 생존을 지키기 위하여 진행한 자위전쟁은 국제법상에 정당한 행위에 속한다."라고 지적했다. "저는 안중근의 행위는 죄가 없는 것이라고 믿고 이 사건의 소송을 포기해야 할 수도 있다고 생각한다."라고 맺는 글에서 언급했다.

가노 다쿠미는 다이린지에 매번 참석했으며 다음과 같은 말을 했다. "설령 참열(參列)하는 사람이 없어져 나 한 사람만 남더라도 법요를 계속해 주시길 바란다. 그것이 지바 도시치라는 한 사람의 일본인이 경모해 마지않던 안중근의 명복을 비는 소중한 추선(追善)이자 우리 일본인의 참회가 되기 때문이다. 지바는 생전에 자주 말하기를 안은 훌륭한 인물이다. 처형되기 5분 전에 '爲國獻身軍人本分'이라고 써서 남겨주던 순간의 온기를 평생 잊을 수 없다고 했다. 이에 보답하는 길은 우리도 이웃 사람을 사랑하는 훌륭한 일본인이 되어야 한다는 것이다."

　가노 다쿠미는 안중근 의사의 복권을 목표로 사형 판결에 대한 재심 청구를 진지하게 생각했다. 일본 신문에도 그 경위가 소개되어 주목을 받았지만 결국 포기했다고 한다. 그 이유는 "일본 재판소에서 일본 법률로 시비를 다툰들 도마에 오를 것은 안중근의 행위일진대 그렇게 되면 애써 한민족의 의거에 나서 분사(憤死)한 우리의 '영웅'을 모독하는 일이 된다."라는 의견이 강했던 탓이라고 한다.

　가노 다쿠미는 1991년 3월 26일, 안중근 의사 순국 81주기를 맞아 '안중근 무죄론'을 강조하며 다음과 같이 말했다. "일본은 역사적으로 이웃 나라에 대한 태도에 잘못이 있었으며 일본의 잘못을 응징한 안중근 의사를 정당하게 평가한다면 일본은 더 크고 훌륭한 나라가 될 수 있다." 또한, 그는 〈경향신문〉과의 인터뷰에서 "일본인으로서 안중근 의사를 존경한다는 사실이 자랑스럽기만 하다."라고 밝혔다.

 참고문헌

〈경향신문〉, 2004년 4월 7일 자

일본에서 안중근을 주제로 한 문예 작품에는 어떤 것들이 있는가?

일본에서도 안중근 의사 및 하얼빈 의거가 언급되거나 이를 주제로 한 문학 작품이 있다. 일본 근대 시인 이시카와 다쿠보쿠(石川啄木, 1886~1912)가 1910년 9월에 발표한 시, 〈구월 밤의 불평(九月の夜の不平)〉에는 "(중략) 나에게 저 피스톨이라도 쏘아줬으면 이토 수상처럼 죽는 것을 보여줄걸"과 같은 구절에서 하얼빈 의거가 언급됐다. 이듬해 그가 발표한 시, 〈코코아 한 스푼(ココアのひと匙)〉(1911)에는 "나는 안다. 테러리스트의 슬픈 마음을, 말과 행동으로 나누기 어려운 단 하나의 그 마음을, 빼앗긴 말 대신에 행동으로 말하려는 심정을, 자신의 몸과 마음을 적에게 내던지는 심정을[1](중략)"와 같은 구절이 있는데, 이는 대역사건[2]의 고토쿠 슈스이에게 바쳐진 것이라는 해석이 있지만, 최근 안중근 의사를 마음에 그리고 있는 것이라는 해석도 있다[3].

또한, 소설가 타니 조지(穀譲次)가 1931년에 발표한 희곡, 〈안중근: 14장면(安重根: 十四の場面)〉은 안중근 하얼빈 의거 직전까지의 모습을 담은 작품으로, 계획 실행을 앞둔 안중근 의사와 주변 인물들과의 갈등, 안중근 의사의 계획 실행까지의 고뇌하는 모습을 표현했다.

이 외에, 소설가 사키 류조(佐木隆三, 1937~2015)는 1992년 3월 발행된 ≪별

---

1 われは知る、テロリストの かなしき心を／ 言葉とおこなひとを分かちがたき ただひとつの心を、／奪はれたる言葉のかはりに おこなひをもて語らむとする心を、／ われとわがからだを敵に擲げつくる心を
2 대역사건(大逆事件, 1910): 일본 정부는 사회주의・무정부주의자들이 천황 암살을 모의했다고 발표하고 대규모 검거한 정치 탄압 사건
3 이윤기(2005.10.07.), 牧野英二(2018) 등에서는 안중근 의사라 해석하지만, 도진순(2018)과 같이 안중근 의사가 아니라는 해석도 존재

책문예춘추(別冊文藝春秋)≫ 199호에 〈이토 히로부미와 안중근(伊藤博文と安重根)〉이라는 제목의 실화(논픽션) 소설을 발표했다.4 이 작품은 하얼빈 의거 전부터 안중근 의사와 이토 히로부미의 행적과 하얼빈 의거 전후 과정 등의 내용을 다루고 있다. 이를 집필하기 위해, 사키 류조는 이토 히로부미의 손자인 이토 마스오(伊藤満洲雄)로부터 1910년 3월 발행된 만주일일신문사(滿洲日日新聞社) 간행의 〈안중근공판속기록〉 사본 등의 자료를 얻고, 안중근 의사의 통역관 소노키 스에요시의 손녀 후쿠오카 히로코를 찾아 증언을 얻고 자료를 확인하는 등 기존에 알려지지 않았던 1차 자료들도 활용했다.

참고문헌

도진순(2018). 안중근과 일본의 평화지성, '화이부동'과 '사이비' – 千葉十七 · 德富蘆花 · 石川啄木 · 夏目漱石. 한국근현대사연구, 86, p.123~153.
사키 류조(1993), ≪광야의 열사, 안중근≫(양억관 번역), 고려원
유병관(2010). 1910년 '大逆事件'의 역사적 의미. 한림일본학(구 한림일본학연구), 16, p.27~44.
장윤미(2018). '안중근 기념'을 둘러싼 한반도 마음체계의 갈등구조. 동아연구, 75(0), p.123~167.
홍선영(2017). 일제강점기 일본문학에 나타난 '안중근': 다니 조지(谷讓次)의 희곡 「안중근:14장면」을 중심으로. 한림일본학,(31), p.102~119.
牧野英二(2018), 〈일본인이 본 안중근의 평화사상 평가(下): 동양평화와 영구평화의 실현을 위해〉, 大韓國人安重根, 46, p.22~28.
매일신문(2018.07.21.), "[정혜영의 근대문학을 읽다]이시카와 다쿠보쿠"
미디어빌(2022.09.16.), "'1000년 시인', 이시카와 다쿠보쿠(石川啄木)!"
한겨레21(2005.10.06.), "가을바람, 코코아, 테러리스트: 마에다 교수의 공동성명에서 어린 시절 읽은 이시카와의 시구를 만나다"
石川県立図書館(https://www.library.pref.ishikawa.lg.jp)

---

4 '출발점', '결행', '종언'의 3부 구성으로 총 330장 분량이었으나, 후에 일본에서 단행본으로 발행할 때는 '종언'을 추가한 4부로 구성 및 약 150장 가필

안중근 가족이 남긴 회고록이나 기록물에는 어떤 내용이 담겨 있는가?

안중근 의사에 대한 회고록은 이강, 우덕순, 안현생, 안정근 등이 남겼다. 그중 대표적으로 딸 안현생 회고록과 손자 안웅호가 기록한 ≪인간성의 위기(Crisis of Humanity)≫가 있다.

안현생의 회고록은, 1956년 월간지 ≪실화(實話)≫ 4월호에 수록되어 있다. 수기로 소개된 〈안중근 의사 따님의 수기: 거사 후에 우리 가족이 더듬어 온 길〉이라는 부제를 달고 있다. 안현생이 서울에 살면서 안중근 가족으로써의 삶과 생활, 그리고 안중근 의사에 관해 기고한 글이다. 그는 1946년 두 딸을 데리고 중국에서 서울로 돌아와 천주교의 직간접적인 도움으로 한국에 정착한다. 회고록의 구성은 안중근 의거 이후 가족의 생활사, 안중근 의사의 유언, 정착 후 생활의 어려움, 그리고 안중근 의사를 이용하는 사람들의 사회상 등을 상세히 다루고 있다.

하얼빈 의거 후 가족의 생활사에 대해서는 다음과 같이 기록되어 있다.

"세상 떠나신 선친에 대해서 여러분이 쓰신 글들을 많이 보았습니다만 저 자신이 붓을 들기는 이것이 처음입니다. 이렇게 청을 받고 붓을 드니 하고 싶은 말도 많고 머리 위에 떠오르는 지난 일도 많습니다만 무엇으로부터 말을 시작해야 좋을는지 모르겠습니다. 그러나 생각나는 대로 대충 적어보기로 하겠습니다. 선친이 돌아가신 것은 지금으로부터 46년 전 3월 26일이었습니다."

그때 나이 여덟 살이며, 고향은 황해도, 숙부 안정근은 서울 법정학교(저자

주: 양정의숙), 숙부 한 분 안공근은 진남포에서 선친이 창설한 학교 교원이라고 소개하고 있다. 김아려와 분도(문생)과 준생은 망명하고, 조모(조성녀)와 둘이서 고향에 남았다. 김아려 여사가 하얼빈 의거 이후 러시아 헌병대에서 피체되어 조사받고, 3일 동안 유치장 생활을 했다. 그 후 포그라치아에 정착한 이야기를 기술하고 있다. 그리고 다시 동청철도에 인접한 목릉으로 이사한 것과 독립운동가의 집안 방문 등을 기술하고 있다.

그리고, 안중근 하얼빈 의거를 기술하고, 안중근 의사의 "나라를 찾거든 고국에 묻어달라!"는 유언을 기술한다. 매년 안중근 의사 순국일에는 안중근 의사 묘지를 방문하는 중국인이 많다고 수록하고 있다. 이는 홍콩을 거쳐 중국에서 돌아온 사람이 전하는 바라고 쓰고 있다.

8·15 해방이 되면서 숙부 안정근이 선친의 유언대로 고국에 모시려고 했지만, 국제정세가 미료(未了)했던 관계로 뜻을 이루지 못했다고 기록했다. 광복 후 1946년 11월 1일 고국으로 돌아왔다. 그러나 남편 황일청이 한교민단(韓僑民團) 단장으로서 일을 보다가 그해 12월 4일 나쁜 사람들로부터 저격을 당해 세상을 떠나게 된 불행한 과거도 기록되어 있다.

두 딸과 함께 고국에 돌아온 안현생은 명동 성모병원으로 가서 정(鄭)의례 시나 수녀의 도움으로 의탁한 내용도 담담히 썼다. 조국을 찾은 첫날에 당한 지능적 사기로서 상하이에서 같이 온 어떤 청년이 짐 꾸러미를 전부 가져간 이야기, 불쌍히 여긴 이(李) 신부가 신학교 기숙사 방 하나를 빌려주셔서 정착 후 전구 장사를 한 이야기, 안국동에 '안생공사(安生公司)' 회사의 장사를 시작하였으나 또다시 사기당하는 이야기를 서술하였다.

또한, 안중근 의사를 역이용하는 사람들을 서술하면서 마지막 글을 마무리하고 있다.

"평소 하고 싶은 말도 많았고 느낀 바도 많았던지라 두서없는 말 길게 늘어놓은 것 같습니다. 저는 하루바삐 선친을 고국에 모실 수 있는 그날이 돌아오기를 빌면서 끝을 맺습니다."

안중근 의사의 손자 안웅호(安雄浩, 1933~2013)가 영어로 쓴 ≪인간성의 위기(Crisis of Humanity)≫도 있다. 안웅호는 UC버클리 의대를 졸업하고 미국에서 심장내과 의사로 재직하다가 2013년에 별세했다. 하와이에서 태어난 중국 광둥성 계열의 미국인과 결혼했다. 이후 심장내과 의사로 정년퇴직한 후 2001년 한국을 방문했다. 자녀로는 아들 안도용(安度勇, Tony Ahn, Jr.), 딸 리사 안, 캐런 안 등이 있다. 본인이 집필한 ≪인간성의 위기≫를 안중근의사기념관에 헌정하였다.

이 책의 서문에서 자신의 보호자이자 존경하고 사랑하는 존재인 할아버지 안중근 의사께 이 책을 바친다고 시작한다. 그리고, 본인이 태어나기 23년 전인 1910년 3월 26일 일본에 의하여 순국된 할아버지 안중근 의사의 역사는 세계가 주지하듯, 한국의 독립과 동양평화를 위하여 삶을 사셨다고 기술하였다. 또한 본문에서 자신은 1933년에 상하이에서 태어난 100% 한국인이라고 밝히고 있다. 이 책의 목차 구성은 다음과 같다.

- Ch. 1: Reinforcing Experiences From My Reality (제1장 나의 현실에서의 경험 강화)
- Ch. 2: What is Reality? (제2장 현실이란 무엇인가?)
- Ch. 3: The Human Mind (제3장 인간의 정신/사상)
- Ch. 4: The Enigma of Ego Nature (제4장 자아 본성의 수수께끼)
- Ch. 5: How Do We Acquire Knowledge? (제5장 우리는 어떻게 지식을 습득할까?)
- Ch. 6: Ultimate Holistic Reality (제6장 궁극적인 전체론적 현실)
- Ch. 7: The Defiant Manic-Depressive Era (제7장 반항적인 조울증 시대)
- Ch. 8: The Outlook of a Retired M.D. (제8장 은퇴한 의학박사의 관점/전망)

Ch. 9: Can There Be Resolution? (제9장 해결책이 있을 수 있을까?)

Ch. 10: The Legacy to Humanity (제10장 인류의 유산)

Ch. 11: The Reversal of Deja vu Interlude. (제11장 데자뷰 간주곡/막간의 반전/역전)

Ch. 12: Reinforcing Legacy to Humanity (제12장 인류의 유산을 강화)

참고문헌

안현생(1956), 擧事 後에 우리 家族이 더듬어 온 길, 월간지 ≪실화(實話)≫ 1956년 4월호
안웅호(2012), ≪인간성의 위기, crisis of humanity≫, 미간행

안중근 관련 자료를 보관하고 있는 해외 기관은 어디인가?

인간은 문자 생성 전 기억에 의존했다. 문자 발전, 인쇄 기술 발전은 기록, 아카이브 생산을 증가시켰다. 안중근 아카이브의 보존은 후대 연구에 필수적 요소이다. 안중근 의거 당시의 기록은 관동도독부 감옥서와 관련된 기관인 통감부, 일본 외무성 및 사법성과 직접적인 관련이 있다.

그리고 추후 자료 보관 국가는 일본(국회도서관, 외교사료관, 방위성 연구소, 국립공문서관 등), 중국(다롄 당안관, 다롄 도서관, 하얼빈 도서관, 뤼순일아감옥구지박물관 등), 러시아 (극동문서 보관서), 한국(국사편찬위원회, 독립기념관) 등이다. 그 면면을 구체적으로 보면 다음과 같이 주요 해외 보관 기관은 일본이다.

첫째, 외무성 외교사료관(外交史料館)이다.

1971년 4월 15일 개관하였다. 에도 막부 말기부터 1980년대 후반까지 사료 소장, 막부 말기 통신 전체 일람, 전쟁 기간 외무성 기록(명치부터 2차 세계대전 외무성 본관과 재외 공간의 전보), 외무성 의사 결정문, 외교 사료, 협약서(600건) 국서, 친서(1,100여 개 전쟁 기간) 개인 문서, 편지(전 외무대신 등 외교 관련 개인 문서, 서간류의 목록과 개요), 전후 외교 기록, 기타 소장 사료 등이 있다. 도쿄 미나토구(東京都港区麻布台1-5-3)에 있으며, 대표적인 안중근 자료 보관기관이다.

▲ 일본 외교사료관 자료 목록
(일본 외교사료관 소장)

안중근 하얼빈 의거, 관동도독부 법정 투쟁, 순국, 관련 일본 기관 간의 서신 문건 등이 수집되어 있다. 만주 일원을 비롯한 세계 곳곳의 관계 기관과 1,778건의 보고문·훈령을 주고받는다. 대표적인 자료로는 〈이토 공작 만주 시찰 일건(伊藤公爵滿洲視察一件)〉 11책 총람에 수록되어 있다.

또한, 안중근 순국지를 관할했던 행정기관인 ≪관동도독부 정황보고(政況報告) 및 잡보(雜報)≫ 자료를 확보하였다. 1906년부터 1922년까지의 상황이 기록되었다. 안중근 의사 '사형집행 명령 기록'과 '특별한 경계를 했던 상황'이 있다. 자료는 폐가식으로 발행된 목록을 보고 신청할 수 있다.

둘째, 국립국회도서관(国立国会図書館)이다.

1872년에 문부성 산하에 설립되었다. 도쿄 본관은 치요다구(東京都千代田区永田町 1-10-1)에 있다. 관서 관은 교토(京都府相楽郡精華町精華台 8-1-3)에 있다. 소장 내용은, 도서, 잡지, 신문, 영상, 지도 등이 있다. 도서 9,496,680권, 잡지 9,307,722권, 신문 4,393,611점으로, 마이크로필름이나 지도, 악보, 영상 자료, 녹음 자료, 자기 기록 자료, 회화·사진, 점자 자료 등 13,419,286점을 소장하고 있다.

1972년 발견된 시치조 기요미 문서에 필사본 동양평화론이 소장되어 있다. 하얼빈 의거와 사형, 매장지를 기록한 20여 종 신문과 마이크로필름이 있다. 또한 안중근 유묵, 가족사진 등이 소개된 신문이 있다. 안중근으로 검색하면 523건이 있다.

셋째, 국립공문서관(일본어: 独立行政法人国立公文書館)이다.

1971년 7월 설립되었으며, 주로 공문서와 역사 기록물을 보존한다. 도쿄도 치요다구 기타노마루 공원(東京都千代田区北

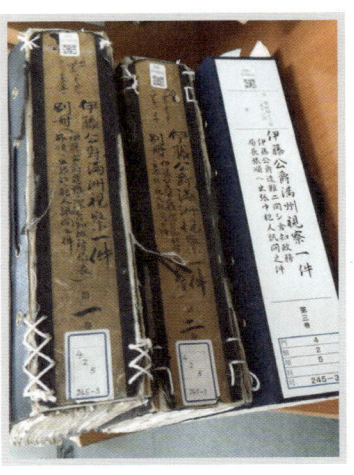

▲ 이토공 만주시찰일건 수록 사료집
(일본 외교사료관 소장)

ノ丸公園3番2号)에 개관했다. 그리고 쓰쿠바 분관(ツクバ分館, 茨城県ツクバ市 上沢6番6号)이 있다. 법인으로 국가의 행정기관 등으로 이전받은 역사 자료인 공문서 보관기관이다. 메이지 초기부터 1945년까지의 일본 정부의 중심 기록인 태정관/내각에서 작성된 4가지의 주요 기록(태정유전, 공문록, 공문유취, 공문잡찬)의 관련 부분을 건명 수준에서 발췌한 것이다. 주요 자료는 공문, 헌법, 문화재, 국가 그림지도, 문화재 서적, 문화재 한서, 주요인물 서신, 기탁문서, 내각 문서 등이 있다. 아시아 역사 자료 센터에 이관되어 검색된다.

넷째, 방위성 방위 연구소(防衛研究所)이다.

일본 국방부 정책 연구의 핵심 기관 주로 보안, 전쟁사 관련 기관으로 1952년 8월 보안청 보안 연구소로 설립되었다. 도쿄 이치가야(東京都新宿区市谷本村町5番1号)에 있다. 소장 자료는, 1958년 4월 미국 국무부 공문서 반환 문서로서, 육해군 공문류 약 159,000권(육군 사료 58,000권, 해군 사료 약 38,000권, 전쟁사 서적 약 63,000권)이 있다. 육군 사료도 있다. 명치 원년(1868)부터 1942년 공문, 기밀, 육군 만밀대일기(滿密大日記), 진중일지, 전투 상세 보고서 등이다.

해군 사료도 있다. 해군성이 편집한 1876년부터 1936년까지 공문서, 교육, 함선, 무기, 청일전쟁, 러일전쟁, 제1차 세계대전, 대동아전쟁 전투 기록 등이다. 안중근 의사 의병 관련 기록이 있다. 아울러 윤봉길 의사 사형 집행 관련 기록도 있다. 방위성 연구소 사료관계실에 안중근(安重根)으로 검색하면 28건이 있다.

그리고, 4기관을 통합한 아시아 역사 자료 센터(アジア歴史資料)가 있다. 거기에 안중근으로 검색하면 35건이 검색된다.

중국 국가당안국은 1954년에 전국인민대표대회 상무위원회에서 국무원 직속으로 설치되었다. 중앙당안관과 지방당안관으로 나누어진다. 중국 정부의 각종 공문과 주요 서적, 신문 등을 소장하고 있다. 다롄시 당안관에는 뤼순일아감옥구지박물관의 불탄 자료가 있다. 1971년에 지금 뤼순일아감옥

▲ 뤼순일아감옥구지박물관 소장 사료 목록

구지박물관 주자창 부지에서 발견되었다. 마지막 감옥 소장 타고지로가 1945년 8월 15일 전후 3일간 불태웠던 자료이다.

참고문헌

일본 외교사료관
일본 공문서관
일본 국립국회도서관
김월배 외(2015), ≪안중근 의사 유해를 찾아라≫, 스토리하우스

제 6 부

미래(未來)

유해, 평가, 쟁점

安重根 바로 알기,
묻고 답하다

안중근의 유해는 어디에 있는가?

안중근 의사의 유해 위치는 현재 정확히 특정되지 않았다. 한국 정부에서는 세 곳을 언급하고 있다. 2008년 한중 공동으로 유해를 발굴했던 뤼순감옥 뒤쪽 위안바오산(元寶山), 중국이 단독으로 발굴했던 샤오파오타이산 흙산, 둥산포(뤼순감옥 공동묘지)이다. 1910년 3월 26일 순국 당시의 몇 가지 기록을 살펴보자.

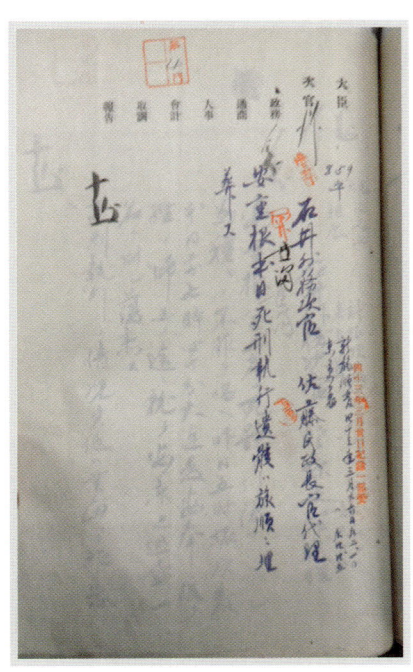

▲ 안중근 의사 본일 사형 집행 뤼순 매장(일본 외교사료관 소장)

첫째는 '안중근 뤼순 매장'이다.

안중근 의사가 사형되기 직전에 이미 안중근 의사 매장할 곳을 뤼순으로 지정해 보고된 내용이 있다. 1910년 3월 22일 오전 11시 30분, 관동도독부 민정장관이 통감부 앞으로 '안중근 사형집행에 관한 건'이라는 문건을 보냈다. 이 문건에는 안중근 의사의 사형집행일 변경 이유를 관동도독부에 신청한 내용과 함께, 3월 26일에 사형을 집행하고 유해를 뤼순에 매장한다는 전보 114호가 포함되어 있었다. 원래 사형은 3월 25일에 집행할 예정이었으나, 이 날이 대한제국 황제의 탄생일에 해당해 대한제국 국민의 반감을 살 우려가 있다는 이유로 관동도독부에 날짜 변경을 요청했다. 관동도독부는 3월 26일에 사형을 집행하고 유해를 뤼순에 매장할 예정이라는 답전을 보냈다.

둘째는 '안중근 금일 사형집행, 뤼순 매장'이다.

관동도독부의 사형집행 보고서를 통해 안중근 의사의 매장지를 뤼순으로 확신할 수 있다. 2010년 3월 22일, 국가보훈부는 일본 외교사료관이 소장하고 있는 〈관동도독부 사형 집행 보고서〉(1910.03.26.)의 원형 영인본 두 장을 발견해 이를 공개했다. 보고자는 관동도독부 민정장관 대리(關東都督府 民政長官 代理) 사토 토모구마(佐藤友熊)였으며, 수보자(修補者)는 외무대신 고무라 주타로(小村壽太郎)와 외무차관 이시이 기쿠지로(石井菊次郎) 등 두 명이었다. 보고 내용은 두 가지로, 하나는 '본일 사형집행'이고, 다른 하나는 '안중근 금일 사형집행, 뤼순 매장'이었다. 이 기록을 근거로 안중근 의사의 매장지는 뤼순으로 확인된다.

셋째는 '감옥서 묘지 매장 내정'과 '오후 1시 감옥서 묘지 매장'이다.

당시 통감부 통역촉탁(通譯囑託) 소노키 스에요시가 보고한 '안중근 집행 상황'에 따르면, 안중근 의사의 유해에 대한 관동도독부의 명령이 1910년 3월 22일에 도착했으며, 3월 25일에 집행할 예정이었다. 그러나 순종의 생일인 25일 건원절을 고려해 26일에 집행했다. 여기서 중요한 점은 안중근 의사의 유해를 유족에게 인도하지 않고 감옥에서 이미 묘지에 매장할 것을 내정했다고 보고했다는 점이고 내용은 다음과 같다.

"오늘 당 고등법원(當 高等法院) 검찰관이 사형 집행 명령을 도독(都督)에게 품신(稟申)한 사정은 우선 전보로 보고한 대로이며, 위에 대한 도독 명령서는 이달 22일에 도착해 동 25일에 집행할 것이고, 또 형벌을 받은 후 안(安)의 신병은 감옥법 제74조에 의해 공안 상, 이를 유족에게 하부하지 않음을 인정하고 당 감옥서는 묘지에 매장할 것으로 모두 내정했으므로 위에서 말한 것을 참고삼아 보고합니다."

또한 〈별지 안중근 사형집행 상황〉에 보면 더욱 자세하게 순국 상황과 순국 후 안중근 의사 유해에 대한 정확한 매장 시간과 매장 지역이 명기돼 있다.

살인 피고인 안중근에 대한 사형은 26일 오전 10시 감옥서 내 사형장에서 집행되었다. 그 요령은 아래와 같다. 조금 전 10시에 미조부치 검찰관, 구리하라 전옥(典獄) 및 본인 등이 형장(刑場) 검시실에 착석함과 동시에 안을 끌어내어 사형집행의 뜻을 고지하고 유언의 유무를 질문함에 대해, 안은 달리 유언할 말은 없으나 본디 자기의 행동은 오로지 동양의 평화를 꾀하기 위한 성의(誠意)에서 나온 일이므로, 희망하건대 오늘 임검(臨檢)하는 일본 관헌 여러분도 부디 나의 작은 뜻을 헤아려 피아 구별 없이 합심 협력하여 동양의 평화를 꾀하기를 절실히 바랄 따름이라고 진술했으며, 또한 이때에 임하여 동양평화 만세를 삼창하고자 하니 특히 청허해 주기 바란다고 말하였으나 전옥은 그것이 불가한 뜻을 설명하고 간수를 시켜 바로 백지와 백포(白布)로 그 눈을 가리게 하고 특별히 기도를 허가하니 안은 약 2분 간여의 묵도를 행했다.

이윽고 2인의 간수에게 인도되어 계단에서 교수대에 올라 조용하게 형의 집행을 받았다. 때는 10시 4분으로, 동 15분이 되어 감옥의(監獄醫)가 죽은 모습을 검사하고 절명의 뜻으로 보고하니 이에 집행을 종료하고 일동 퇴장했다.

10시 20분에 안의 사체는 특별히 감옥서에서 제조한 침관(浸棺)에 넣고 백포를 덮어 교회당으로 옮겼는데, 이윽고 그 공범자인 우덕순, 조도선, 유동하 3명을 끌어내

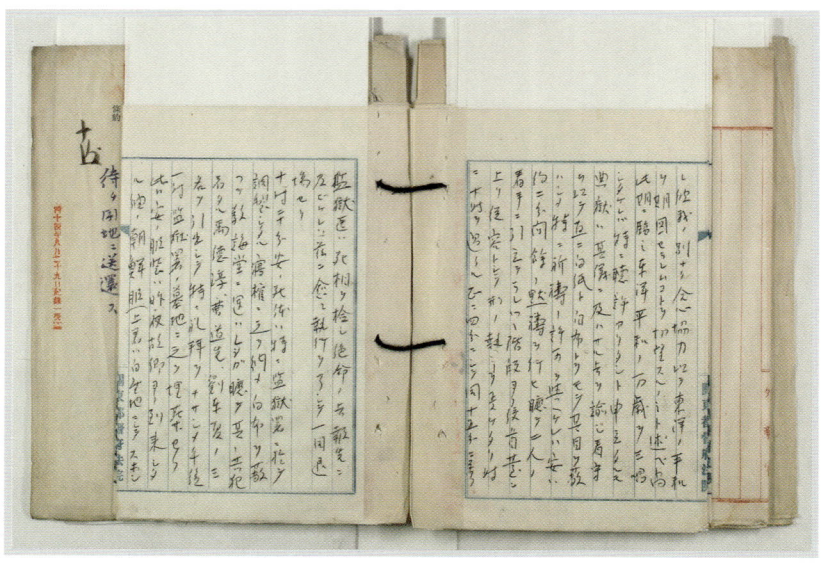

▲ 소노키 스에요시 보고에 안중근 의사 사형 과정과 매장 기록(일본 외교사료관 소장)

어 특별히 예배하게 하고, 오후 1시에 감옥서 묘지에 매장했다.

이날 안의 모든 복장은 지난밤 고향에서 보내온 명주의 조선복(상의는 흰 천이며 바지는 흑색의 것)을 입고 품에 성화(聖畫)를 품고 있었는데, 그 태도는 대단히 침착하여 안색과 언어에 이르기까지 평상시와 조금의 차이도 없이 종용 자약(自若)하고 깨끗하게 그 죽음으로 나아갔다.

또한 안이 수감 중에 기고한 유고 중 전기(傳記)는 이미 탈고했으나 ≪동양평화론≫은 총론 및 각론 1절에 그쳐 전체의 탈고를 보지 못했다.

위와 같이 보고하는 바입니다.

통역 촉탁 통감부 통역생 소노키 스에요시

넷째는 '안중근의 시체는 감옥 묘지에 특별 침관에 넣어 매장'이다.

일본 신문 기사를 보면, 1910년 3월 27일 자 〈오사카 마이니치신문(大阪每日新聞)〉에는 뤼순에서 받은 27일 자 전보를 인용해 '유해는 오후 1시 공동묘지에 매장'이라는 기사가 있었다. 이 외에 △1910년 3월 28일 〈오사카 마이니치신문〉 '안중근의 시체는 감옥 묘지에 특별히 침관에 넣어 매장', △1910년 3월 27일 〈모지신보(門司申報)〉 '유골은 감옥 공동묘지에 매장'(뤼순전보, 26일), '안중근 시체는 감옥 묘지에, 특히 관에 넣는 특별대우 받고 매장'(다롄전보, 26일), △1910년 3월 28일 〈도쿄일일신문(東京日日新聞)〉 '유해는 뤼순감옥 묘지에 매장'(다롄전보, 26일), △1910년 3월 29일 〈만주신보(滿州新報)〉 '사체는 오후에 감옥 공동묘지에 매장', '안중근의 사체를 오후 감옥 공동묘지에 묻었다.'(뤼순지국, 26일), △1910년 3월 27일 〈만주일일신문(滿州日日新聞)〉 '안중근 사체는 오후 1시 감옥 공동묘지에 묻었다.' 등이 있다.

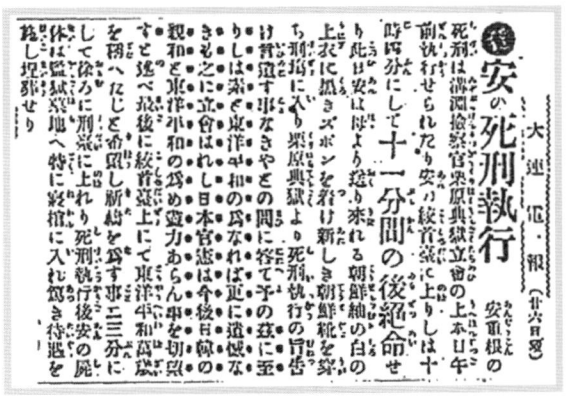

▲ 〈모지신보〉 안중근 사형 집행 기사에 '감옥묘지'라고 표기됨

다섯째는 '뤼순감옥 공동 장지에 매장'이다.

이는 대한제국 시기 〈신한국보(新韓國報)〉 기사에 게재된 내용으로 〈신한국보〉 1910년 4월 19일 자에 따르면, '안 씨 장지'라는 기사 제목으로 '안 씨의 유체는 고국으로 귀장함을 불허하는 고로 뤼순감옥 공동 장지에 매장했다.' 라고 보도했다.

여섯째는 '뤼순감옥 내장지(旅順監獄內葬地)'이다.

황현(黃玹, 1855~1910)은 1894년(갑오년)부터 1910년(경술년)까지의 역사를 일자별로 기록한 역사서 ≪매천야록(梅泉野錄)≫에서 안중근 의사의 매장지를 언급하고 있다. 안중근 의사가 순국한 해인 1910년 9월 10일, 대한제국 시기의 대표적 선비였던 황현은 나라를 잃은 슬픔을 곱씹으며 절명시(絶命詩)를 남기고 자결했다. 황현의 ≪매천야록≫ 6권 〈융희(隆熙) 4년〉 편에는 안중근 의거에 대해 다음과 같이 기록되어 있다.

안중근의 가인(家人)이 중근의 유언으로 하얼빈에서 귀장(歸葬)하려 했으나 왜인이 불허해 뤼순감옥 내 장지에 장사했다. 중근이 죽음에 이르러 국권이 회복되기 전에는 고국으로 옮겨 장사하지 말라 부탁했으므로 하얼빈에 묻으려 했는데, 남긴 뜻으로 서럽게 울었다고 한다. 서울 사람이 중근의 화상(畵像)을 매입해 열흘에 천금을 얻었으나 왜인이 그것을 금했다. 중근은 유시(遺詩, 죽은 사람이 남긴 시) 두 구절에 "장부는 비록 죽을지라도 마음은 철과 같고, 의사는 위태함에 이르러도 기운은 구름과 같다."라고 했다.

安重根 家人欲依重根遺言, 歸葬哈爾濱, 倭人不許, 使葬於旅順監獄內葬地, 蓋重根臨死, 託以國權未復之前, 勿返故山, 可殯於哈爾濱, 以志遺慟雲, 京師人買重根畵像, 旬日得千金, 倭人 禁之, 重根遺詩二句曰, 丈夫雖死心如鐵, 義士臨危氣似雲

황현은 안중근 의사의 유언과 유해 매장에 대해 명확히 밝히고 있다. 안중근 의사 매장은 뤼순감옥 내 장지(葬地)라는 것이다.

앞에서 언급된 내용들, '안중근 뤼순 매장', '안중근 금일 사형 집행, 뤼순 매장', '감옥서 묘지 매장 내정', '오후 1시 감옥서 묘지 매장', '안중근의 시체는 감옥 묘지에 특별히 침관에 넣어 매장', '뤼순감옥 공동장지에 매장', '뤼순감옥 내장지'에서 찾을 수 있는 공통점은 '안중근 의사 감옥서 묘지 오후 1시 매장'이 공통어다. 즉, 결론적으로 당시(1910년) 안중근 의사의 매장지는 '뤼순' 그리고 '관동도독부 감옥서 묘지'이다.

참고문헌

일본 외교사료관, ≪이토공작만주시찰일건≫
황현, ≪매천야록≫
각종 일본신문

안중근 유해 발굴 진행은 어떻게 되고 있는가?

　1879년 9월 2일, 안중근 의사는 황해도 해주에서 출생했다. 1909년 10월 26일, 그는 이토 히로부미를 하얼빈역에서 주살했다. 같은 해 11월 1일, 하얼빈에서 출발하여, 헌병 12명, 경찰관 16명 호위하에 11월 3일 오전 10시 관동도독부 감옥서에 도착해 수감되었다. 1909년 12월 27일, 사카이 경시의 제12차 신문에서 안중근 의사는 하얼빈 공원, 즉 이토 히로부미를 주살한 장소에 자신의 시신을 묻어줄 것을 원한다고 밝혔다.

　"사람들 중 혹자는 나에게 암살 자객의 이름을 붙이는 자가 있느냐고 묻곤 하는데 그 말은 무례하다. 나는 정정당당하게 이토의 한국 점령에 대항한 지 3년, 각지에서 의로운 군대를 일으켜 고전분투 끝에 마침내 하얼빈에서 승리를 거두어 그를 죽인 독립군의 대장으로 여기에 모든 것을 걸었던 터이다. 하얼빈에서 이득을 올린 독립군의 공명정대한 행동은 아마 각국 사람들의 시인을 얻을 수 있을 터, 바라는 바는 이 땅에 시신을 묻어 평소의 뜻을 관철하고 커다란 국기를 높이 걸어 빛을 발하도록 하는 것이다."

　1910년 3월 10일, 안중근 의사는 아우 안정근과 안공근에게 최후의 유언을 남겼다. 같은 해 3월 26일 오전 10시 15분에 순국하였으며, 관동도독부 감옥서 묘지에 매장되었다. 1946년에는 서울 용산 효창원에 안중근 의사의 가묘가 조성되었다. 1948년, 김구 주석이 북한의 김일성 위원장을 만나 안중근 유해 발굴을 요청했으나 거절당했다. 1986년 7월 27일부터 8월 7일까지 북한 측 인사 5명이 안중근 유해 발굴을 위해 다롄, 뤼순, 둥산포를 참관 조사했으나 유해를 찾지 못하고 돌아갔다. 조카 안우생도 유해 발굴에 참여했다. 1993년 8월, 한중 외무차관(外務次官) 회의에서 안중근 유해 발굴 협조를 요청하였다. 1995년 4월에는 외무부를 통해 한중문화협정 발효에 따라 중국 측에 유해 발굴 조사를 협조 요청하였다. 2004년 5월, 국가보훈처장은 중국 정부를 방문하여 안중근 유해 발굴 사업을 남북 공동으로 추진하기로 합의하였다.

2006년 6월 7일부터 11일까지 남북한이 안중근 유해의 위치를 확인하기 위한 조사를 진행한 후, 위안바오산으로 결정하였다. 2008년 3월 25일부터 4월 2일까지 1차 한중 안중근 유해 발굴을 위안바오산에서 진행하였다. 그리고 2008년 4월 10일부터 4월 29일에 한중 안중근 유해 발굴을 위안바오산에서 2차로 진행했다. 발굴에는 한국 측 14명과 중국 측 4명이 참여하였다.

그러나 안중근 유해는 발견되지 않았다. 이후 '선자료 후발굴' 원칙을 주장하게 되었다. 2008년 4월, 국가보훈처는 외교 채널을 통해 일본 정부에 안중근 유해와 관련된 기록을 정식으로 요청했으나, 일본 측은 관련 자료가 없다고 답변했다.

2010년 4월, 안중근 순국 100주년을 계기로 국가보훈처에 '안중근 유해 발굴 추진단'을 설치했다. 그리고 같은 해 5월, 한중 외교 장관 회담에서 안중근 매장 추정 지역의 발굴에 대한 협조를 요청했다. 이에 양제츠(楊潔篪) 중국 외교부장은 "중국은 양국 간 우호 관계의 관점에서 그간 안중근 유해 발굴에 여러 차례 적극적으로 협조한바, 현재로서는 별다른 진전이 없으나 새로운 실마리가 있다면 계속 필요한 협조를 제공할 것이다."라고 답변했다.

2014년 11월 5일, 국가보훈처 담당 과장과 주무관은 안중근 연구자 김월배, 충북대학교의 박선주, 한국 외교부 관계자와 함께 중국 외교부 아시아사 사장(司長)을 면담하고 안중근 의사의 유해 발굴에 대해 설명하였다. 이에 대해 중국 측은 남북한이 공동으로 신청하면 고려해 보겠다는 의견을 제시하였다.

이후 2023년 9월 6일, '안중근의사찾기 한·중민간상설위원회(弘揚安重根義士精神 中·韓民間常設委員會)'가 설립되었다. 또한, 광복 80주년을 맞이하는 2025년 1월 16일, 국가보훈부(승격됨)는 정부 업무 보고에서 '안중근 의사 유해 발굴을 위한 민관실무협의체' 운영으로 유해 발굴의 실질적인 성과를 거두겠다는 의지를 피력했다.

 참고문헌

김월배·김이슬 외(2022)≪유해사료, 안중근을 찾아서≫, 진인진
국가보훈부 2025년 업무보고

안중근 가족의 유해는 어떤 상태로 관리되고 있는가?

　안중근 의사는 1879년 9월 2일(음력 7월 16일) 황해도 해주부 수양산 광석동에서 부친 안태훈과 모친 조성녀 사이에서 3남 1녀 중 장남으로 태어났다. 그의 형제는 동생 안정근, 안공근, 그리고 여동생 안성녀(1881~1954, 루시아, 배우자 권승복, 묘지 부산 남구 용호동 백운포)이다. 본관은 순흥으로, 시조 안자미(安子美)의 30세손이며, 고려조 명현 안향의 26대 자손이다. 할아버지는 진해 현감을 지낸 안인수(배우자 고씨, 안나)로, '안중근 혈투기'에서는 그를 '지방의 무반호족'으로 묘사하고 있다.

　안중근의 고조부인 안지풍(安知豊) 때의 일이다. 5대조 안기옥은 벼슬을 하지 못했지만, 그의 아들들인 안영풍(安永豊), 안지풍(安知豊), 안유풍(安有豊), 안순풍(安順豊) 등 4형제는 모두 무과에 급제하였다. 또한, 증조부인 안정록(安定綠)도 무과 급제자였다.

　안중근은 1894년 김아려(상하이 사망, 공동묘지 매장)와 혼인하였다. 조부 안인수는 1892년에 별세했다. 안중근 의사의 장녀 안현생(테레사, 남편 황일청, 서울 서대문구 북아현동 별세, 묘소 수유리 아카데미 하우스)은 1902년에 태어났다. 1905년 장남 분도(본명 문생, 1905~?, 헤이룽장 목릉 사망)가 태어났다. 1907년에는 차남 안준생(그레고리오, 부인 정옥녀, 묘소 경기도 포천묘원 부부 합장)이 태어났다.

　안중근 가족들의 묘지 현황을 살펴보자.

　첫째, 북한에 있는 고향에서 확인이 필요하다. 조부 안인수와 조모 고씨는 모두 황해도에서 별세하여 매장되었을 것으로 추정된다. 부친 안태훈 또한

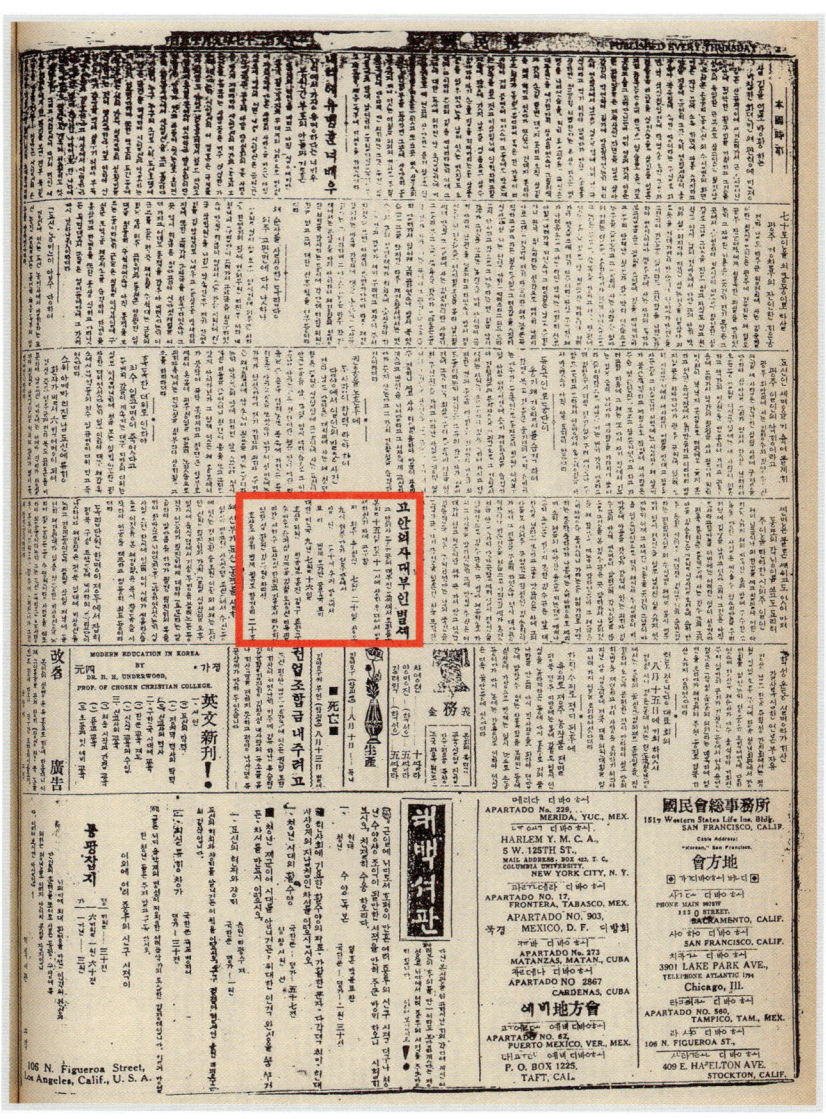

▲ 고 안의사 대부인 별세 기사(〈신한민보〉 1927년 9월 15일 자)

황해도에서 별세하여 매장되었을 것으로 추정된다. '추정'이라는 표현은 아직 확인되지 않았음을 의미한다. 그렇기에 이들의 묘소는 북한에서 확인이 필요하다.

둘째, 중국 지역을 확인해야 한다. 모친 조성녀 여사는 1927년 7월 15일 오후 11시 위암으로 별세했다. 추모 장소는 상하이 삼일당이며, 유해는 발견되지 않았다.

김자동 대한민국 임시정부 기념사업회장의 회고에 따르면, 조성녀 여사는 1927년 7월 상하이에서 별세하여 프랑스 조계 내 외국인 묘지인 루자완 공묘(盧家灣公墓)에 안장되었다. 이 묘지는 현재 도시 개발로 인해 사라졌다. 1950년대 말로 기억되는데, 홍콩에서 발간되는 영어 일간지 〈사우스차이나 모닝포스트〉에서 상하이시 정부가 외국인 유족들에게 묘소 이전을 요청하는 광고를 본 적이 있다. 이후 당시 상하이에 거주하던 교민들로부터 교민회가 주동이 되어 항일 투사들의 유골을 화장 처리한 뒤 쉬자후이 만국공묘(現 쑹칭링 능원)로 이장했다는 이야기를 들은 바 있다. 그러나 그 과정에서 조 여사와 몇몇 혁명 지사의 유해는 빠뜨린 것 같다고 회고하고 있다.

부인 김아려 여사는 1946년 2월 27일 별세하였으며, 상하이 징안스 공동묘지에 묻혔다고 전해진다. 유해는 발견되지 않았다.

동생 안정근은 1949년 3월 17일 중국 상하이에서 병사했고 징안스 공동묘지에 묻혔다. 안정근의 묘소에 부인 이정서 여사와 딸 안미생이 참석한 사진이 있으며 유해는 발견되지 않았다. 동생 안공근은 1939년 5월 30일 충칭에서 암살당했다. 암살의 배후는 여전히 밝혀지지 않았으며, 유해는 발견되지 않았다.

안중근 의사뿐만 아니라 조성녀(위암 사망), 김아려, 안정근(병사), 안공근(행방불명), 안명근(병사)의 유해도 현재 남아 있지 않다. 징안스는 정안사(靜安寺)를 의미하며, 중국 상하이 징안구 난징시루 1686번지에 있는 불교 사원이다. 징안스 공묘는 상하이 쉬자휘에 있는 불교사찰 앞에 있었다. 그러나 1953년 도심 재개발로 인해 이 공묘는 징안 공원으로 바뀌었고, 이후 다창진(大場鎭) 다창공묘(大場公墓, 上海 寶山區 南大路)로 이장되었다. 현재 다창공묘는 당시 입구 건축물과 표지석만 남아 있으며, 공장으로 변해 있다.

셋째, 한국에서 확인한다. 안중근 의사의 여동생 안성녀의 묘지는 부산에 있다. 둘째 아들 안준생은 포천 공원묘지에 안장되어 있다. 장녀 안현생의 묘지는 서울 강북구 수유리 아카데미 하우스에 있다.

▲ 징안스 공동묘지

참고문헌

김월배·판마오중(2014), ≪안중근은 애국-역사는 흐른다≫, 한국문화사

한국인은 안중근 하얼빈 의거를 어떻게 평가하고 있는가?

당시, 대한제국에서는 안중근 하얼빈 의거에 대해, 장거(壯擧)로 여기며 기뻐했다[1]. 해외 거주 한인들도 "이등(이토 히로부미)이 이미 죽었으니 우리 이천만 동포의 독립을 도모할 때는 지금이로다."라고 선언하며 하얼빈 의거에 대해 기뻐했으며(《신한민보》(1909.11.03.), "하와이 동포의 선언"), 안중근 의사의 정신을 다양한 방식(교육, 노래, 연극 등)으로 이어 갔다[2]. 한편, 시간이 지나면서 일본의 한국에 대한 강압 정책이 더욱 심화될 것이라고 우려하는 지식인들의 의견도 있었다[3].

---

1   1) 황현(黃玹)의 《매천야록(梅泉野錄)》 융희(隆熙) 4년(1910년) 기록에 따르면, 안중근 의사 사진이 순식간에 많이 팔려 일본인들이 판매를 금할 정도. 2) 일화: 市川正明(1979)에 따르면; ① 경기도 부평군(現, 인천광역시 계양구 계산동) 사립 계창학교(桂昌學校, 1912년 부평공립보통학교(現 인천부평초등학교)에 병합) 교감 박병빈(朴炳彬)은 1909년 10월 27일, 이토 히로부미 주살 소식을 듣고 크게 기뻐하며, 병상에 있던 동료 임장순(任將淳)에게 알리자 병을 잊고 일어나 안중근 의사를 칭송, 동료 조관배의 집에서 축하연을 열고, 일본인 교사를 초대했으나 응하지 않자 재차 참석을 권함. ② 경기도 통진군 봉성면(現 김포시 하성면 일부로 통합) 공립학교 교직원들은 1909년 11월 1일, 개식식을 명목으로 이토 히로부미 주살에 축배를 듦. ③ 인천 로마 가톨릭교회 소속 이효현, 김장택 등은 1909년 10월 27일 밤, 신도 24명과 함께 축하회를 엶.

2   1) 중국 거주 한인들은 안중근 의사를 매개로 중국 사람들과 우호의 관계를 맺음. 1923년, 한중호조사(韓中互助社)는 상하이 중국기독교청년회당에서 안중근 의사 연극을 함(신운용, 2009).
    2) 러시아 거주 한인들은 하얼빈 의거에 대해 고무된 반응. 1909년 10월 15일, 포그라니치니(Пограничный)관구 법원 검사에게 전달된 "한인들"이라고 서명된 전보에 "하얼빈 한인 거류민단 만세, 만세, 만세"라는 내용이 담겨 있었다(D. 밀러의 메모, 〈1909년 10월 14일 이후 이토 공작 살해와 관련한 사건의 경과〉, 하르빈, 1909년 11월 8일, 러시아국립역사문서보관소, 폰드 560, 오피시 28, 델로 422, p.23~24, Bella B. Pak(2020), 〈대한 애국자 안중근의 영웅적 의거에 대한 러시아에서의 반향〉, 한국독립운동사연구, p.259 재인용).

3   계남학교(桂南學校) 교장 이명헌(李命憲)은 "이토를 암살해도 일본의 한국에 대한 정책이 완화되는 것이 아니라, 오히려 어떤 요구를 받는 계기가 되었다"라고 평했고, 윤백헌(尹百憲)을 비롯한 일부 계남학교 설립자는 "안중근의 거사는 한국을 위하는 충정에서 나온 것이겠지만, 오히려 한국을 위험에 빠뜨렸다"라고 함(市川正明, 1979).

제6부 미래(未來)

▲ 하얼빈 의거를 묘사한 기사(<신한민보> 대한융희 3년 11월 2일 자)

하얼빈 의거 직후, 당시 대한제국 신문에서도 이에 대해 보도했다. 〈대한매일신보(大韓每日申報)〉에서 하얼빈 의거에 대해 "이등공 죽었다"(1909.10.27.), "이등공 살해"(1909.10.28.), "이등공 운구"(1909.10.28.) 등의 기사를 내며 하얼빈 의거에 대해 활발히 보도했다. 이후, 안중근 의사 애국심이나 성품, 기개 등을 높이 평가하는 논조의 내용도 아래와 같이 보도했다.

❋ 하얼빈 의거 후 〈대한매일신보〉에 보도된 안중근 의사에 대한 높은 평가

표제	보도 날짜	내용
안중근 소식	1909.11.09.	"이토 공을 살해한 안중근과 연루자 팔 명을 창춘에 있는 일본 헌병 분견소 헌병 십이 명과 경부와 순사 등이 다롄으로 호송하여 갔는데 안중근 나이 삼십일세…조금도 두려워하는 기색이 없고…"
안중근 내력[4]	1909.12.03.	"성품이 맹렬하여 어렸을 때부터 사냥하기를 좋아하여 험한 산에 왕래하기를 용이하게 하며 산에서 자기도 하고 총 쏘는 법이 기이하여 백발백중하는 터인데, …보안회가 창설되었거늘 안중근이 그 회에 입참(入參)하고자 하여 그 회 회장을 찾아가 보고 시국사를 담론하더니 그 회장이 목적을 물으매 안중근이 대답하기를 내가 임권조(林權助)[5]를 벌하려고 장정 이십 명을 준비하였으니 회중에서 삼십 명만 차출하여 도합 오십 명으로 결사대를 조직하면 임권조 죽이기는 여반장(如反掌)이라 한데 회장 이하 모두 묵묵부답하매 안중근이 박장대소하며 말하기를 버러지 같은 인생이 여러 천 명의 두령 노릇을 어찌하리오 하고 즉시 떨치고 일어나서 해삼위[6]로 들어가서 비밀히 행동을 하다가 이번 일을 하였다더라"
안중근 소식	1909.12.05.	"…안중근은 말하기를 나라를 위하는 애국자는 처자를 생각하지 아니한다 하여 이토공 살해한 일에 대하여는 관계자가 전혀 없고 자기 혼자 한 일이라 하는데 안중근은 본래 술을 대단히 좋아하더니 전년부터 한국이 독립하기 전까지는 술을 끊기로 맹세하였다더라"

* 〈대한매일신보〉(1909.11.09./1909.12.03./1909.12.05.) 기사를 바탕으로 재정리

---

4   샌프란시스코 〈신한민보〉에서는 이 기사를 1909년 12월 29일 자 "안둥근씨의 내력"에 전재
5   하야시 곤스케(林權助, 1860~1939), 주한일본공사, 일본군 제12사단장 이노우에(井上)와 함께 한일(韓日議定書) 체결을 강압함.
6   해삼위(海參威), 블라디보스토크

이 외에 해외 한인 신문에서도 하얼빈 의거에 대한 보도[7] 및 안중근 의사에 대한 긍정적 논조의 내용을 실었다[8]. 언론 보도뿐 아니라, 한국의 저명한 인물들도 후에 안중근 의사의 하얼빈 의거에 대해 시를 짓거나 휘호를 남기며 안중근 의사를 숭모하는 마음을 표현했다.

※ 안중근 의사 하얼빈 의거에 대한 저명 한국 인물의 평가

이름	소개	안중근 의사 추모글	설명
김택영 (金澤榮, 1850~1927)	민족사학자. ≪안중근전(安 重根傳)≫ 저술	"평안도 장사 두 눈을 부릅뜨고 염소 새끼 죽이듯이 나라 원수 죽였다네. 안 죽고 살았다가 이 기쁜 소식 들을 줄이야. 덩실덩실 춤 노래 한바탕 국화조차 우쭐거리네. 해삼위 큰 매 하나 하늘 쓸고 돌더니만 하얼빈 역두에 불벼락 떨어졌네. 육대주 영웅호걸들 추풍에 수저를 떨구었으리…"	〈의병장 안중근이 나라 원수 갚았다는 소식을 듣고(聞義兵將安重根報國讎)〉 라는 제목의 시
박은식 (朴殷植, 1859~1925)	대한민국임시 정부 2대 대통령. 민족사학자. ≪안중근전(安 重根傳)≫ 저술	"안중근의 역사에 근거하여 그를 평가할 때 대한사람은 몸 바쳐 나라를 구한 지사라 하였고 또는 한국을 위해 복수한 열렬한 협객이라고 하였다. 나는 이런 찬사에 그친다면 미진한 바가 있다고 생각한다. 중근은 세계적 식견을 갖춘 평화의 대표를 자임한 사람이다."	≪한국통사≫ 서문에 안중근 의사를 평가한 내용

---

7 샌프란시스코 〈신한민보(新韓民報)〉에서 하얼빈 의거에 대한 활발한 보도가 있었다. 1909년 10월 27일 자 '이등피살속문(伊藤被殺續聞)', '이등피살어만주(伊藤被殺於滿洲)', '일아외교가의회동(日俄外交家의會同)', "세계일보지논평(世界日報之論評(이등이가 한인에게 암살당한 쾌한 소문))"; 1909년 11월 3일 자, "이등박문 격살휘보(擊殺彙報) - 격살박문"
8 하와이 〈신한국보(新韓國報)〉는 '스티븐스 저격 사건(1908.03.23.)' 때와 마찬가지로 "망국 조국을 위한 애국자의 복수"라 논평하며, 안중근을 크게 칭송하고 일본과 이토 히로부미를 맹렬히 비난하는 데에 1909년 11월 2일 자 제35호 전체를 이에 할애, 블라디보스토크의 〈대동공보(大東共報)〉는 평소 이토 히로부미를 '이토노(伊藤奴)' 등으로 불렀으나, 사건 후에는 '이토공(伊藤公)', '이토공작(伊藤公爵)' 등으로 바꿔 부르며, 안중근을 애국자라 평가하는 데 그침. 이는 〈대동공보〉가 안중근의 계획에 다소 연관되었기 때문에 이를 숨기려 했고, 블라디보스토크 지역의 한인 감정을 드러내지 않으려 했으며, 암살의 근거지로 지목되는 것을 피하려 한 의도였음(市川正明, 1979).

이름	소개	안중근 의사 추모글	설명
이시영 (李始榮, 1869~1953)	대한민국 초대 부통령	"합부의탄(哈埠義彈, 하얼빈 역두의 의로운 총탄)"	휘호
이승만 (李承晩, 1875~1965)	대한민국 제1~3대 대통령	"해동명월(海東明月, 동방의 밝은 달)"	휘호
김구 (金九, 1876~1949)	대한민국임시 정부 주석	"지난행이(知難行易, 앎은 어렵고 행동은 쉽다)"	휘호
		"눈 덮인 들판을 걸어갈 때, 어지러이 가지 말지어다. 오늘 내 발자취는 뒷사람의 이정표가 되리로다"	1948년 안중근 의거 39주년 기념 글
이강 (李剛, 1878~1964)	독립운동가. 대동공보사 주필	"…내가 노령 해삼위에서 대동공보사 주필로 일을 보고 있을 때 한 청년이 찾아왔는데 그 고상한 인품과 빛나는 눈으로부터 나는 그에게 비범한…"	〈내가 본 안중근 의사〉라는 제목의 회고담
한용운 (韓龍雲, 1879~1944)	독립운동가. 승려. 시인	"만 섬의 끓는 피여! 열 말의 담력이여! 벼르고 벼른 기상 서릿발이 시퍼렇다 별안간 벼락 치듯 천지를 뒤흔드니 총탄이 쏟아지는데 늠름한 그대 모습이여!"	안중근 의거를 칭송한 시
신규식 (申奎植, 1880~1922)	독립운동가	"공적 이토 히로부미 따위가 몇 천 몇 백으로 부지기수로다. 비록 우리의 안 장군은 귀로에 올랐어도 어이 제2 제3의 안 장군이 없으리오."	안중근 의사를 기념하기 위한 글
		"청천하늘에 터진 벼락인양 / 육대주(六大洲)를 떨친 총소리 / 영웅은 노하여 괴수를 죽이고 / 독립을 세 번 외쳤노라 조국은 재생하리"	청구한인(靑丘恨人)이란 필명으로 쓴 시 〈하얼빈의 총소리를 듣고〉
		"조국광복의 사명을 지니고 / 그대는 동아(東亞)의 평화를 주장했나니 / 피비린내 나는 (松花江) 가에서 누가 장군의 영혼을 위로하리오"	청구한인(靑丘恨人)이란 필명으로 쓴 시 〈뤼순에서 수형한 열사를 추도함〉

이름	소개	안중근 의사 추모글	설명
박정희 (朴正熙, 1917~1979)	대한민국 제5~9대 대통령	"조국통일세계평화(祖國統一世界平和)"	1972년 1월, 안중근의사기념 관 개관기념에 남긴 휘호

* 한국 안중근의사기념관, 金宇鍾·李東源(1998), 김호일(2010), 徐明勳·康月華·金月培(2011), 공훈전 자사료관의 자료를 참고하여 재정리

이밖에, 국학자인 계봉우(桂奉瑀, 1880~1959)는 1914년 6월~8월, 〈권업신문(勸業新聞)〉에 〈만고의사 안중근전〉을 연재했으며, 청록파 시인 박두진(朴斗鎭, 1916~1998), 박목월(朴木月, 1916~1978), 조지훈(趙芝薰, 1920~1968)도 안중근 의사를 기리는 시를 지었다.

하얼빈 의거 후, 안중근 의사를 존경하여 자신의 롤 모델로 삼아, 안중근 의사가 이토 히로부미를 주살한 것과 같이 행동에 옮긴 청년도 있었다. 〈시대일보(時代日報)〉 1926년 5월 2일 자, 7월 16일 자[9] 기사에 따르면, 송학선(宋學先, 1897~1927)이라는 사람이 평소 안중근 의사를 위대한 사람이라고 숭배해 자신도 조선 총독 사이토 마코토(齋藤實, 1858~1936)를 처단하고자 했으나, 오인(誤認)하여 다른 사람 4명을 단도(短刀)로 찌른 일도 있었다.(금호문 의거, 1926.04.28.)

뿐만 아니라, 뤼순일아감옥구지박물관 내 안중근 의사 사형장 왼쪽 옆의 공간 벽에 강창원(姜昌元, 1918~2019)의 안중근 의사를 찬양하며 쓴 사(詞)인, 〈한국인 안중근이 한 일에 느껴(感韓國人安重根事)〉가 전시돼 있다. 서예가 강창원이다. 베이징 대학을 나오고, 주로 중국과 미국에서 활동했다. 이 글에서 하얼빈 의거에 대해, "(중략)총알 한 방 날아와 심장을 맞힐 적에 온 세상 소리

---

[9] 〈시대일보(1926.05.02.)〉, "경무국발표내용(警務局發表內容)"; "단도가진 청년, 자동차에 비상 공직자와 순사 4명을 살상(短刀가진 靑年, 自動車에 비상 公職者와 巡査四名을 殺傷)"; "'재등 총독으로 오인' 평소브터 안중근숭배자(齋藤總督으로 誤認' 平素브터 安重根崇拜者)", 〈시대일보(1926.07.16.)〉, "총독암살하려든 송학선공판개정(總督暗殺하려든 宋學善公判開廷)"; "평소(平素)부터 안중근(安重根)을 숭배(崇拜) 그 사람은 위대한 사람이라고 생각하다가 총독을 암살까지"

치며 술잔을 기울였거니, 어허 그대 나라 천만 겨레 그대 뒤따라 일어날 사람 있을 것일세. (중략)"[10]라고 언급했다.

안중근 의사 재판 당시, 재판을 위해 모금을 한 하와이 한인들의 모금 장부가 공개됐다[11]. 이 장부는 1911년 1월에 발간된 책 ≪대동위인 안중근전(大東偉人安重根傳)≫의 "의연금 총결산 공고서(義捐金総決算公告書)"라는 부록에 실려 있다. 이 장부에는 모금한 사람들의 이름과 액수가 기록돼 있다. 1910년 하와이 한인은 4,500여 명이었는데 그중, 3분의 1이 넘는 1,595명이 참여해 총 2,916달러를 모았다. 당시, 하와이 사탕수수 농장에서 일하던 한인들이 월급으로 20달러 정도를 받을 때로 심지어 하와이 감옥에 갇힌 한인들도 모금에 동참하는 등 어려운 형편에서도 모금에 참여했다[12].

국내외에서 안중근 의사의 재판을 돕기 위해 모금 운동이 일어났는데, 하와이처럼 모금 명단과 액수까지 장부로 기록된 사례는 찾아보기 어렵다.

---

10   노산(鷺山) 이은상(李殷相, 1903~1982)이 번역. 원문과 그 번역 내용은 김우종(金宇鍾)의 ≪안중근과 하얼빈(安重根和哈爾濱)≫(2006) p.155에서 확인 가능
11   KBS 1TV(2025.05.20.), 〈시사기획 창: 나는 한국 사람입니다〉
12   장부에서 명단을 장소 또는 모임으로 구분했는데 '오와후감옥셔' 사람들의 모금 기록이 있음.

참고문헌

김호일 엮음(2010), ≪大韓國人 安重根≫, 안중근의사숭모회
신운용(2009), ≪안중근과 한국근대사≫, 채륜
金宇鍾·李東源(1998), ≪安重根義士≫, 黑龍江朝鮮民族出版社
徐明勳·康月華·金月培(2011), ≪安重根義士知識問答≫, 黑龍江朝鮮民族出版社
市川正明(1979), ≪安重根と日韓関係史≫, 原書房
〈大韓每日申報(1909.11.09.)〉, "안중근소식"
〈大韓每日申報(1909.12.03.)〉, "안중근내력"
〈大韓每日申報(1909.12.05.)〉, "안중근소식"
〈時代日報(1926.05.02.)〉, "短刀가진 靑年, 自動車에 飛上 公職者와 巡查四名을 殺傷"
〈時代日報(1926.05.02.)〉, "警務局發表內容"
〈時代日報(1926.05.02.)〉, "'齋藤總督으로 誤認' 平素브터 安重根崇拜者"
〈時代日報(1926.07.16.)〉, "總督暗殺하려든 宋學善公判開廷"
〈時代日報(1926.07.16.)〉, "平素부터 安重根을 崇拜 그 사람은 위대한 사람이라고 생각하다가 총독을 암살까지"
〈新韓民報(1909.12.29.)〉, "안듕근씨의 내력"
〈新韓民報(1909.11.03.)〉, "하와이 동포의 션언"
김포신문(2005.05.14.), "역대 하성면 출신인사들"
오마이뉴스(2024.11.28.), "계남학교에 논5두락을 후원하는 이원서씨의 기사내용(1910년 1월 14일 황성신문)"
인천투데이(2025.03.15.), "[오늘의 인천소사] 부평초등학교 전신 부평공립소학교 개교"
콩나물신문(2025.01.23.), "신문으로 보는 대일항쟁기 부천군 역사-56회"
KBS뉴스(2025.05.20.), "[시사기획 창] 나는 한국사람입니다"
KBS 1TV(2025.05.20.), 〈시사기획 창: 나는 한국사람입니다〉
공훈전자사료관(https://e-gonghun.mpva.go.kr)
국립중앙도서관 데이터베이스(https://www.nl.go.kr)
국사편찬위원회, 우리역사넷(https://contents.history.go.kr)
국사편찬위원회 한국사데이터베이스(https://db.history.go.kr)
독립기념관 한국독립운동정보시스템(https://search.i815.or.kr)
디지털울릉문화대전(https://ulleung.grandculture.net)
안중근의사기념관(https://www.ahnjunggeun.or.kr)

중국인은 안중근 하얼빈 의거를 어떻게 바라보고 있는가?

하얼빈 의거 이후, 안중근 의사가 이토 히로부미를 주살한 것에 대해 중국 신문에서 여러 논조를 보이며 보도와 논평을 내놓았다. 이들 중에는 '이토 히로부미는 한중 공동의 적', '중국의 원수를 갚았다', '안중근 의거의 정당성', '한국과 한국 사람에 대한 인식 변화', '중국 인민들에게 일으킨 경성(警醒)작용' 등과 같은 내용의 긍정적인 논조가 많았다.

※ 안중근 하얼빈 의거에 대한 중국 언론의 평가[1]

언론	보도 일자 및 보도 사항	내용
톈진 〈대공보 (大公報)〉	1909. 10. 28. 시사평론	"이토 공이 피살된 소식을 들은 감상(聞伊藤公被刺有感)"에서 "이 일로 하여 이번 이토 공이 만주를 여행하고 하얼빈에 이르렀을 때 한국 국민의 사격을 받았다. 이 어찌 우리 동아시아의 역사에서 크게 기념할 천고의 기문이라 아니하겠는가."
상하이 〈시보(時報)〉	1909. 10. 28. 논설	"이토 피살사건을 논함(論伊藤被戕事)"에서 "한국인의 북받친 격분에 천하가 기운을 잃고 약소민족이 나라 망해 안생할 수 없었던 고통 끝에 제 뜻대로 할 수 있는 개책(甘心一逞之策)이니 그 뜻 참으로 공경하는 바다."
베이징 〈정종애국보 (正宗愛國報)〉	1909. 10. 28.	"한국에 인재가 없다고 말하지 말라"

---

[1] 특히, 상하이(上海)에서 발행된 〈민우일보(民籲日報)〉에서 안중근 의사의 의거에 대해 1909년 10월 27일부터 21일간, 54개의 기사, 사설, 시사평론 등, 대대적으로 집중보도함(徐明勳, 2009).

언론	보도 일자 및 보도 사항	내용
상하이 〈민우일보 (民籲日報)〉	1909.10.29. 사설	"이토 히로부미 통감 암살 안건을 논함(2)(伊藤監國暗殺案(二))"에서 "…그래도 삼한에는 사람이 있어서 일본이 길게 내뻗은 팔다리를 꺾었다. 비록 한인이 자기의 원수를 갚았다고 하지만 역시 우리의 원수를 갚은 것이 아닌가. 우리의 행운이다."
상하이 〈민우일보 (民籲日報)〉	1909.10.30. 논설	"이토를 사살한 한국인은 체포될 때 '한국 만세'를 연속 높이 외쳤으니 장하도다. 참으로 한국의 국민이로다."
우한 〈한구중서보 (漢口中西報)〉	1909.10.30. 시사평론	"아아, 한국에 인재가 없다고 말하지 말라. 하얼빈에서 일본 이토 공을 사살한 한국인은 '나는 대한국민, 대한국민, 대한국민'이라 외쳤다고 한다. 대한국 국민, 이 다섯 자 외침을 듣고 어떤 감정이 생길까!"
상하이 〈신주일보 (神州日報)〉	1909.11.01. 논설	"이토가 피살된 소식은 오대주를 진동케 했다."
베이징 〈정종애국보 (正宗愛國報)〉	1909.11.01. 논설	"일본 이토 공작의 피살사건을 논함(論日本伊藤公爵被被刺事)"에서 "청천벽력이 울리니 우리나라 사람들 꿈속에서 놀라 깨어났다."
상하이 〈신주일보 (神州日報)〉	1909.11.04.	"안중근은 포박된 후 러시아 검찰관 미하일로비치의 심문을 받았다. 자객은 조금도 무서워하는 기색이 없었다. 그는 한국인이라 자칭하면서 오늘 나라를 위하여 원수를 갚았고 불행한 한국 동포의 원수를 갚았으니 다행이라며 기뻐했다."
상하이 〈민우일보 (民籲日報)〉	1909.11.07. 논설	"일대 영웅이 황토에 돌아가다(一代英雄之歸黃土)"에서 "한국에 이런 인물이 있기에 한국은 망하지 않는다. 중국에 이런 인물이 있었다면 오늘 같은 중국은 없었을 것이다."
텐진 〈대공보 (大公報)〉	1909.11.09. 시사평론	"미래의 경고(未來之警告)"에서 "조선이란 나라는 망했다고 할지라도 조선의 인심은 죽지 않았다."
홍콩 〈화자일보 (華字日報)〉	1909.11.09. 사설	"한국의 지사는 총을 쏘았다. 생명을 버리려는 마음을 가졌기에 그의 마음이 안정되었다. 마음이 안정되었기에 손이 안정되었다. 손이 안정되었기에 탄알마다 명중했다."
〈동방잡지 (東方雜誌)〉	제6권, 11기, 387쪽	"안중근은 체포된 후 러시아 관원의 심문을 받으면서도 조금도 두려워하는 기색이 없었다. 러시아인이 이토가 중상을 입어 죽었다고 알렸을 때 이 고려인은 곧 기뻐하면서 '하나님이 자기를 보호해 주신 덕택'이라 찬송했다."

* 서명훈(2009), 徐明勳(2009)을 바탕으로 재정리

당시, 중국인이 발간한 〈세계일보(世界日報)〉에서도 하얼빈 의거에 대해 논평을 실었다. 이를 해외 한인 신문인 샌프란시스코 〈신한민보(新韓民報)〉에서 번역해 보도했다.[2] 그중, "(중략)할빈에서 이토를 죽이는 벽력의 한소리가 망국한 자의 꿈을 놀라게 하는지라 한인의 혈성 있음과 애국심 있음은 우리 중국 사람이 이를 대하는 감정이 마땅히 없더라(중략)"와 같이 중국 신문의 하얼빈 의거와 안중근 의사를 높이 평가하는 내용이 실려 있다. 중국 신문 보도뿐 아니라, 중국의 저명 인물들의 안중근 하얼빈 의거에 대한 평가도 있다.

❋ 안중근 하얼빈 의거에 대한 저명 중국인의 평가

이름	소개	안중근 의사 추모글	설명
쑨원 (孫文, 1866~1925)	중화민국 임시총통 역임	"공은 삼한을 덮고 이름은 만국에 떨치나니, 삶은 백 세가 되지 못하나 죽어서 천추에 빛나리/ 약한 나라 죄인이오, 강한 나라 재상이라, 설령 그렇다 해도 처지를 바꾸니 이토도 죄인 되리"	안중근 의사를 위해 쓴 추념사
차이위안페이 (蔡元培, 1868~1940)	중국 근대의 저명한 교육가, 베이징대학교 총장 역임	"열사가 나라 위해 죽으니 호연정기가 흥기하누나"	정위안(鄭元)의 ≪안중근(安重根)≫ 에 수록됨
장빙린 (章炳麟, 1868~1936)	중국 근대 사상가, 학자, 호는 '장타이엔 (章太炎)'	"아주제일의협(亞洲第一義俠)"	안중근 의사를 찬양하는 추념사. "아시아 제일의 의사(義士)면서 협객"이라는 뜻
		"안군(安君)은 곧 체포되어 고문을 받았지만, 쓸데 없는 말은 한 마디도 없고 오히려 그 기백이 의젓해 천하에 알려지니 지사들은 더 감동돼 격분했다."	〈안군송(安君頌)〉에서 안중근 의사의 하얼빈 의거 평가

---

2 〈新韓民報(1909.10.27.)〉, "世界日報之論評(이토가 한인에게 암살당한 쾌한 소문)"

이름	소개	안중근 의사 추모글	설명
우위장 (吳玉章, 1878~1966)	중국 근대 역사가, 교육자, 인민대학교 총장 역임	"의사 안중근이 이토를 사살한 장한 거사"	1943년 3월 1일, 〈해방일보(解放日報)〉에 발표한 글에서 하얼빈 의거 평가
천두슈 (陳獨秀, 1879~1942)	중국공산당의 주요 창시자, 중국 5·4운동 지도자 중 한 명	"나는 청년들이 톨스토이와 타고르가 되는 것이 콜럼버스와 안중근이 되는 것만 못하므로 콜럼버스와 안중근이 되기를 원한다."	1915년 9월 15일, ≪청년잡지(靑年雜誌)≫, 창간호, 〈청년에게 삼가 고함(敬告靑年)〉
펑위샹 (馮玉祥, 1882~1948)	중화민국 시기 서북군벌 수장. 기독교 군벌. 중한문화협회 명예이사장. 본명은 펑지산(馮基善)	"한국 선열들의 분투역사에 안중근이 이토 히로부미를 사살하고 윤봉길이 시라가와를 사살한 사실이 있다. 물론 혁명이란 암살에 의거할 것은 아니지만 조선의 민족정신을 나타낸 것"	1943년 2월 28일, 중한문화협회의 3·1운동 24주년 기념 강연회 연설
		"…한국은 안중근과 같은 무수한 광영의 혁명역사가 있기 때문에 장래 반드시 독립의 목표를 달성할 수 있을 것이다.…"	1944년 1월 18일, 화시연합대학(華西聯合大學) 한국인 김윤택(金允澤) 교수의 거처에서 열린 환영다과회에서 연설
저우언라이 (周恩來, 1898~1976)	중국 초대 국무원 총리 역임	"중일(中日) 갑오전쟁(甲午戰爭, 청일전쟁) 후, 본세기초, 안중근이 하얼빈 기차역에서 이토 히로부미를 격살한 것으로부터 두 나라(중국과 조선) 인민이 일본 제국주의에 반대하는 공동투쟁이 시작됐다."	≪저우언라이의 중·조 역사 관계에 대한 담화(周恩來關於中朝關系的談話)≫에서 언급
바진 (巴金, 1904~2005)	중국 현대 저명 작가	"나는 어렸을 때부터 조선 사람의 고난과 투쟁에 대해 사람들이 이야기하는 것을 자주 들었다. 안중근 의사가 이토 히로부미를 격살한 역사적 사실은 내게 깊은 인상을 남겼다. 그는 내가 어린 시절 숭배하던 영웅 중 한 분이셨다."	자서전에 언급

이름	소개	안중근 의사 추모글	설명
장징궈 (蔣經國, 1910~1988)	장제스 장남. 제6대, 7대 타이완 총통	"벽혈단심(碧血丹心)"	1969년, 안중근 탄생 백 주년을 기념하며 제사를 휘호. "붉은 피 붉은 마음"이라는 의미

* 한국 안중근의사기념관, 하얼빈 안중근의사기념관, 金宇鍾·李東源(1998), 김호일(2010), 徐明勳(2009), 徐明勳·康月華·金月培(2011), 甘露(2015)의 자료를 참고하여 재정리

이 외에, 한국의 독립운동가 박은식(朴殷植, 1859~1925) 선생이 창해노방실(滄海老紡室)이란 필명으로 저술한 전기 ≪안중근전(安重根傳)≫[3]에도 안중근 의사를 찬양하는 중국인들의 글이 실려 있다. 이 책의 〈안중근서(安重根序)〉 부분에 저명한 중국 사람인 뤄난산(羅南山), 가오관우(高冠吾), 저우하오(周浩), 한옌(韓炎), 정용(曾鏞) 등은 각각 〈안중근서〉라는 제목으로 안중근 의사를 찬양하는 글을 썼다.

"우리 중국의 지사들은 '그 작은 한국에 일대호걸이 나타났는데 유독 우리나라에 그런 인물이 없을 수 있으랴.'하고 흥분을 금치 못하였다. 그런 후 얼마 지나지 않아 지사들이 황화강(黃花崗)을 피로 물들였고, 무창에서 봉기하여 우리 민족의 주권을 회복했다. 그렇다면 안 씨의 의거가 우리에게 정신적인 도움을 주었다고도 할 수 있으니 이것 역시 우리들이 감격해 마지않는 또 하나의 원인이다.[4]"

– 뤄난산 〈안중근서〉 中 –

"중근의 기적은 족히 온 세상을 놀라게 하고 귀신이라도 감동하게 할 수 있는 것으로서 안중근은 세계의 영웅호걸이다. 그의 업적은 천고에 빛날 것이다."

– 가오관우 〈안중근서〉 中 –

---

3   1914년경, 상하이 대동편집국 출판
4   이에 대해 徐明勳(2009)에서는 안중근 하얼빈 의거가 신해혁명에 직접적인 영향을 주었음을 언급하는 것이라고 해석했다.

"안중근이 이토를 저격한 것은 다만 조국의 원수를 갚기 위함만이 아니라 세계평화의 공적(公敵)을 없애버리기 위함이라는 것이 알려지게 되었다. 그러므로 그는 비단 한국의 공로자일 뿐만 아니라 또한 동양의 공로자이며 세계의 공로자다."

- 저우하오 〈안중근서〉 中 -

"안중근은 삼한의 현인(賢人)이며 세계의 영웅이다."   - 한옌 〈안중근서〉 中 -

"특히 안중근이 이토를 저격한 것은 나라의 치욕을 씻고 복수하기 위함뿐만 아니라 기실은 세계의 공적을 처단하기 위해서였다. 그러니 안중근이 이토를 저격한 것은 실로 외인들의 야심적인 정책에 대한 치명적인 타격이었다. 안(安) 군이 중화민국에 기여한 공로가 어찌 작다고 할 수 있으랴."   - 정용 〈안중근서〉 中 -

참고문헌

김호일 엮음(2010), ≪大韓國人 安重根≫, 안중근의사숭모회
서명훈(2009), 〈중국인 눈에 비친 안중근 의사 의거〉[5], 관훈저널, 가을호, 231 – 254
甘露. (2015). 풍옥상과 한국독립운동. 백범과 민족운동연구, 11, 59 – 87.
金宇鍾(2006), ≪安重根和哈爾濱≫, 黑龍江朝鮮民族出版社
金宇鍾·李東源(1998), ≪安重根義士≫, 黑龍江朝鮮民族出版社
徐明勳·李春實(2009), ≪中國人心目中的安重根≫, 黑龍江教育出版社
徐明勳·康月華·金月培(2011), ≪安重根義士知識問答≫, 黑龍江朝鮮民族出版社
〈新韓民報(1909.10.27.)〉, "世界日報之論評(이토가 한인에게 암살당한 쾌한 소문)"
안중근의사기념관(https://www.ahnjunggeun.or.kr)
baidubaike(https://baike.baidu.com)
뤼순일아감옥구지박물관 전시 자료
하얼빈 안중근의사기념관 전시 자료

---

[5] 2009년 8월 27일, 하얼빈에서 진행한 관훈클럽 해외세미나 발표문

일본인은 안중근 하얼빈 의거에 대해 어떤 평가를 내리고 있는가?

안중근 하얼빈 의거 후, 당시 일본 3대 신문이라 할 수 있는 〈아사히신문(朝日新聞)〉, 〈요미우리신문(讀賣新聞)〉, 〈마이니치신문(每日新聞)〉은 안중근 하얼빈 의거에 대해 각각 231개, 66개, 540개의 기사를 보도했다. 하얼빈 의거 직후 일본 신문들은 이토 히로부미의 죽음을 애도하며 안중근 의사에 대해서 '흉도(凶徒)', '흉한(兇漢)', '흉행자(兇行者)' 등과 같은 표현을 사용하며 비난의 논조를 나타냈는데, 시간이 지나면서 이러한 논조의 분위기가 바뀌며 안중근 의사의 인품에 관해서는 긍정적인 기사가 실리기도 했다[1].

✻ 안중근 의사에 대해 긍정적인 논조를 보인 일본 신문 보도

신문명 및 보도 날짜	표제	내용
〈아사히신문(朝日新聞)〉 (1909.12.14.)	안의 풍채 (安の風采)	"…안중근의 풍채는 흉하다고 전해지지만, 사실은 단정하고 멋있는 용모의 소유자이며, 행동 또한 점잖고 침착하다. …말하는 데 있어서 이치에 통하게 말한다."
〈아사히신문(朝日新聞)〉 (1910.02.12.)	안중근 등의 공판 (安重根等継続公判)	"안중근은 …한국인으로서는 훌륭한 성격의 소유자이다. …종교는 천주교 신자로 세례까지 받은 자이다. …성격은 적극적이고 의지는 최고이다."
〈요미우리신문(讀賣新聞)〉 (1910.02.15.)	안중근 사형 판결 (安重根に死刑判決)	안중근 의사를 '자타가 공인할 정도로 배짱이 세고 도량이 넓은(流石に剛腹なる) 안중근'이라고 표현

* 김미옥(2020)을 바탕으로 재정리

---

1 김미옥(2020), 〈일본 3대 신문을 통해 본 안중근 의거의 의의: 아사히(朝日), 요미우리(讀賣), 마이니치(每日)를 중심으로〉, 일본학연구, 59, p.23~41.

이렇게 바뀐 일본 신문의 논조에 대해 일본에서 활동한 프랑스인 선교사 리뇔(F. A. D. Ligneul, 1847~1922)[2] 신부도 언급한 적이 있다. 빌렘(Nicolas Joseph Marie Wilhelm, 1860~1938)[3] 신부가 안중근 의사를 위해 관동도독부 감옥서를 방문해 미사를 집전한 후, 만난 리뇔 신부와의 대화에서, 리뇔 신부는 빌렘 신부에게 "신부님이 방문하신 후 그 수감자에 대한 일본 언론의 논조가 하루 만에 바뀐 이유를 이제 알겠습니다. 이전에는 언론들이 그를 신념도 도덕도 없는 비열한 암살자로 취급했습니다. 신부님의 방문 후, 그들은 그를 전혀 다르게, 거의 호감을 주는 인물로 다뤘습니다. 용기 있는 일본인들은 심지어 그들의 적지에서 그를 우러러봤습니다."[4]라고 했다.

빌렘 신부와 리뇔 신부와의 대화에서도 알 수 있듯이, 일본인이지만 안중근 의사를 숭모하는 사람들이 있었다. 당시, 일본 내에서는 안중근 의사 순국 후, 안중근 의사의 초상을 엽서로 인쇄한 것이 판매됐다[5]. 일본의 저명한 아나키스트 고토쿠 슈스이(幸德秋水, 1871~1911)도 안중근 의사 사진이 들어간 그림엽서를 소지하고 있었다. 1910년 6월, 일본 천황 암살 모의 죄[6]로 체포된 고토쿠 슈스이에게서 안중근 의사 그림엽서가 나왔는데, 엽서에 그가 직접 지은 안중근 하얼빈 의거를 기리는 내용의 자작시가 수기로 적혀 있었다. 그 내용은 다음과 같다.

"생을 버리고 의를 취하고/ 몸을 죽이고 인을 이루었네/

안중근이여, 그대의 일거에/ 천지가 모두 전율했소.[7]"

---

2   프랑스 파리외방전교회 소속 선교사. 1880년부터 일본에서 선교사로 활동
3   프랑스 파리외방전교회 소속 선교사. 1888년부터 한국에 와서 용산 예수성심신학교 교장 역임, 1896년 황해도 지역 전담 사제 활동. 1914년 프랑스로 귀국
4   조제프 빌렘(2020), ≪빌렘 신부, 안중근을 기록하다≫, 한국교회사연구소, p.219~220. 인용
5   〈아사히신문(朝日新聞)〉(1910.04.29.)의 "자객 사진 발매금지(刺客寫真の発売禁止)" 기사에 따르면, 성황리에 팔려 후에 판매를 금지할 정도
6   대역사건(大逆事件, 1910): 일본 정부는 사회주의자·무정부주의자들이 천황 암살을 모의했다고 발표하고 대규모 검거한 정치 탄압 사건

또한, 안중근 의사가 뤼순의 관동도독부 감옥서 수감 당시 만난 인연으로 안중근 의사의 평화 사상과 덕풍에 감화돼 인간적 교감을 나눈 일본 사람들도 있었다. 바로, 관동도독부 감옥서 교회사(教誨師) 츠다 가이준(津田海純), 통역관 소노키 스에요시, 검찰관 야스오카 세이시로(安岡靜四郞), 변호사 미즈노 기치타로(水野吉太郞, 1874~1947), 관동도독부 감옥서 부장 아오키(靑木), 간수 다나카(田中)[8], 간수 지바 도시치(千葉十七, 1885~1934) 등이다.

야스오카 세이시로는 관동도독부 검찰관으로 안중근 의사를 취조하면서 안중근 의사에게 깊은 감명을 받았다. 그는 장녀 우에노 도시코(上野俊子)에게 "안 의사는 일본인에게는 원수지만 한국인으로서는 진정한 애국자다."라고 말했으며, 안중근 의사에게 받은 '국가안위노심초사(國家安危勞心焦思)' 유묵을 후세에 전해달라며 장녀에게 물려 주었다[9].

안중근 의사의 국선 변호인이었던 미즈노 기치타로는 당시, 법정에서 안중근 의사의 하얼빈 의거에 대해 변호하며, 사형 요구가 부당하고 했다. 다음은 〈만주일일신문〉에 연재된 〈안중근 사건 공판속기록〉에 기록된 다섯째 날의 공판에서 미즈노 변호사의 변호 내용이다.

> "(중략)오로지 나라와 군주에 보은하고 동포를 위해 죽겠다는 진심에서 일신과 일가를 버리고 이 일을 추진했다고 볼 수밖에 없다고 생각한다. (중략)일본 형법 제199조 범위에서 형량을 정한다면, 원컨대 가벼운 징역인 3년을 과한다면 충분하다고 믿는다. 변호인의 요구는 실로 이 징역 3년이다."[10]

---

7 生を捨て義を取り。/ 身を殺し仁を成し遂げる。/ 安重根よ、あなたの一挙に。/ 天地全てが戦慄した

8 ≪안응칠 역사≫에 따르면, "감옥에 있는 뒤로부터 특별히 가까워진 친구 두 사람이 있었다. 부장 아오키와 간수 다나카였다. …나와 두 사람은 우의가 형제와 같았다."라고 기록돼 있다.

9 이 유묵은 1976년 2월 11일, 한국에 기증

10 안중근의사기념사업회 · 안중근연구소 엮음 · 신운용 편역(2010), ≪안중근 · 우덕순 · 조도선 · 유동하 공판기록: 안중근사건 공판속기록≫, 채륜, p.206~207. 인용

안중근 의사 순국 후에는 생전에 "안중근은 대단한 인물이다. 그가 살아 있었다면 반드시 한국을 위해 큰일을 해냈을 것"이라고 자주 말했다고 한다.

츠다 가이준 스님은 관동도독부 감옥서에서 안중근 의사의 교화를 담당했던 교회사로서 천주교 신자인 안중근 의사와 서로 종교가 달랐지만, 깊은 교감을 나누었다. 안중근 의사의 유묵 및 유품 일부를 츠다 가이준이 소장했다. 그는 일본으로 돌아갈 때 이것들을 가져다가 오카야마현(岡山縣)의 조신지(淨心寺) 지하 창고에 보관했다. 그의 사망 후, 그를 이어 조신지 주지가 된 조카 츠다 고도(津田弘道) 스님이 1997년, 교토(京都) 류코쿠대학(龍穀大學) 사회과학연구소에 이를 기증했다[11].

지바 도시치는 안중근 의사의 간수로, 안중근 의사에 대한 분노의 마음이 안중근 의사에 감화돼 차차 변했다. 안중근 의사는 그에게 '위국헌신군인본분(爲國獻身軍人本分)[12]'이라고 유묵을 써 주었다. 지바 도시치는 제대 후, 고향에 돌아가서 이 유묵을 안중근 의사의 사진과 함께 잘 간직했다. 그의 사후에 가족들이 이를 잘 보관했다가 1979년 한국 안중근의사기념관에 반환했다[13]. 1981년에는 이 유묵 석비가 지바 도시치의 묘지가 있는 일본 미야기현(宮城縣) 다이린지(大林寺)에 건립됐다. 이를 당시 〈아사히신문〉 기자 사이토 다이켄(齋藤泰彦)이 주도했다. 다이린지에서는 1981년부터 안중근 의사와 지바 도시치의 추도법요를 열고 있으며, 1990년, 이 사찰의 주지 스님으로 취임하게 된 사이토 다이켄은 ≪내 마음의 안중근(わが心の安重根)≫[14]이라는 저서

---

11 사회과학연구소에서는 기증받은 자료 및 안중근 의사를 연구했고 안중근 의사의 동양평화론에 매료되어 2014년, '안중근동양평화연구센터'를 설립했다. 이 연구센터는 안중근 의사에 관한 연구와 함께 한·일 상호 네트워크를 형성하며, 일본 내 안 의사를 알리는 역할을 하고 있다.
12 안중근 의사의 마지막 유묵으로, "나라를 위해 몸 바침은 군인의 본분이다"라는 의미
13 이를 계기로 다이린지 법요에는 매년 9월 한국 안중근의사숭모회 및 안중근의사기념관 관계자, 재일 한국인이 방문. 이 법요에 지바 도시치의 조카 카노 다쿠미는 일본 '안중근연구회' 2대 회장 재임 기간 중 1992년 안중근 의사 유족 및 한국 안중근의사기념관 관장 등을 초대, 안중근 의사 유족(안중근 의사 외손녀 황은주(黃恩珠), 안중근 의사 조카 안춘생(安椿生, 1912~2011)이 처음으로 일본 방문하는 역사적 일이 실현
14 齋藤泰彦(1994), ≪わが心の安重根≫, 五月書房

를 통해, 안중근 의사와 지바 도시치의 이야기를 알렸다. 또한, 지바 도시치의 고향에 있는 미야기현 세이운지(靑雲寺)에도 '민족의 영웅 안중근, 정애의 지사 지바 도시치'라는 석비가 건립됐고, 2011년 사가현(佐賀県) 구루메시(久留米市)의 지역주민들이 결성한 '안중근을 사랑하는 사람들의 모임'에 의해 무료지(無量寺)에 '동양평화기원비'가 건립됐다.

지바 도시치의 조카 카노 다쿠미(鹿野琢見, 1919~2009) 변호사는 일본 '안중근연구회' 2대 회장을 역임했다. 어린 시절 지바 도시치를 통해, '위국헌신군인본분' 유묵을 보며, 안중근 의사는 위대한 인물이었다는 말을 들었다고 한다[15]. 안중근 의사를 높이 평가하며 연구하는 등 ≪안중근 무죄론≫을 작성해 안중근 하얼빈 의거 정당성을 주장했다. 이렇듯, 안중근 의사 하얼빈 의거 당시 안중근 의사와 동양평화 사상에 지바 도시치의 조카 카노 다쿠미와 같은 다음 세대들도 감명을 받고 숭모하고 있다. 이러한 대표적 인물에는 기업인이자, 일본 '안중근연구회' 초대 회장인 안도 도요로쿠(安藤豊祿, 1897~1990)가 있다.

안도 도요로쿠는 안중근 의사가 발사한 총에 맞은 다나카 세이지로와의 대화 중 그가 한 안중근 의사에 대한 평가 등을 자신의 회고록에 담았다. 더불어, 그는 자신의 회고록에 "안중근 의사는 한국 최고의 우국지사로서 전 국민으로부터 존경을 받는 것은 지극히 당연한 것"이라 기록했다. 이뿐만 아니라, 그는 '안중근연구회' 초대 회장을 역임하며, 1987년 10월 14일, ≪안중근연구회 회보≫ 제1호를 발행했다. 그 인사말에 "안중근 의사는 우국지사로서, 또한 인간으로서도 대단히 훌륭한 분이다."라고 존경을 표했다. ≪안중근연구회 회보≫ 발행 당시, '안중근연구회' 회원 명부에는 총 34명의 일본인이 있었는데, 부회장인 카노 다미를 포함, 안중근 의사가 유묵을 써 준 통역관 소노키 스에요시의 딸 소노키 요시코(園木淑子) 등 유묵 소유자 3명, 안중근

---

15 中野泰雄(1991), ≪安重根 日韓関係の原像≫(増補版), 亜紀書房

의사 연구자인 나카노 야스오(中野泰雄, 1923~2009) 아이지아대학(亜細亜大學) 교수, 영화배우 스가와라 분타(菅原文太) 부부도 있었다[16].

그중, 안중근 의사 연구자인 나카노 야스오[17]는 그의 저서에서 "우리는 안 의사가 이토 히로부미를 암살한 것이 단지 억압받는 한국 국민을 대표해서 한 행동일 뿐만 아니라, 또한, 대한의 독립을 지키는 것이 '동양평화'와 직접적으로 연결된다고 확신하여 행한 국제주의적 행동임을 인정해야 한다."라고 하얼빈 의거를 평가했다. 그가 안중근 의사를 알게 된 계기는 어릴 적 기숙사를 운영했던 그의 집에 입주한 안씨(安氏) 성을 가진 한국인 유학생을 보고 그의 부친 나카노 세이고(中野正剛, 1886~1943)[18]는 안중근 의사가 연상돼, 그 한국인 유학생을 '안중근'이라 불렀는데, 나카노 야스오는 그때 처음으로 '안중근' 의사의 이름을 알게 됐다고 한다. 그는 이 인연으로 안중근 의사에 대한 존경심을 키우게 되었고, 안중근 의사와 한·일 관계를 연구하면서, "1909년 10월 26일 '대한국인' 안중근이 '대일본제국'의 최고 원로 이토 히로부미를 처단한 동기와 목적을 당시 언론이 정확히 보도했다면 이후 아시아에서 벌어진 수많은 전란을 아마도 피할 수 있었을지 모른다."라고 했다[19].

또한, 아베 신조(安倍晋三, 1954~2022) 총리의 외교 고문을 역임한 오카자키 히사히코(岡崎久彦)도 안중근 의사에 대해 높이 평가했다. 그가 한국 주재 일본대사관 근무 경험을 바탕으로 집필한 ≪이웃 나라에서 생각한 일(隣の國で考えたこと)≫[20] 책 속에 안중근 의사에 대해 작성한 내용이 있다. "안중근은 특히 반일적인 사람은 아니었던 듯하다. 하는 말은 시종일관 논리정연하며 깊은 신념에서 기반됐다고 생각해도 좋다."라고 평가했다.

---

16 牧野英二(2018), 〈일본인이 본 안중근의 평화사상 평가(下): 동양평화와 영구평화의 실현을 위해〉, 大韓國人安重根, 46, 22-28
17 나카노 야스오 외에 마키노 에이지(牧野英二) 호세이대학교(法政大學) 교수, 이치카와 마사아키(市川正明) 등 안중근 의사 일본 연구자들이 있다.
18 일본 쇼와 시대 정치가
19 中野泰雄(1999), ≪安重根, 爲何殺伊藤博文≫(安重哲 譯), 黑龍江人民出版社
20 岡崎久彦(1983), ≪隣の國で考えたこと≫, 中央公論新社

또한, 당시 한국에 근무하는 미국 외교관에게 안중근 의사에 대해 아느냐고 질문했을 때, 그가 안중근 의사를 테러리스트라고 답하자, 오카자키 히사히코가 그렇지 않다고 대답한 일화와 함께 "안중근이 미국인의 상식으로도 '애국자'라고 답하게 되기까지는 일본, 미국 양국의 한국 근대정치사에 대한 앞으로의 이해와 성숙이 필요하다."[21]라는 의견을 담았다.

이밖에, 반차별국제운동(IMADR) 전 이사장을 역임한 일본의 평화운동가 무샤코지 킨히데(武者小路公秀)는 2017년 8월, 국제회의에서 "세계의 군인 중에서 안중근 의사야말로 가장 위대한 인물"이라고 높이 평가했다.[22]

---

21 東鄕和彥. (2024), 〈한국의 애국자 안중근에 대한 일본인의 마음은 향후 한일관계에 이정표가 될 것인가〉, ≪근현대사 인물 학술대회 ① 자료로 보는 안중근≫, 안중근의사기념관・일본 류코쿠대학 사회과학연구소 부속 안중근동양평화연구센터・대한민국역사박물관 주관 학술대회(2024.11.22.) 발표논문집, p.55. 인용

22 牧野英二(2018), 〈일본인이 본 안중근의 평화사상 평가(下): 동양평화와 영구평화의 실현을 위해〉, 大韓國人安重根. 46, p.25.

참고문헌

곽진오(2013.01.), "고토쿠 슈스이의 제국주의 비판", 동북아역사재단 2013년 01월호 뉴스레터. https://nahf.or.kr/webzine/view.do?mode=search&keyword=%EA%B3%A0%ED%86%A0%EC%BF%A0%20%EC%8A%88%EC%8A%A4%EC%9D%B4&page=&cid=27175

김미옥(2020), 〈일본 3대 신문을 통해 본 안중근 의거의 의의: 아사히(朝日), 요미우리(讀賣), 마이니치(每日)를 중심으로〉, 일본학연구, 59, p.23~41.

김호일 엮음(2010), ≪大韓國人 安重根≫, 안중근의사숭모회

박삼중(2015), ≪코레아 우라: 박삼중 스님이 쓰는 청년 안중근의 꿈≫, 소담출판사

안중근(2020), ≪안응칠 역사: 비판정본≫, 독도도서관친구들

안중근의사기념사업회・안중근연구소 엮음・신운용 편역(2010), ≪안중근・우덕순・조도선・유동하 공판기록: 안중근사건 공판속기록≫, 채륜

윤병석 편역(2011), ≪(한국독립운동사자료총서 제28집) 안중근 문집≫, 독립기념관 한국독립운동사연구소

조제프 빌렘(2020), ≪빌렘 신부, 안중근을 기록하다≫, 한국교회사연구소

中野泰雄(1991), ≪安重根 日韓關係の原像≫(增補版), 亞紀書房

中野泰雄(1999), ≪安重根, 爲何殺伊藤博文≫(安重哲 譯), 黑龍江人民出版社

牧野英二(2018), 〈일본인이 본 안중근의 평화사상 평가: 동양평화와 영구평화의 실현을 위해〉, 大韓國人安重根, 45, p.30~34.

牧野英二(2018), 〈일본인이 본 안중근의 평화사상 평가(下): 동양평화와 영구평화의 실현을 위해〉, 大韓國人安重根, 46, p.22~28.

徐明勳・康月華・金л培(2011), ≪安重根義士知識問答≫, 黑龍江朝鮮民族出版社

市川正明(1979), ≪安重根と日韓關係史≫, 原書房

東鄕和彦. (2024). 자료로 보는 안중근. 한국의 애국자 안중근에 대한 일본인의 마음은 향후 한일관계에 이정표가 될 것인가. 대한민국역사박물관, p.49~57.

경향신문(2011.09.05.), "안중근을 존경한 사회주의 혁명가 고토쿠"

매일경제(2025.03.26.), "'안중근 동양평화상'에 일본 대림사"

주간조선(2013.12.01.), "죄인은 이토! 일본의 역사 관점 시정돼야"

국가유산디지털서비스(https://digital.khs.go.kr)

안중근의사숭모회(https://www.patriot.or.kr)

다나카 세이지로는 안중근을
어떤 시각으로 평가했는가?

다나카 세이지로는 안중근 하얼빈 의거 당시, 만주철도 주식회사 이사로, 이토 히로부미를 수행하던 중, 안중근 의사가 발사한 총알에 오른발 복사뼈를 맞았다. 현재, 이 총알은 일본 도쿄에 있는 헌정기념관 2층에 전시되고 있다. 중간에 열십자 모양이 있다. 그는 후에 안중근 의사에 대해서 다음과 같이 평가했다.

> "그때 안중근의 늠름한 모습과 유연한 언행, 달려든 헌병이나 경찰에게 총알이 아직 한 발 있음을 주의시키는 태도 등은 그의 인격의 높이를 그대로 나타내고 있었으며, 본 사람 중 최고였다."

다나카 세이지로의 안중근 의사에 대한 이러한 평가는 오노다(小野田) 시멘트 회사의 전 회장이자, 일본 안중근연구회 회장인 안도 도요로쿠(安藤豊祿)가 1984년에 펴낸 회고록 ≪한국 내 마음의 고향[1](韓國わが心の故里)≫[2] 중 〈안중근은 민중의 마음〉이라는 장에 실려 있다. "일본인을 포함해, 지금까지 만난 사람 중 누가 가장 훌륭하다고 생각하는가?"라는 안도 도요로쿠의 질문에 다나카 세이지로는 망설임 없이 "안중근이다."라고 대답하며, 이어서 "아쉽게도"라는 말을 덧붙였다고 한다.

---

1 안도 도요로쿠는 일제강점기 한국에 거주한 경험을 바탕으로 한국을 "마음의 고향"이라 칭함.
2 安藤豊祿(1984), ≪韓國わが心の故里: 財界人の昭和史≫, 原書房

한편, 이 책의 같은 장에 안도 도요로쿠는 "우리 회사 직원 중에 히라이시(平石)라는 사람이 있었는데, 그의 부친 히라이시 우진토는 안중근 의사 재판 당시 뤼순 고등법원장[3]이었다. 히라이시 고등법원장은 안 의사의 훌륭한 인격을 격찬했다."라고 회상하며, "그 또한 다나카 세이지로와 같은 생각을 가지고 있었을 것"이라 기록했다.

참고문헌

中野泰雄(1991), ≪安重根 日韓関係の原像≫(増補版), 亜紀書房
中野泰雄(1998), ≪安重根, 爲何殺伊藤博文≫(安重哲 譯), 黑龍江人民出版社
牧野英二(2018), 〈일본인이 본 안중근의 평화사상 평가(下): 동양평화와 영구평화의 실현을 위해〉, 大韓國人安重根, 46, p.22~28.
경향신문(2014.3.23.), "늠름하고 당당했던 안중근… 내가 본 사람 중 가장 훌륭"

---

3 관동도독부 고등법원장

서양에서는 안중근에 대해 어떤 논의나 언급이 있었는가?

안중근 하얼빈 의거에 대한 당시 각국 신문의 보도를 통해, 하얼빈 의거는 전 세계에 큰 파문을 일으켰다는 것을 확인할 수 있다. 그러나 당시, 대부분의 서양 언론 및 발간물에서는 안중근 의사에 대한 언급보다는 하얼빈 의거로 인한 이토 히로부미의 죽음을 애도하고 그의 업적을 칭송하는 등의 내용을 실었다.

※ 안중근 의사 하얼빈 의거에 대한 서양의 보도 및 발간물

국가	보도 및 발간물	내용	특징
러시아	〈하르빈 베스티니크 (Харбинский Вестник)〉 (1909.10.27.) 사설	"이토 공은 많은 위험과 복잡한 생애를 살아온 노(老)정치가였다. 그의 마지막은 국가적 대업의 희생이었다. …일본은 국가의 아들과도 같은 위인을 잃고 통곡한다. 우리도 이토 공이라는 존경받는 친구를 잃었다."	-동청철도(東淸鐵道) 기관지 -이토 히로부미 애도의 내용 -안중근 의사에 대한 언급은 없음
	〈노바야 지즌 (Новая жизнь)〉 (1909.10.27.) 사설	"전 세계가 일본의 원로 정치가의 죽음에 충격과 슬픔에 휩싸였다. …이토 공의 죽음은 일본뿐 아니라 러시아에도 큰 손실이다."	-러시아 사회당 기관지 -이토 히로부미 애도의 내용 -안중근 의사에 대한 언급은 없음
	〈하르빈(Харбин)〉 (1909.10.27.)	하얼빈 의거는 일본과 다른 국가들에 대한 정의로운 경고라고 논함	러시아 임업 사업가에 의해 하얼빈에서 창간된 러시아어 발행지

국가	보도 및 발간물	내용	특징
러시아	〈노보예 브레먀(Novoye Vremya)〉(1909.10.27.)	이토 히로부미의 죽음에 대해 애도, 하얼빈 의거를 '흉악한 저격 행위'라며 규탄	러시아 각료회의 의장 스톨리핀(P.A. Stolypin)이 페테르부르크 주재 일본 대사에게 보낸 조의문
	〈원동(Дальний Восток)〉(1909.11.21.)	"성명"에서 이토 히로부미를 '일본 정부의 기둥', '우리의 고귀한 조언자', 하얼빈에서 '악당의 손'에 죽임을 당한 사람으로 부름	동청철도 중국어 기관지 〈원동보(遠東報)〉의 내용을 러시아어로 번역해 블라디보스토크에서 주 2회 발행
	〈노바야 지즌(Новая жизнь)〉(1909.11.21.), "한국 애국자들의 시각에서 이토 공작은 죽을 만했다. …"		
	〈보스토치나야 자랴(Восточная заря)〉(1909.10.28.), "하얼빈에서 이토 공작의 암살 이토 암살에 대하여"		
	〈원동(Дальний Восток)〉(1909.10.28.), "이토 공작의 사살"		
	〈머나먼 변방(Далекая окраина)〉(1909.10.28.), "이토 히로부미 공작"(추도사)		
	〈레치(Речь)〉(1909.10.28.), "이토 공작의 사살"		
	〈머나먼 변방(Далекая окраина)〉(1909.10.29.), "이토 사살에 붙여"		
	〈상트-페테르부르크 공보(Санкт-Петербургские ведомости)〉(1909.10.30.), "이토 사망에 관한 외국 언론"		
	〈원동(Дальний Восток)〉(1909.10.30.), "이토의 사살에 붙여"		
	〈보스토치나야 자랴(Восточная заря)(1909.11.05.)〉, "극동 뉴스 - 이토 공작의 암살에 관하여"		
	〈달료까야 아끄라이나(Далёкая окраина)〉(1909), "[단신] 이토 공작에 대한 암살과 관련하여"		
	〈쁘리아무리예(Приамурье)〉(1909), "이토 후작의 암살과 관련하여"		
프랑스	〈하바스 통신사〉(Agence Havas)〉(1910.10.26.)	이토 히로부미가 하얼빈에서 한국인에 의해 암살됐다는 내용의 보도	〈하바스 통신사〉를 통해 프랑스 전국에 하얼빈 의거 소식이 퍼짐
	〈르 탕지(Le Temps)〉	이토 히로부미의 업적 칭송, 이토 히로부미의 죽음을 애도	안중근 의사를 적극적으로 비난하지는 않음
	〈데바르지(Le Débat)〉		
	〈피가로지(Le Figaro)〉		
	〈에코 드 파리지(L'Écho de Paris)〉		

국가	보도 및 발간물	내용	특징
영국	〈재팬 위클리 메일〉(The Japan Weekly Mail)〉	"이토 공의 성격"이라는 제목의 글에서 장문의 이토 히로부미를 칭송하는 글을 실음	- 구체적 날짜 미상 (이토 히로부미 사망 후) - 작성자 프랜시스 브링클리(Francis Brinkley, 1841~1912)는 〈재팬 위클리 메일〉의 소유주이자 주필 - 안중근 의사에 대한 언급은 없음 - 〈재팬 위클리 메일〉은 일본 정부로부터 재정을 지원받음
독일	≪고요한 아침의 나라(Im Lande der Morgenstille)≫[1][2]의 〈제15장 당산나무 아래에서, 청계동의 역사〉에 안중근 의사 거론	"…하얼빈의 맑은 하늘에서 이토 후작이 살해됐다는 소식이 내려왔다. 살해자는 안 도마였다. 그는 소년 시절 이미 불굴의 용기를 보였다. 그가 지금 이 살해를 통해 단지 증명하려고 했던 건 고향을 위해 죽을 준비가 된 한 한국인이 있다는 사실이었다.…다른 사람들의 무관심과 타락한 양반들의 무기력이 그의 넘쳐나는 명예욕을 이런 행동으로 이끌었다.…"	- 독일 성 베네딕도회 오틸리엔 연합회 총 아빠스(대수도원장) 노르베르트 베버(Norbert Weber, 1870~1956) 신부가 지음 - 1911년 당시 한국 각지 여행 후 저술한 여행기 - 1915년 독일 뮌헨 헤르더 출판사 초판 발행, 1923년 상트 오틸리엔 선교 출판사에 재판 발행
독일	에르빈 벨츠[3]의 회고록 ≪깨어나는 일본에서의 독일인 의사의 삶(Das Leben eines deutschen Arztes im erwachenden Japan)≫(1932) 중, 이토 히로부미에 대한 회고	"…한국인이 공을 암살한 것은 특히 슬픈 일이다. …일본은 가장 위대하고 가장 노련한 경세가를 잃었다.…"	- 구체적 날짜 미상 (이토 히로부미 사망 후) - 에르빈 벨츠가 일본 메이지 시대 일본 체류 기간 작성한 자신의 경험에 대한 회고록 - 이토 히로부미 죽음에 대한 슬픔과 이토 히로부미와의 추억, 업적 칭송 - 안중근 의사에 대한 언급은 없음 - 1974년 ≪일본의 각성: 독일인 의사의 일기(Awakening Japan: The Diary of a German Doctor)≫는 영어 번역본 출간

국가	보도
미국	〈뉴욕 타임스(The New York Times)〉(1909.10.26.), "이토 공작이 암살당했다(Prince Ito Assassinated)"
	〈로스앤젤레스 타임스(The Los Angeles Times)〉(1909.10.26.), "이토 공작이 암살되었다(Prince Ito is Slain)"
	〈샌프란시스코 콜(The San Francisco Call)〉(1909.10.26.), "이토가 하얼빈에서 한국인에 의해 살해되었다(Ito Slain By Korean at Harbin)"
	〈퍼시픽 커머셜 애드버타이저(The Pacific Commercial Advertiser)〉(1909.10.26.), "이토 공작이 암살자에게 희생되었다(Prince Ito Falls Victim to Assassin)"
	〈워싱턴 포스트(The Washington Post)〉(1909.10.27.), "이토히로부미 암살(Assassination of Ito)"
	〈뉴욕 타임스(The New York Times)〉(1909.10.29.), "Uprising in Korea May Follow Murrder(한국에서 암살 사건 이후 봉기가 일어날 수도 있다)"
	〈로스앤젤레스 헤럴드(Los Angeles Herald)〉(1909.10.29.), "Koreans Favor Violence Against Japan(한국은 항일 폭력을 지지한다)"

* 市川正明(1979), 김호일(2010), 홍선표(2019), Bella B. Pak(2020), 국가기록원, Edo to Meiji(2007.01. 23.)를 참고하여 저자 정리

해외 한인 신문 샌프란시스코 〈신한민보〉에서는 1909년 11월 24일, "미국 각 신문(美國各新紙)의 여론(輿論), 이토 히로부미 피살한 데 대하여"라는 제목으로 미국 신문에 하얼빈 의거에 대해 보도된 내용을 번역해 전했는데, 일본 행위를 논박하거나 찬성하는 것으로 나타났다. 그 내용은 아래와 같다.

"워싱턴 포스트에 왈, 이토 히로부미는 한국에 옛 폐막을 개혁하였으니, 한국의 친구라 함이 실상에 어긋나는 말이 아니라 하였고, 뉴욕 트리뷴에 왈, 이토는 한국을 야만 지위에서 건져내었거늘 소위 애국자는 이토를 죽임으로 다시 이전의 야만 지위를

---

1 Norbert Weber(1915), 《Im Lande der Morgenstille: Reiserinnerungen an Korean》, Freiburg im Breisgau, Herdersche Verlagshandlung
2 한국에서도 2012년 번역본이 출간됨. 노르베르트 베버(2012), 《고요한 아침의 나라》(박일영 · 장정란 번역), 분도출판사
3 에르빈 벨츠(Erwin Otto Eduard von Bälz, 1849~1913), 일본 메이지 시대에 활동한 내과의사이자 인류학자로, 도쿄대학교 의학과 교수와 일본 황실 주치의를 역임.

회복하고자 함이 아닌가 하였으나 기타 평론은 하였으되 일본은 한국을 속이고 병력으로 백성을 내려 누르며 (중략) 시카고 이브닝 포스트에 왈, (중략) 이토가 죽은 것은 애처로운 일이라 …이토의 죽은 것으로 일본의 징계가 돼야 한국에 대하여 잘못하는 줄을 깨닫게 되기를 바라노니…일본은 자기의 행한 일은 돌아보지 아니하고 이토의 죽은 일을 협감하여 잔인 포학한 행위를 한국에 더할 염려가 없지 아니하니 (중략) 전보다 더 험악한 강제 수단을 받기가 쉬운 일이라 하였더라."

위의 표와 같이, 러시아 신문에서는 대부분 이토 히로부미의 업적을 찬양하고 추도하면서 하얼빈 의거를 부정적인 논조로 다뤘지만, 러시아 군사 요원의 보고서에서는 하얼빈 의거를 비교적 공정하게 평가했다. 아래는 하얼빈 의거 직후 서울 주재 러시아 군사 요원이 작성한 문서에 언급된 하얼빈 의거에 대한 평가이다.

"이 사건은 한국인들의 시각에서 보면 완전히 다른 색깔을 갖습니다. (중략) 한국인들 대다수가 안춘근[4]과 같은 시각을 갖고 있기 때문에 그들이 잘된 복수에 기뻐하고 있다는 사실과 그런 종류의 살인을 저지르는 사람들을 영웅으로 간주한다는 사실은 전혀 놀랄만한 일이 아닙니다. (중략)"[5]

또한, 1848년 뉴욕에서 창간된 미국의 주간신문 〈디 인디펜던트(The Independent)〉의 총 1,298쪽의 분량에 달하는 1910년 판 상반기 ≪연감(Yearbook)≫ 중, 〈1910년의 일본(The Japan of 1910)[6]〉이라는 글에 안중근 의

---

4 '안중근'을 의미
5 서울 주재 군사요원 비류코프의 1909년 10월 18일 자 〈보고서〉 제145호, 러시아국립군사문서보관소, 폰드 200, 오피시 1, 델로 4134, p.27~28. Bella B. Pak(2020), 〈대한 애국자 안중근의 영웅적 의거에 대한 러시아에서의 반향〉, 한국독립운동사연구, p.252. 재인용
6 1910년 당시 일본의 사회, 정치, 경제, 국제정세, 그리고 한일병합 등 동아시아의 변화와 일본의 역할을 외부인의 시각에서 분석한 글

사의 재판에 대한 변론이 실려 있다. 이 글은 연감 집필자 중 한 명인 존 하이드 디포리스트(John Hyde DeForest, 미국인 선교사이자 일본 전문가)가 기고한 것으로, 뤼순(旅順) 일본 관동도독부(關東都督府) 법정에서 열린 안중근 의사 재판에서 변호인들의 "유사 사건과의 형평성을 고려해 3년 형이면 충분하다."라고 언급한 변론 내용을 처음으로 알렸다[7].

이뿐만 아니라, 안중근 하얼빈 의거 촬영 필름에 대한 미국 언론의 보도가 있었다. 미국 의회도서관에 소장된 1909년 12월, 미국 연예잡지 〈버라이어티(Variety)〉에 따르면, 1909년 12월 6일 자, 프랑스 파리 발 단신 기사에서 "러시아 상트페테르부르크의 한 영화사가 한국인이 일본 이토 총독을 저격한 당시 촬영된 필름을 구매할 사람을 찾고 있다."라고 밝혔다[8]. 이듬해, 8월 14일, 〈뉴욕타임스(The New York Times)〉에 "전율 돋는 순간에 우연히 찍힌 이례적 사진들(Unusual snapshots taken at thrilling moments)"이라는 제목의 기사에서 안중근 의사가 이토 히로부미를 저격하는 장면(하얼빈 의거)을 기록한 영상 2개가 미국에 보내졌다는 내용이 보도됐다[9] [10].

안중근 의사와 특별한 인연이 있는 빌렘 신부도 안중근 의사에 대해 언급한 기록이 있다. 한국교회사연구소가 소장한 빌렘 신부의 서한 중 26통을 발췌·번역한 ≪빌렘 신부, 안중근을 기록하다≫에서 살펴볼 수 있다[11].

---

7 뉴시스(2015.02.16.), "105년 전 '안중근 변론' 美매체 '톰아저씨의 오두막' 소설 유명"
8 스포츠동아(2014.03.17.), "'안중근 저격동영상 팔겠다' 러 영화사 1909년 광고 뒤늦게 발견"
9 연합뉴스(2014.03.11.), "NYT '안중근의사 의거 영상 2개 미국에 갔다'(종합)"
10 이태진(2024)에서는 이 필름을 찾기 위한 추적의 노력과 성과를 정리하며, 세 가지 필름의 존재에 대해 잠정 결론을 내렸다(① 이토 히로부미를 초청한 러시아 재무대신 코코프체프의 뜻에 따라 러시아 육군 소속 촬영기사 코브초프가 현장을 촬영한 필름, ② 프랑스 영화 제작사 '파테 형제'가 제작한 〈이토 공작의 장례식 - 1909〉, ③ 러시아 육군 소속 촬영기사 코브초프가 하얼빈 철도 정거장에서 상황이 끝난 뒤에도 계속 촬영을 이어 운구를 마친 군함들이 예포를 발사하는 장면까지 촬영한 필름).
11 ≪빌렘 신부, 안중근을 기록하다≫에 공개된 빌렘 신부의 서한 외에, 최근 〈가톨릭신문〉 2025년 3월 11일 자 기사에 따르면, 연세대 안중근 사료연구센터(센터장 이종수 국제캠퍼스 부총장)는 제106주년 3·1절을 앞두고 2024년 11월 파리 외방 전교회를 방문해 빌렘 신부의 미공개 편지 6통을 발굴했다고 밝혔다. 연세대 안중근 사료연구센터는 본래 빌렘 신부 편지 7통을 발견했지만, 기존에 알려진 편지들과 대조 과정을 거쳐 1통은 이미 공개된 편지와 동일하다는 사실을 확인

⌘ 빌렘 신부의 안중근 의사에 대한 기록

문서명	날짜	안중근 의사에 대한 기록	거론 내용의 상황 및 배경
뮈텔 문서 1899-237	1899.09.26.	"안 토마스는 제게 충실합니다. …이 젊은이는 자신이 무엇보다도 중하게 여기는 신앙을 해치지 않으면서 장래를 좀 준비하고자 합니다. …현재 그의 태도는 매우 모범적입니다. 하지만 솔깃한 유혹이 예기치 않게 찾아올 때, 새로운 것이라면 뭐든 열렬히 좋아하는 그의 성향 때문에 좋지 않게 급변하는 일이 있게 될까 우려스럽습니다."	안중근 의사의 장래에 논의 중 안중근 의사의 성격 언급
뮈텔 문서 1906-66	1906.02.23.	"안 토마스는 자신이 잘못을 저지르고 있다는 사실을 확실히 자각하고 있었고, 제게 말도 없이 상하이로 떠났습니다. 다행히 그는 르 각(C. J. A. Le Gac, 1876~1914)12 신부님을 만났고, 신부님은 그에게 사태를 분명히 알려 주었습니다. …토마스를 포함한 나머지 가족들은 인정이 넘칩니다."	상하이로 이주할 계획을 갖던 안중근 의사의 태도 언급
파리 외방전교회 문서 H-51	1912.03.19.	"범행은 놀라울 정도의 대담함과 태연함 속에서 이뤄졌는데 이 대담함과 태연함이 자만심과 원한이 담긴 애국심을 부추겼습니다. …사람들이 그에게 이런 용기를 가졌으면서 어떻게 그 자리에서 스스로 죽을 용기는 없었느냐고 묻자, 그는 '내가 해야 할 일을 한 것이오. 나머지는 당신들 일이오.'하고 당당하게 답했습니다."	안중근 하얼빈 의거
		"이 불쌍한 자는 자기가 정말로 조국을 위해 희생했다고, 나라를 구한 것이 아니라면 적어도 복수는 했다고 믿었습니다. …그는 자신이 믿는 바대로 한 것입니다."	
		"토마스는 5년 동안 미사 참례를 못 했어도 응답문을 한 구절도 잊지 않았습니다. 그는 저음의 확신에 찬 목소리로 응답했습니다."	관동도독부 감옥서에서 빌렘 신부의 집전(執典)으로 거행된 안중근 의사를 위한 미사
		"어찌 됐든 제 여행은 또 다른 좋은 성과를 거뒀습니다. 토마스가 다소 무례했던 거만한 태도를 내려놓은 것입니다. 그는 용서했고 선한 모습을 보였으며 겸허했고 자신이 받은 도움에 고마워했습니다."	

* 조제프 빌렘(2020)을 바탕으로 저자 정리

빌렘 신부와 같은 프랑스 파리외방전교회(Missions Étrangères de Paris)[13] 소속의 천주교 선교사로 동시대에 조선에서 활동하던 드뇌(De Ney, 1873~1947)[14]라는 신부는 안중근 의사와 직접적 관계나 교류의 기록은 없으나, 안중근 하얼빈 의거에 대해 언급했다. 안중근 하얼빈 의거 후, 박문학교(博文學校)[15]에서 학생들에게 "이번 저격 사건은 동아시아는 물론 유럽 각국에도 평화를 가져올 일이며, 한국의 국운을 위해서도 매우 기뻐할 일이다. 가해자의 무죄와 행복을 하늘에 기도하자."라며 학생들과 함께 기도했다[16].

12　한국명은 곽원량(郭元良). 프랑스 파리외방전교회 소속 선교사. 1899년 서울 도착. 재령 본당 부임.
13　1658년 교황청 직속으로 설립된 프랑스 선교단체. 천주교를 한국에 처음 전파. 1660년부터 아시아에 파견된 선교사 4,500여 명 중 360명이 한국행. 이 선교회 활동으로 1845년 한국인 최초의 사제 김대건 신부 배출. 한국의 의료, 교육 사업(《연합뉴스》(2018.09.06.))
14　본명은 유진 드뇌(Eugene Deneux). 한국명은 전학준(全學俊). 부유한 은행가의 차남으로 출생. 1896년 사제 서품을 받고 3년 후 한국에 파견. 1904년 인천 답동성당 주임 신부로 부임. 박문학교의 설립자 겸 교장 역임. 보육원 기증, 해성병원 개설 등 헌신(《경인일보》(2005.04.14.))
15　현 인천박문초등학교. 드뇌 신부의 상속 유산으로 설립, 운영. 1900년, 인천항에 창립 이후, 드뇌 신부가 1909년 제1대 설립자 겸 학교장으로 취임(인천박문초등학교(https://bakmun.icees.kr))
16　市川正明(1979), ≪安重根と日韓関係史≫, 原書房

참고문헌

김호일 엮음(2010), ≪大韓國人 安重根≫, 안중근의사숭모회
안중근(2020), ≪안응칠 역사: 비판정본≫, 독도도서관친구들
이태진(2024), ≪지식인 안중근≫, 태학사
조제프 빌렘(2020), ≪빌렘 신부, 안중근을 기록하다≫, 한국교회사연구소
홍선표(2019), 〈안중근 의거에 대한 미국 언론의 반응〉, 한국독립운동사연구, 70, p.5~45.
Alexander Rotard. (2011). Imperial Japanese Propaganda and the Founding of The Japan Times 1897−1904. The Asia−Pacific Journal
Bella B. Pak.(2020). 대한 애국자 안중근의 영웅적 의거에 대한 러시아에서의 반향. 한국독립운동사연구, 69, p.245~297.
Gulick, Sidney Lewis(1910), 〈John Hyde DeForest: missionary, statesman, Christian ambassador to Japan〉, ColumbiaUniversityLibraries; americana.
  https://archive.org/details/johnhydedeforest00guli/mode/2up
市川正明(1979), ≪安重根と日韓關係史≫, 原書房
가톨릭신문(2025.03.11.), "'안중근 의사 고해성사 집전' 빌렘 신부 미공개 편지 발굴"
경인일보(2005.04.14.), "[인천인물 100人·22] 초등교육 선구자 전학준 신부"
교수신문(2021.06.03.), "연세대, 안중근 저작 최초 영문판 출간 기념 학술회의 개최"
뉴시스(2014.03.28.), "[단독] '사형판결 안중근의사 항소 안 한 이유는 어머니 뜻' 104년전 영어신문 보도"
뉴시스(2015.02.16.), "105년 전 '안중근 변론' 美매체 '톰아저씨의 오두막' 소설 유명"
동아일보(2014.03.26.), "說 說 說 안중근 거사 촬영 필름… '러시아에 사본 있을 가능성'"
머니투데이(2014.03.17.), "'안중근 의거 동영상', 러시아 영화사가 판매 … 누가 샀나?"
스포츠동아(2014.03.17.), "'안중근 저격동영상 팔겠다' 러 영화사 1909년 광고 뒤늦게 발견"
연합뉴스(2018.09.06.), "한국천주교 태동시킨 파리외방전교회, 조용히 창립 360주년 맞아"
연합뉴스(2014.03.11.), "NYT '안중근의사 의거 영상 2개 미국에 갔다'(종합)"
〈新韓民報(1909.11.24.)〉, "美國各新紙의 輿論, 이토 히로부미 피살한 데 대하여"
〈新韓民報(1909.12.08.)〉, "안의사의 활동사진"
국가기록원(www.archives.go.kr)
인천박문초등학교(https://bakmun.icees.kr)
Edo to Meiji(2007.01.23.), From the Diary of Dr. Baelz.
  https://edo−meiji.livejournal.com/52652.html

영국 기자 찰스 모리머는 안중근을
어떻게 묘사하고 평가했는가?

영국 기자 찰스 모리머(Charles Morrimer)는 영국 신문 〈그래픽(The Graphic)〉[1] 1910년 4월 16일, "일본식의 한 '유명한 재판 사건'(A JAPANESE "CAUSE CELEBRE")"이라는 제목의 기사문을 작성했다. 부제는 '이토 공작 살해범 재판 참관기(THE TRIAL OF PRINCE ITO'S MURDERER)'로, 찰스 모리머가 참관한 1910년 2월 7일, 14일에 안중근 하얼빈 의거에 대한 재판 내용이 실려 있다.

찰스 모리머는 사건의 경위, 재판에 대한 배경 정보, 재판 현장의 분위기, 재판의 결과, 자신의 견해를 자세히 기술했다. 그중 안중근 의사에 대한 평가가 있는데 그 내용을 4가지로 분류해 볼 수 있다. 기사문 내 언급 순으로 정리해 보면 다음과 같다.

첫째, 재판이 시작되며, 검사가 안중근 의사를 포함 하얼빈 의거 동지 우덕순, 조도선, 유동하의 범죄행위(저자 주: 일본 검사 관점에서 범죄행위)에 대해 나열하는 동안 이들은 동요하지 않았다고 기록했다. 특히, 안중근 의사는 자신에게 모든 사람의 시선이 집중되어 있었는데도 불구하고, 동요하지 않는 기색이 더욱 잘 드러났다고 했다. 안중근 의사는 오직 일관되게 말할 기회만을 요청했다고 했다.

둘째, 말할 기회가 주어진 안중근 의사의 입에서는 즉시 애국적 열변이 터져 나왔다고 했다. 법정의 분위기나 사정, 그의 발언이 청중들에게 미칠 영향 등에 대해서는 전혀 아랑곳하지 않고 이토 히로부미의 죄악에 대해 주장했

---

[1] 목판 화가이자 사회 개혁가인 윌리엄 루슨 토마스(William Luson Thomas)에 의해 1869년 창간

으며, 말이 막힘없이 나왔다고 기록했다.

셋째, 찰스 모리머 기자가 재판을 참관하며 느낀 안중근 의사와 동지들에 대한 평가이다. 안중근 의사에 대해서는 다른 동지들과 비교했을 때 다른 동지들과 달리 강직한 성격을 소유한 사람이라고 하며, 안중근 의사가 약점을 보인 곳은 그의 성격이 아니라 우덕순을 신뢰한 판단력이라고 평가했다.

마지막으로, 2월 14일, 형을 선고받은 안중근 의사와 동지들의 모습에 각자 특색이 있었다고 기술했다. 안중근 의사는 사형을 선고받았는데도 다른 동지들(우덕순 3년형, 조도선과 유동하는 18개월형)과 달리 기뻐하는 모습이 역력했다고 했다. 찰스 모리머는 마지막으로 사형을 선고받은 후 법정을 떠나는 안중근 의사에 대해 감명을 받은 듯, 다음과 같이 평가했다.

> "그는 이미 순교자가 될 준비가 되어 있었다. 준비 정도가 아니고 기꺼이, 아니 열렬히, 자신의 귀중한 삶을 포기하고 싶어 했다. 그는 마침내 영웅의 왕관을 손에 들고는 늠름하게 법정을 떠났다."

 참고문헌

김호일 엮음(2010), ≪大韓國人 安重根≫, 안중근의사숭모회
공훈전자사료관(https://e-gonghun.mpva.go.kr)
British online archives, The Graphic, 1869-1932, British online archives.
　　　https://britishonlinearchives.com/collections/114/the-graphic-1869-1932

동양권에서 안중근을 영어로 소개한 자료에는 어떤 것들이 있는가?

싱가포르의 영자신문 〈스트레이츠 타임스(The Straits Times)〉의 1910년 3월 7일 자에는 "사형수 저격자(condemned Assassin)"라는 표제로 안중근 의사가 사형 판결에 항소하지 않은 이유에 관한 기사가 실렸다[1]. 기사에는 변호사 미즈노가 안중근 의사와의 면담에서 안중근 의사 모친 조성녀 여사의 "조상의 명예로운 이름을 더럽혀서는 안 된다."라는 당부를 전했고, 안중근 의사는 모친의 말에 깊이 공감하고 마음을 움직였다는 내용이 실렸다.

2020년에는 한지은(Jieun Han)과 프랭클린 라우쉬(Franklin Rausch)가 엮은 ≪An Chunggŭn: His Life and Thought in his own Words[2]≫ 라는 영문 단행본이 BRILL 출판사[3]에서 출간됐다. 이 책은 안중근의 현존하는 저서를 영어로 번역해 엮은 책이다. 안중근 의사의 ≪안응칠 역사≫, ≪동양평화론≫, 옥중 서신, 유묵 등 자필 저작과 공판 기록 등을 원문(한문)과 영어 번역으로 함께 실었다. 이 책은 연세대학교 한국학연구소의 지원으로 출간됐다.

타이완 대학 황슈메(Huang Shu-Mei) 교수와 서울대 규장각 연구원 이현경 박사가 2021년 공저한 ≪HERITAGE, MEMORY, AND PUNISHMENT: Remembering Colonial Prisons in East Asia≫가 있다. Routledge에서 출간했다. 타이완 자

---

[1] 뉴시스(2014.03.28.), '[단독]사형판결 안중근의사 항소 안 한 이유는 어머니 뜻' 104년 전 영어신문 보도"
[2] 원서의 제목을 '안중근: 그의 언어 속 그의 삶과 사상'으로 번역할 수 있을 것이다.
[3] BRILL은 1683년에 설립(네덜란드에서 가장 오래됨)된 세계적인 출판사이다(Library of Social Science, Brill: one of the world's finest academic publishers, Library of Social Science. https://www.libraryofsocialscience.com/newsletter/posts/2016/2016-02-03-Brill.html).

이 감옥, 뤼순일아감옥구지박물관, 서대문 형무소를 통해 본 일본 제국주의 식민성과 잔혹성을 현장 조사한 영어로 쓴 비교 서적이다. 세계문화유산 차원에서 안중근 의사 유해 발굴의 당위성을 소개하고 있다.

참고문헌

뉴시스(2014.03.28.), "[단독]'사형판결 안중근 의사 항소 안 한 이유는 어머니 뜻' 104년 전 영어신문 보도"

BRILL(https://brill.com)

International Convention of Asia Scholars(2021), An Chunggŭn: His Life and Thought in His Own Words, International Convention of Asia Scholars.
https://www.icas.asia/ibp2021/chunggun-his-life-and-thought-his-own-words

Library of Social Science, Brill: one of the world's finest academic publishers, Library of Social Science.

Shu-mei Huang, Hyun-Kyung Lee(2021), ≪HERITAGE, MEMORY, AND PUNISHMENT: Remembering Colonial Prisons in East Asia≫, Routledge

인도에서는 안중근에 대해 어떤 언급이나 평가가 있었는가?

영국의 식민 지배를 받았던 인도에서 이뤄진 독립운동에는 온건파의 평화적 방법도 있었지만 무장 민족주의도 있었다. 당시, 인도의 무장 민족주의자들이 안중근 하얼빈 의거에 관해 연구했다는 기록이 있다.

산카르 고세(Sankar Ghose)의 저서 ≪The Renaissance to Militant Nationalism in India[1]≫(1969)는 19세기 후반부터 20세기 초반까지의 인도 민족주의 운동의 변천을 분석한 책이다. 제3장 '무장 민족주의의 도전(The challenge of Militant Nationalism)'에 안중근 하얼빈 의거와 관련된 내용이 기술되어 있다[2].

이 책에 직접적으로 '안중근'이라는 이름이 언급된 것은 아니지만, 인도의 무장 민족주의자들이 무장 투쟁의 필연적 성공을 정당화하기 위해 유럽의 관련 문헌을 통해 사례를 샅샅이 살피며 참고했는데, 이때, '마치니의 교리(Mazzini's doctrines), 러시아 허무주의자(Russian Nihilist)의 행동, 이토 히로부미 암살' 등을 면밀히 연구했다고 기록되어 있다.

다시 말해, 인도의 무장 민족주의자들이 그들의 무장 투쟁의 정당화를 위한 사례 검토 중, 이토 히로부미 주살 사건 즉, 안중근 하얼빈 의거를 연구했던 사실이 있다.

---

1 '인도의 르네상스 운동에서 무력 민족주의로'로 번역할 수 있을 것이다.
2 Sankar Ghose(1969), ≪The Renaissance to Militant Nationalism in India≫, Allied Publishers; Bombay, p.260.

참고문헌

Sankar Ghose(1969), ≪The Renaissance to Militant Nationalism in India≫, Allied Publishers; Bombay,
https://archive.org/details/dli.bengal.10689.12837/page/n5/mode/2up

안중근은 어떤 이유로
동학당을 공격했는가?

　동학 농민 운동은 1860년 최제우(崔濟愚, 1824~1864)가 경주에서 창시한 동학을 기반으로, 만민 평등과 사회개혁을 주장한 운동이다. 이 운동은 반봉건과 반외세를 기치로 내걸고, 양반 신분제를 배격하며 부정부패한 현실을 개혁하려는 국민 운동이었다.

　안중근 의사는 '동학'에 대해 비판적이었다. 그는 이를 '동학당'이라고 표현했는데, 여기서 '당'은 '정치적인 주의나 주장이 같은 사람들이 정권을 잡고 이상을 실현하기 위해 조직한 단체'를 의미한다. 그는 《안응칠 역사》에서 "동학당이 곳곳에서 벌떼처럼 일어나 외국인을 배척한다는 핑계로 각 군을 횡행하면서 관리들을 죽이고 백성이 재산을 약탈했다. 이 일이 장차 일본, 청국, 러시아가 개입하여 나라가 위태롭게 되는 원인이 되었다."라고 기술했다.

　안중근 의사는 동학군의 행태에서 관리 살인과 백성 재산 약탈을 문제 삼았다. 또한, "관군이 그들을 진압할 수 없었기에 청국군이 들어오고 일본군도 들어와 두 나라 군대가 서로 충돌하여 마침내 큰 전쟁이 되고 말았다."라고 언급하며, 청일전쟁의 원인을 동학에서 찾고 대한제국 국권 침탈의 시작이 된 청일전쟁의 폐해를 지적했다.

　그리고 다음과 같은 글을 썼다. "아버지는 동학당의 횡포를 걱정하여 격문을 뿌리며 동지들과 포수들을 불러 모으고 처자들까지 대열에 편입하니 정병(精兵)이 70여 명이나 되었으며, 청계산에 진을 치고 동학당에 항거했다."라고 했다. 부친 안태훈 진사가 동학당의 횡포에 대응하기 위해 신천 의려소(義旅所)를 설치하여, 민병을 조직하고, 청계산에 자체 방어망을 구축하고 저항했다. 의려(義旅)는 외적의 침입을 물리치기 위하여 백성들이 자발적으로 조직한 군대 또는 그 군대의 병사를 말한다. 의려소는 민병대를 의미한다. 청계동은 안태훈 신천의려소(신천군 두라면 청계동가에 동학당 토벌을 위한 의려)가 설치된 곳이다. 황해도 해주 금천 안악(구월산)에도 의려소를 차렸다. 이는 안태훈이 동학당을 격파한 곳이다.

부친 안태훈과 안중근 의사는 동학당을 조선 왕권에 대한 도전, 즉 왕조 질서에 대한 위협으로 간주하고, 동학농민군을 저지하지 못하는 조선 말기 조정을 지원했다.

 참고문헌

안중근(1910), ≪안응칠 역사(安應七歷史)≫

안중근은 외국어 학습에 대해 어떤 생각을 가지고 있었는가?

안중근 의사는 ≪안응칠 역사≫에서, "일본말을 배우는 자는 일본의 종이 되고, 영어를 배우는 자는 영국의 종이 된다. 내가 프랑스 말을 배우다가 프랑스 종놈을 면치 못할 것이다."라고 기술했다.

이에 대한 계기를 보면, 안중근 의사는 홍석구(빌렘) 신부에게 프랑스 말을 배웠다. 그리고 홍석구 신부와 다음과 같이 의논했다.

"한국의 교인들이 학문에 어두워, 교리를 전파함에 있어 손해가 적지 않은데, 하물며 한국의 대세는 말할 나위도 없다. 민(민덕효, 뮈텔) 주교에게 말씀해서 서양의 수사회(修士會) 가운데서 박식한 선비 몇 사람을 초청해 대학교를 설립한 뒤에, 국내에 재능이 뛰어난 자제들을 교육한다면, 몇십 년이 안 가서 반드시 효과가 있을 것이다."

이는 문맹으로 인해 교리 전파가 어려웠던 점과 국제정세에 어두운 국민에게 새로운 교육 기회를 제공하기 위한 목적이었다.

'민 주교'는 뮈텔(Gustave-Charles-Marie Mutel, 1854~1933; 한국명 閔德孝)로, 프랑스 외방전교회 선교사였다. 그는 1881년 조선에 부임했으며, 1885년에는 파리 대학 학장을 역임한 뒤 다시 한국으로 돌아왔다. 1890년에는 제8대 조선교구장으로 임명되어 부임하였고, 종현성당(現 명동성당)을 건립하였다.

≪안응칠 역사≫에 따르면, 경성의 홍석구 신부와 같이 가서 민덕효 주교에게 대학 설립의 필요성을 말했다. 이에 민덕효 주교는 "한국인이 만일 학문

이 있게 되면, 교 믿는 일에 좋지 않을 것이니, 다시는 그런 의논을 꺼내지 마시오." 하고 인정하지 않았다. 두세 차례 권고했으나, 민 주교가 청을 들어주지 않자, 고향으로 돌아왔다. 대학 설립에 대한 자신의 의견이 받아들이지 않자, 안중근 의사는 분개함을 참지 못하고, 마음속으로 "천주교의 진리는 믿을지언정, 외국인의 심정은 믿어서는 안 된다."라고 맹세했다. 프랑스 언어를 중지한 것을 안 친구가 그 이유를 묻자, 안중근 의사는 다음과 같이 말했다.

"일본말을 배우는 자는 일본의 종이 되고, 영어를 배우는 자는 영국의 종이 된다. 내가 프랑스 말을 배우다가 프랑스 종놈을 면치 못할 것이다. 그래서 폐한 것이다. 만일 우리 한국이 세계에 위력을 떨친다면, 세계 사람들이 한국말을 통용할 것이니, 그대는 조금도 걱정하지 말라."

안중근 의사는 교육을 통해 나라를 구하고자 했다. 1907년, 그는 삼흥학교를 설립하고 돈의학교를 인수하여 스스로 교육을 통한 구국운동에 나섰다. 안중근 의사가 학문 장려에 대해 당부한 내용은 1910년 3월 25일 자 〈대한매일신보〉에서 확인할 수 있다. 1910년 2월 15일에 변호사 안병찬 씨가 뤼순감옥 안에서 안중근을 면회하고 고별할 때, 안중근 의사는 한국 동포에게 결고하는 사의(辭意)를 이렇게 말했다고 한다.

"내가 한국 독립을 되찾고 동양평화를 유지하기 위해 3년간 해외에서 풍찬노숙하다가 마침내 그 목적을 달성하지 못하고 이곳에서 죽노니 오로지 우리 2천만 형제자매는 각자 분발하여 학문에 힘쓰고 실업을 진흥하라. 나의 유지(遺志)를 계승하여 자유 독립을 되찾으면 죽어도 유감없노라."

'동포에게 고함'이다. 한국 국민에게 남기는 유지는 '한국 독립, 동양평화, 학문 장려, 실업 진흥, 자유 독립' 등이다. 이는 안중근 의사의 교육과 구국 정신을 함축하고 있다.

 **참고문헌**

안중근(1910), ≪안응칠 역사(安應七歷史)≫
〈대한매일신보〉1910년 3월 25일 자

하얼빈 의거는 '주살(誅殺)'로 불러야 하는가, 아니면 '저격(狙擊)'으로 불러야 하는가?

안중근 하얼빈 의거는 1909년 10월 26일 하얼빈에서 일본 추밀원 의장 이토 히로부미를 권총 3발로 주살한 사건을 의미한다. 추밀원은 일본 왕실의 자문 기구이다. 이토 히로부미는 개인 자격으로 만주를 여행한다고 공개적으로 천명하였지만, 실제로는 러시아 재무대신 코코프체프를 만나 대한제국과 만주에 대한 지배력을 강화하기 위해 일제의 요청에 따라 회담을 목적으로 하얼빈에서 접견하였다. 또한 동청철도 부설권 매각에 관한 협상을 진행하였다.

2007년 7월, 하얼빈 안성가에 위치한 조선민족예술관에 '안중근 진열전'이 설립되었다. 이후 2015년 1월 19일, 하얼빈역에 '하얼빈 안중근의사기념관'이 설립되었다. 그 후 하얼빈역의 확대 재건축으로 인해 기념관은 조선민족예술관으로 이전되어 전시되었다. 2019년, 중국 정부는 하얼빈역 귀빈 대합실을 개조하여 '하얼빈 안중근의사기념관'을 설립하고, 3월 30일에 재개관하였다.

개관 당일 중국 외교부는 '기념관이 의거 현장에 설치된 것을 의미 있게 생각한다. 이를 계기로 동북아 지역 국가들이 안중근 의사가 주창한 동양평화론의 숭고한 정신을 되새기며 올바른 역사 인식에 기초해 진정한 평화와 협력의 길로 나아가기를 기대한다.'라고 발표했다. 안중근 의사의 '동양평화론'을 주목하고 그 동시대적 의의를 강조한 것이다. 중국 정부는 '기념관'을 통해 한국과 연대하여 역사 (인식) 문제를 해결하도록 공동으로 대처해 나가겠다는 의지를 표명했다.

그러나 당일 일본 외무성 국장은 한·중 주일 대사에게 전화로 항의했다. 이튿날 당시 관방장관이었던 스가 요시히데(후에 일본 총리를 역임)는 "안중근은 사형 판결을 받은 테러리스트로 인식하고 있다. (중략) 일방적 평가로 한국과 중국이 연대함은 지역 평화와 협력 관계 구축에 도움이 되지 않는다."라고 불평했다. 같은 날 한국 외교부는 '역사의 양심에 눈감은 스가 관방장관을 규탄'하며, '안중근 의사는 한국 독립과 동양의 진정한 평화를 지키기 위해 헌신한 위인'이자 '국제적으로 존경받는 영웅'이라고 논평했다.

한편, 중국 외교부는 '안중근은 저명한 항일 전사로서 중국 인민도 존경하고 있다. 중국은 국내 관련 규정에 따라 기념시설을 설립한 것으로 이치에 맞는다.'라고 논평하면서 일본 측 항의를 일축했다. 제2차 세계 대전 이후 일본 정부와 각료들은 안중근 의사에 관한 공적 발언을 자제해 왔다. 이는 일본 내 다양한 평가를 의식하는 동시에 외국, 특히 한국을 배려하기 위한 것이었다. 그러나 스가 장관은 '안중근은 테러리스트'라는 첫 공식 발언을 했다.

아베 정부는 2019년 2월 4일 각의(閣議)에서 '이토 히로부미를 살해하고 사형 판결을 받은 인물'이라고 수정했다. 그러나 '살해'라는 용어는 어폐(語弊)가 있다. '객관적'이라 할지라도 일본에 '불편한 진실'을 가린 '표면적' 용어이다. 단지 이토 히로부미를 '살해'했다고만 표현하면 하얼빈 의거를 왜곡한 것이 된다. 이토 히로부미에게 내려질 '하늘의 형벌' 즉, 천주(天誅)를 대리했다는 것이 의거의 뜻이기 때문이다.

따라서 안중근은 이토 히로부미를 주살(誅殺)했다고 표현해야 의거의 뜻과 진정성에 부합한다. 주살(誅殺)이란 '죄를 물어 죽임을 당하는 것'을 뜻한다. 안중근 의사는 하얼빈 의거 후 1909년 11월 6일에 〈한국인 안응칠 소회(韓國人安應七所懷)〉에서 '이토 히로부미 죄악 15개조'를 천명하였다.

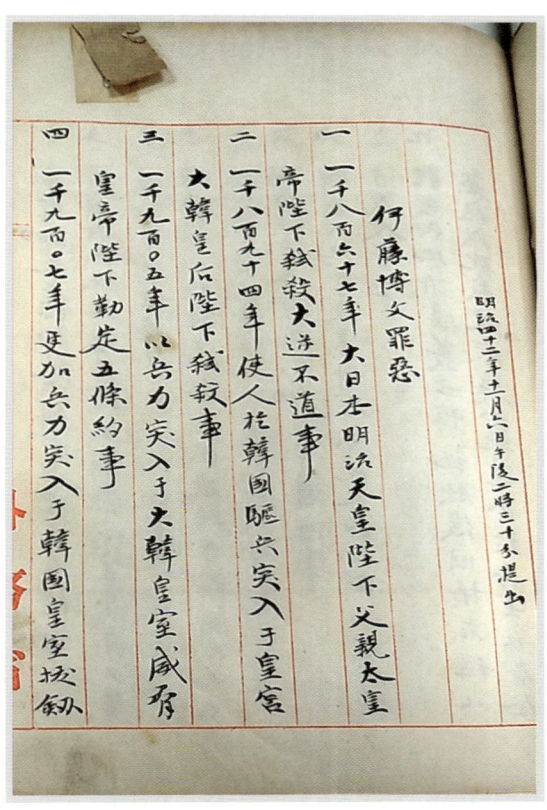

▲ 안중근 의사가 천명한 이토 히로부미 죄악
(일본 외교사료관 소장)

📕 참고문헌

안중근(1909), 〈한국인 안응칠 소회(韓國人安應七所懷)〉
김봉진(2022), ≪안중근과 일본, 일본인≫, 지식산업사

하얼빈 의거와 관련된 '제3자 저격설'은 어떤 내용을 담고 있는가?

하얼빈 의거의 제3자 저격설 주장은 무로다 요시아야(室田義文, 1847~1938)가 제기한 것이다. 무로다는 하얼빈 의거 당시 귀족원 의원으로, 안중근 의사의 총탄에 의해 외투와 바지에 탄흔이 생기고 손가락에 찰과상을 입었다. 그의 옆에는 나카무라 요시고토(中村是公, 1867~1927) 만철 총재가 수행하고 있었다. 이 두 사람은 주살당한 이토를 열차로 옮기는 데 주요 역할을 했다.

첫 번째 주장. 1909년 11월 16일, 아카마가세키(赤間關)재판소에서 다무라(田村光英) 검사가 조사를 진행했다. 무로다는 자신이 목격한 장소를 도면으로 제출하며, 이토의 부상에 대해 설명했다. 이토의 부상은 두 곳에서 발생했는데, 하나는 우완(右腕)을 관통해서 폐복부(肺腹部)에 명중하였으며, 탄환은 위에서 아래로 경사져 있었다고 한다. 또한, 이토 주변에서 수행하던 사람들의 부상은 안 의사의 연발 사격에 의한 것일 수 있지만, 이토의 부상은 안 의사가 아닌 제3의 인물이 위에서 쏜 것이라고 주장했다.

두 번째 주장. 1942년에 발간된 《무로다 요시아야 옹의 이야기》에서는 다음과 같은 주장을 담고 있다. 이 책에서는 "이토 공이 맞은 탄환은 안중근의 브라우닝 권총에서 나온 것이 아니라 프랑스제 기마총에서 발사된 것이다."라고 주장한다. 기마총은 권총보다 크고 소총보다 짧은 칼빈총을 의미한다. 이토가 피격당하던 당시, 하얼빈역 1층 찻집에서 나온 안중근 의사가 쏜 것이 아니라, 2층에 숨어 있던 정체를 알 수 없는 사람이 비스듬히 내려쏘았다는 것이 제3자설의 핵심 주장이다. 또한 "그 식당은 격자 구조로 되어 있어 아래로 쏘기에는 절호의 장소였다."라고 설명하고 있다.

무로다는 1872년에 이토의 알선으로 외무성 관료가 되었다. 1887년부터 1894년까지는 부산에서 영사와 총영사를 역임했다. 1901년에는 귀족원 의원으로 칙임(勅任)되었다. 왜 무로다가 이러한 주장을 했는지는 역사적 상상에 맡겨둔다.

이것에 대한 반대 의견은 두 가지로 증명된다. 첫째, 목격자들의 진술이고, 둘째는 이토의 상처 흔적이다.

후루야 히사츠나(古穀久綱, 1874~1919)는 의거 당일인 10월 26일, 총리대신 가쓰라 다로(桂太郎, 1848~1913)에게 전신(電信)으로 보고서를 보냈다. 후루야는 당시 추밀원 의장 이토의 곁을 지키던 직속 비서관이었다. 목격자인 후루야의 보고서에서 다음의 내용을 확인할 수 있다.

> "이토가 러시아 재무대신 코코프체프 등과 함께 의장대 사열(査閱)을 끝낸 오전 9시 30분 바야흐로 몇 걸음 되돌렸을 때 군대 한쪽의 후방에서 머리 짧고 양복 입은 한 청년이 갑자기 공(公: 이토 공작)에게 바싹 다가와 피스톨로 공을 저격하고, 이어서 여러 발 발사했다. 곧바로 공을 부축하여 열차 안으로 옮겼다. 고야마 의사는 정거장에 나와 있던 러시아 의사 등과 응급조치를 취했으나 잠시 신음 후 오전 10시 마침내 훙거(薨去)했다. 총 맞고 30분 후 '잠시 신음'하다가 죽었다는 것이다. 단, 그사이에 이토가 '무슨 말이나 대화를 했는지 아닌지'는 알 수 없다."

이토는 1900년 제4차 내각을 구성할 때 후루야를 총리대신 비서관으로 기용했다. 이후에도 그를 1905년에 통감 비서관, 1909년에는 추밀원 의장의 비서관으로 임명했다. 후루야는 이토가 죽은 지 약 1시간 15분이 지난 이후에야 '범인은 한국인'임을 알게 되었다고 보고한다.

고야마 의사는 이토를 옆으로 눕힌 뒤 외투와 조끼를 벗기고 상처를 치료하며 주사를 놓았다. 종자(從者)에게 명하여 작은 술잔의 브랜디 한 잔을 공작에게 권하자, 공작은 한때 흥분하여 "누가 쐈느냐? 누가 상처를 입었는가?"라고 물었다. 후루야와 무로다 중 한 사람이 "흉행자는 한인(韓人)이며 곧 붙잡혔다. 가와카미, 다나카, 모리 3명이 부상을 입었다"라고 대답하자, 공작은 그 뜻을 알아들은 듯했다. 그사이 다시 같은 양의 브랜디를 권했더니 마신 후, 세 번째 잔을 권했을 때는 이미 절명했다. 조난(遭難) 후 15분 뒤 인사불성에 빠지고, 다시 15분 뒤에는 완전히 절명한 것이 사실이다.

여기에 이토의 물음에 '흉행자는 한인'이라고 대답했다는 서술이 나온다. 대답한 사람은 '후루야 또는 무로다'였다고 전해지지만, 이는 사실이 아니다. 먼저, 후루야가 대답했을 가능성은 없다. 앞서 살펴본 바와 같이, 그는 이토가 사망한 지 약 1시간 15분이 지난 후에야 '범인은 한국인'임을 알게 되었다고 보고했기 때문이다.

다음은 나카무라의 목격담이다. 이는 〈오사카 마이니치신문〉 1909년 10월 28일 자 2면에 실린 '다롄(大連) 래전, 27일 특파원 발' 기사 중 하나인 '나카무라 총재의 실견담(實見談, 목격담)'에 관련 내용이 있다.

> 공은 첫 발을 맞았을 때 한 걸음 나아갔다. 두 발째 맞자 또 한 걸음 나아갔고, 세 발째에 비틀거렸다. 나는 (중략) 바로 앞에서 공을 껴안았는데, 공은 허둥대는 모습 없이 "당했다. 탄환이 여러 개 박힌 듯하다."라고 중얼거렸다. 이때 러시아인이 빨리 눕히는 것이 좋다고 말해서 5, 6인이 얼굴을 하늘로 향하게 안고 기차 안으로 들어갔다. 이때 공이 멀쩡한 정신으로 "흉행자는 어떤 놈이냐?"라고 물었다. 나는 한국인이라는 뜻(旨)을 고하고, "모리 씨도 당했습니다."라고 말하자 "모리도 당했는가?"라고 낮은 목소리로 말했다. 이미 이때는 단말마(斷末魔)가 다가와 있었다.

이 인용문의 내용이 사실이라면 '흉행자는 한국인'임을 고한 사람은 '나카무라'였다는 뜻이 된다.

무로다 자신의 목격담도 있다. 무로다의 청취는 두 번에 걸쳐 진행되었다.

첫 번째는 1909년 11월 20일 야마구치현 아카마가세키(赤間關), 즉 시모노세키(下關)시 재판소에서 열렸고, 두 번째는 같은 해 12월 16일 도쿄 지방재판소에서 진행되었다.

> "갑자기 몇 발의 폭죽과 같은 소리를 들었다. 그러나 저격자가 있었음은 알아채지 못했는데, 좀 있다가 양복 입은 한 사나이가 러시아 군대 사이로 몸을 드러내면서 권총으로 나를 향해 발사하는 것을 보고 비로소 저격자가 있음을 알았다. 곧 공작 곁으로 달려가 왼쪽 뒤에서 그의 몸을 안고 막아섰더니, 공작은 '이미 부상을 당했다(既ニ負傷セリ)'라고 말했다. 저격 당시의 모습은 그 외에는 모른다."

무로다 자신도 양복을 입은 한 사나이가 러시아 군대 사이로 몸을 드러내면서 권총을 자신에게 발사하는 것을 보고 저격자가 있음을 알았다고 자인하고 있다. 그러나, 그는 1943년도 책의 그 당시의 상황을 스스로 부정하고 있다.

이 외에도, 코코프체프의 목격담 〈코코프체프의 회고록〉에도 나온다, 다나카의 일화와 나카무라의 목격담에서도 확인할 수 있다.

상처의 방향이다. 이토의 사망 진단서는 수행 의사 고야마 젠(小山善)이 작성하였다. 고야마 주치의가 진술한 이토의 상태는 1909년 11월 2일 자 신문 7면에 실린 '도쿄 전화(電話), 1일, 고야마 부첨의(附添醫, 주치의)의 담'이라는 기사에 자세히 묘사되어 있다. 그는 이토의 상처 부위를 이렇게 설명한다.

> "제1탄은 공작의 왼쪽 견갑부 삼각근 후부 아래 2cm 부위를 관통하여 흉부로 들어가 왼쪽 위 복부에 박혔다. 제2탄은 왼쪽 어깨에서 복부로 들어가 배꼽 위 복부에 박혔다. 제3탄은 가슴 상부의 살덩이를 반월형으로 걷어 냈다."

세 발 모두 수평으로 쏘았다는 것이다. 이는 무로다가 주장한 제3자 저격설을 정면으로 반박하는 증거이다.

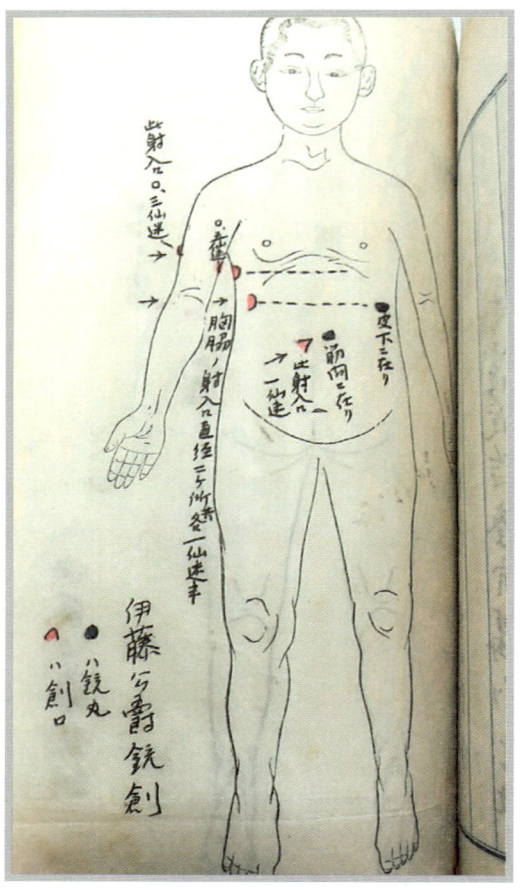

▲ 이토 히로부미 살상 부위(일본 외교사료관 소장)

참고문헌

김봉진(2022), ≪안중근과 일본, 일본인≫, 지식산업사
田穀広吉, 山野辺義智 共編(1938), ≪무로다 요시야 옹의 이야기(田義文翁譚)≫, 念會東京支部

안중근 의거가 한일병합의 원인이 되었다는 주장에 대해 어떻게 설명할 수 있는가?

안중근 의거를 경술국치(한일병합)의 원인이며 이를 앞당겼다고 주장하는 사람들은 이토 히로부미가 정한론의 온건파였다는 점을 근거로 삼는다. 이 주장은 이토 히로부미가 '헤이그 밀사 사건'으로 고종 폐위를 결행한 직후인 1907년 7월 29일, 재한 신문기자 만찬회에서 한국 독립에 대해 연설한 내용에 기반을 둔다. 그는 당시 연설에서 다음과 같이 발언했다.

"일본은 한국의 음모(저자 주: 일제의 침략에 대한 저항)를 막기 위해 한국의 외교권을 일본으로 양도하라 하고, 일본은 한국을 합병할 필요를 느끼지 않으며, 그것은 매우 귀찮은 일이다. 한국은 자치를 해야 한다. 그러나 일본의 지도 감독이 없이는 건전한 자치를 수행하기 어렵다. 이것이 금번 신협약을 체결하게 된 연유로서 충간하는 신하 일곱 사람이 없으면, 나라가 망한다는, 옛말이 있음에도 불구하고, 한국의 국민 중에는 단 한 분이신 폐하에게 충성하려는 자가 없다는 것은 개탄할 일이라 아닐 수 없다."

이에 대한 반대 증거를 제시한다.

첫째, 이토 히로부미는 하얼빈 의거 이전에 이미 경술국치를 승인하고 이를 알고 있었다. 안중근의 하얼빈 의거는 1909년 10월 26일에 실행되었으며, 경술국치는 1910년 8월 29일에 이루어졌다. 이는 이토 히로부미가 주살된 후 10개월이 지난 시점이었다. 일본의 한일병합 정책은 이토 히로부미가 사망하기 전인 1909년 3월 30일, 가쓰라 타로 총리와 고무라 주타로 외무상에 의해 이미 입안되었다. 이후 1909년 4월 10일, 가쓰라 총리와 고무라 외무상은 이토 히로부미에게 승인을 요청했다. 또한, 그로부터 4개월 전에 각의(閣議) 결정을 거쳐 일왕의 재가(裁可)를 받아둔 뒤 이를 비밀로 부치고 언제든지 준비를 마친 상태였다.

둘째, 한일병합의 의도를 한국인들에게 주장한 것이다. 1909년 4월 24일, 가쓰라 타로 총리가 회장으로 있던 동양협회가 주최하고, 경성일보가 주관한 행사에서, 한국 명사 260명이 참가한 일본 관광단 환영회가 우에노에서 열렸다.

그 자리에서 이토 히로부미는 다음과 같이 말했다.

"양국(한일)의 관계는 관례적인 경제무역이라든가, 산업에 관계된 것뿐만 아니라, 정치적인 관계도 있는 것이다. 이것은 양국에 있어서 가장 중대한 문제인 것이다. 양 국민 가운데, 설령 숙지하지 못한 사람이 있을지라도, 노력해서 숙지해야만 하는 관계인 것이다. 지금이야말로 동양의 문제에 따른 양국 관계에 있어서, 문호 개방 등을 말하고 있지만, 한일 관계는 이와는 달리 양국 간에는 문호가 없는 것이다. 따라서 기회균등을 논할 필요마저도 없다. 종래 두 나라는 양국으로서 함께 존립하고, 열립(列立)해 왔지만, 지금이야말로 참으로 협동적으로 나아가야 할 처지인 것이다. 자진해서 일가가 되려 하고 있다. 오늘날에 있어 이와 같은 사정을 이해 못하고, 분란을 꾀하려는 자가 있다는 것은, 내가 원하는 바가 아니다."

이미 한일병합의 의도를 설명하고 있다. 1909년 5월에 통감직에서 사표를 제출하자, 일왕은 이를 25일에 각하하였다. 이후 재차 사표를 상소하자, 6월 14일에 면직되었다. 동시에 추밀원 의장으로 임명되었다. 그 후 체신대신 고토 신페이(後藤新平, 1857~1929)의 권유로 러시아의 코코프체프와 극동 문제, 특히 한국 처리에 관해서 회담을 결심하였다.

셋째, 이토는 한국 국민의 저항에 위기의식을 느꼈다. 고종 폐위와 한국 군대 해산 이후 전국적으로 격렬한 의병 투쟁이 일어났다.

넷째, 구라치 데츠키치 정무국장의 공작이다. 그는 한국 병합안을 하얼빈 의거 6개월 전에 기초한 장본인이다. 구라치 테츠키치는 1871년 이시카와현에서 태어나 도쿄제국대학 법대를 졸업했다. 일본 외무성 참사관, 정무국장, 외무차관 및 제국의회 정부위원을 역임했다. 을사늑약 이후 통감부가 한국에 설치되자, 정무국장으로 재임하는 동안 통감부 참사관을 겸임하게 되었다. 이는 통감부 비서관, 즉 이토 히로부미의 비서관에 해당되는 직책이었다. 도쿄에서 경성 통감부의 외교 사무에 대한 모든 보고를 받고 지시를 내리는 일을 맡았다. 즉, 구라치는 통감부 시대에 한국의 대외 관계와 을사늑약과 관련된 일본과의 실무를 책임졌다. 특히 한일병합 당시 외무성 정무국장으로 재임하면서 한국병합을 위한 외교문서를 준비한 한일병합 작업의 최고 실무자였다.

구라치 데츠키치 회고록 ≪한국병합의 경위(韓國倂合ノ經緯)≫에서 '적당한 시기에 한국병합을 단행하고, 병합의 시기가 도래할 때까지 병합의 방침에 따라 충분히 보호의 실권을 쥐고, 가능한 노력해 실력을 키울 것'이라고 기술했다. 또한 침략을 은폐하려고, 합병이라는 단어를 만들었다.

1908년 6월부터 1912년 12월까지 그는 약 3년 반 동안 대한제국 운명을 일본에 예속시키는 중추적인 역할을 했다. 한일병합 후 그 공로로 1911년 5월 8일 일본 외무 관료 최고 명예직인 외무차관으로 승진하였다. 이후 1913년 귀족원 의원으로 선출되었다.

1939년, 외무성 명의로 의도적으로 발표한 구라치의 ≪한국병합의 경위≫의 주요 내용은 다음과 같다.

첫째, 병합이 안중근 의거 6개월 전에 입안된 경위, 둘째, 이토 히로부미의 병합안이 지나치게 적극적이었다는 점에 놀랐다는 것, 셋째, 병합이 군벌에 의해 서둘러졌다는 점, 넷째, 우치다 료헤이(內田良平, 1874~1937) 등 일본의 대륙 정책 관련 인사들이 자신들의 공로로 병합을 선전하고 있는 것이 허구임을 지적한 점, 다섯째, 안중근 사건을 축소하여 병합과는 관계가 없다고 취급한 경위 등이다.

　이상에서 그는 안중근 의거가 한국 국민 전체의 의견을 대변하는 것이 아니며, 국내외 동지들과 공모한 사건도 아니라고 주장한다. 또한, 이 사건을 러시아의 한구석에서 불량배들이 꾸민 작은 사건으로 축소하며, 대부분의 한국 국민이 병합을 반대한다는 인상을 주지 않으려 하고, 병합을 추진한 자신의 노력을 강조하고 있다.

참고문헌

中野泰雄, 김영광 역서(1984), ≪일본 지성이 본 안중근(安重根與伊藤博文)≫, 경운출판사
金宇鍾·李東源(1998), ≪安重根義士≫, 黑龍江朝鮮民族出版社

안준생과 이토 분키치 사이의 화해극은 어떤 경위로 벌어졌는가?

1909년 10월 26일, 안중근 의사는 하얼빈에서 이토 히로부미를 주살하였다.

안준생은 안중근 의사의 둘째 아들이며, 이토 분키치는 이토 히로부미의 아들이다.

1939년 조선총독부 총독은 미나미 지로(南次郞, 1874~1955)였다. 그는 1936년 8월 5일부터 1942년 5월 29일까지 제7대 조선총독에 재임했다. 미나미 지로는 일본 육군 군인으로서 1927년 참모차장, 1929년 조선군사령관을 역임했다. 만주사변 당시에는 육군대신으로 활동했으며, 1934년 12월 10일 관동군 사령관 겸 만주국 대사를 맡아 731부대 설립 초기에도 관여했다. 1936년 제7대 조선총독으로 취임한 그는 내선일체, 황국신민화, 국가 총동원령을 시행하고 창씨개명을 강요했다. 전쟁 후에는 극동국제군사재판에서 종신형을 선고받았다.

안준생이 성장한 곳은 상하이였다. 그는 이곳에서 수학했고, 상하이의 후장(滬江)대학에서 영어를 전공했다. 안준생은 전화 교환원이었던 정옥녀(鄭玉女, 1908~1991)와 혼인하여 슬하에 2남 1녀를 두었다. 중국어와 영어에 능통했던 그는 식당에서 바이올린을 연주하며 생계를 유지했다. 중일전쟁 당시 안준생은 충칭으로 가지 못하고 상하이에 남아 있었다.

1939년 10월, 그는 중국 상하이에 거주하던 조선인 14명으로 구성된 '만선시찰단(滿鮮視察團)'에 소속이 되어, 조선총독부의 초청을 받아 고국을 방문했다. 그런데 당시 서울 장충단에는 친일파 인사들에 의해 이토 히로부미를 추모하기 위해 박문사(博文祠)가 세워져 있었다. 이 방문에서 안준생은 조선총독부의 계획에 따라 서울 장충단에 있는 박문사를 방문하여 '이토 히로부미의 아들 이토 분키치와 눈물의 악수 장면'을 연출했다.

국가기록원에 따르면, 1939년 9월 25일 상하이의 하라다 이치로(原田一郞) 사무관이 조선총독부의 마쓰자와 다쓰오(宋澤龍雄) 외사부장을 비롯한 각 기관에 공문 〈상하이 재류 조선인의 선내 시찰단 파견에 관한 건〉을 발송했다. 이는 만선 시찰단의 사전 기획 문건으로, 상하이에 5년 이상 거주한 조선인들을 대상으로 황국신민임을 각성시키기 위한 시찰단을 구성해 조선에 파견하겠다는 계획을 담고 있다. 당시 안준생은 33세로 악기상이었으며, 황일청은 42세로 전차공사 감독, 평양 대성대학 졸업, 상하이 가정부(假政府) 재정부 서기국장, 의정원 의원, 한국 독립당원으로 기록되어 있다. 안중근 의사의 장녀인 안현생의 배우자 황일청은 신흥 무관학교 1기 졸업생이기도 하다. 이들 모두 본적지(일본) 국적 취득을 위한 수속 중이라고 기록되어 있다.

국가기록원의 1939년 〈안준생 신변 특별 경호의 건〉에 따르면, 상하이에서 거주하던 안준생이 14명으로 구성된 '만선 시찰단'의 일원으로, 1939년 10월 7일에 귀국하였다. 그는 10월 15일과 16일에 경성 박문사에서 이토 히로부미의 아들인 이토 분키치 남작을 회견하여 사죄하였다고 기록되어 있다. 또한, 만선 시찰단은 10월 18일 밤에 부산을 출발해 직항으로 귀지(상하이)로 돌아갔다고 기록되어 있다.

조선총독부 외사부와 상하이에 파견된 일본 당국에 의해 철저히 기획된 일이었다. 안준생은 내선일체(內鮮一體)의 길을 향해 가고 있던 일제의 침략정책에 동원되었으며, 안중근 의사를 아끼던 사람들은 그의 아들의 행위에 가슴을 쳤다.

〈조선일보〉, 〈동아일보〉, 〈매일신보〉에 따르면, 안준생은 '죽은 아버지의 죄를 자신이 속죄한다.'라는 발언을 했다고 한다. 이토 히로부미의 차남 이토 분키치를 만나 사죄하는 쇼에 동원되어 조선총독부의 선전 도구로 이용당했다.

이 사건으로 인해 김구 주석은 ≪백범일지≫에 "1945년 8월 15일이 지난 얼마 후의 일이다. 그는 그곳 중국 경찰에 접촉해 거기 살고 있던 조선인 안준생을 잡아 죽여 달라고 부탁했다."라고 기술했다. ≪백범일지≫ 원본 주석에는 안준생에 대해 다음과 같이 묘사되어 있다.

> "安俊生은 倭놈을 따라 本國에 돌아와 倭敵 伊藤博文에게 父親 義士의 罪를 謝하고 南總督을 애비라 稱하였다."

여기서 남총독(南總督)은 제7대 조선 총독을 역임한 미나미 지로를 뜻한다. 안준생은 이후 홍콩에서 거주하다가 1950년 전쟁 중에 귀국하였으며, 1952년 11월 부산에서 폐결핵으로 별세하였다. 그는 현재 경기도 포천 혜화동 천주교 공원묘지에 안장되어 있다. 안준생의 부인 정옥녀와 함께 미국에서 거주했던 심장병 전문의인 아들 안웅호는 2013년 1월 별세하였으며 손자 토니 안(Tony Ahan Jr., 한국명 안보영) 등은 미국 캘리포니아 워머 스트리트(Warmer St.)에 거주하고 있다. 안중근 의사의 장녀 안현생은 서울에서 고혈압으로 별세했다.

안중근 의사의 유족이 겪은 비극은 애국과 매국이라는 이분법으로 단순히 설명하거나 논의할 수 없다. 안중근 의사 유족이라는 상징성 속에서 그들이 감당해야 했던 환경은 매우 힘겨웠을 것이다. 안중근 의사의 가문은 일부 오점이 있기는 하지만, 한국 독립운동사에서 한국 독립을 위해 헌신한 위대한 가문으로 평가받는다. 후손들은 현재 일부가 한국에 거주하고 있으며, 미국, 독일, 중국, 북한 등 여러 나라에 흩어져 살고 있다.

참고문헌

김월배·판마오중(2014), ≪안중근은 애국-역사는 흐른다≫, 한국문화사
국가기록원(www.archives.go.kr)
김구 저, 도진순 주해(2020), ≪백범일지≫, 돌베개

현재 안중근 관련 콘텐츠에 포함된 허구적 요소는 어떻게 분석하고 접근할 수 있는가?

안중근 의사를 다룬 영화 〈하얼빈〉이 2024년 12월 24일 개봉되어 국민의 큰 관심을 받았다. 제작비 300억 원이 투입된 이 영화는 천만 관객 돌파를 기대하며 찬사를 받았다. 국민적 관심을 끈 대형 배우의 참여도 흥행에 한몫을 담당했다. 영화진흥위원회 영화 입장권 통합 전산망에서 1위를 기록했지만, 손익분기점인 600만 명에 훨씬 못 미치는 491만 명의 관객만이 관람했다. 언론에서는 천만 관객을 목표로 했지만, 실패한 비운의 한국 영화라는 평가를 받았다. 결과는 안중근 관련 정부 부처, 독립운동 단체, 그리고 안중근 홍보대사들의 사전 시사회에서 이미 예고된 바 있다. 역사적 사실과 부합하는 내용이 빈약했기 때문이다. 즉, 안중근 관련 콘텐츠에 포함된 허구성이 천만 영화로서의 기대를 충족하지 못한 측면이 있다고 볼 수 있다.

비단, 영화에만 국한된 이야기가 아니다. 장편 소설 ≪하얼빈≫은 2022년 8월 3일 출간되었다. 저명한 작가의 저술로 고정 독자를 확보했으며, 주요 대형 서점에서 베스트셀러 1위를 기록했다. 또한, 8월 15일 광복절 특수를 맞아 판매량이 폭발적으로 증가했다. 그러나 소설 ≪하얼빈≫에서도 안중근의 역사적 사실과 다른 허구적 요소가 포함되었다는 논문이 발표되었다.

〈조선일보〉 2022년 12월 14일 자에서, 도진순 교수는 '역사적 사실의 착오나 시공간의 착란이 적지 않았지만 가장 문제가 되는 것은 포수, 무직, 담배팔이라는 세 단어를 강조한 소설의 기본 프레임'이라고 했다. 이는 김훈 작가가 안중근의 '영웅성'보다는 '순수성'을 강조한 점에 대해 문제를 제기한 것이다.

안중근 의사의 모친인 조성녀 여사의 편지, 또는 '조마리아의 전갈'로 불리는 글에는 다음과 같은 내용으로 알려져 있다.

"네가 만일 늙은 어미보다 먼저 죽는 것을 불효라 생각한다면, 이 어미는 웃음거리가 될 것이다. 너의 죽음은 너 한 사람 것이 아니라 조선인 전체의 공분을 짊어지고 있는 것이다. 그러니 딴마음 먹지 말고 떳떳하게 죽어라."

이 편지는 일본의 안중근 관련 저술에서 창작된 것으로 알려져 있으며, 한국의 대중적 예능 프로그램에서 사용되면서 폭발적인 관심을 불러일으켰다. 그러나 이는 일본 소설가의 창작에서 비롯된 것으로 보인다. 물론 조성녀 여사가 대한매일신보에서 보여준 '시모시자(是母是子)'라는 결기 있는 모친의 모습은 사실이지만, 실제 내용에는 허구와 윤색이 많았다는 것이다.

그러면 안중근 관련 콘텐츠에 포함된 허구성에 대해 접근할 때 어떤 점을 유의해야 할까?

독자들에게는 정확한 인식이 요구된다. 도진순 교수의 지적처럼, "예술이 허용할 수 있는 허구와 사실에서 어긋난 착오, 착란은 감별돼야 할 것이고, 대중에 영향을 미치는 저명한 작품일수록 역사학자가 확인하는 작업이 필요하다"라는 점을 유념해야 한다.

소설과 영화의 구성에서 허구적 요소를 인지하며 독서하는 것이다. 또한 책을 제작하는 출판업자들은 지나치게 과도한 상상력이 가미된 역사 소설이나 영화에 대해 역사 전문가의 감수를 고려할 것을 건의한다. 물론 상상력을 제한한다는 비난이 있을 수 있다.

또한, 안중근 전문가나 안중근 홍보대사가 정확한 '안중근 바로 알기'(安重根正解)를 제시할 필요가 있다. 영웅을 신격화하거나 작품의 대중화와 상업화 과정에서 발생하는 무리한 창작의 폐해는 고스란히 안중근 의사에게 부정적 영향으로 돌아갈 것이다.

참고문헌

도진순(2023), 안중근의 어머니 조마리아의 '편지'와 '전언', 조작과 실체, 역사비평, p.207~239. 10.38080/crh.2023.02.142.207

안중근의 '동양평화론'과
이토 히로부미의 '동양평화론'은
어떤 점에서 차이가 있는가?

안중근 의사의 《동양평화론》은 한문으로 집필되었다. 《동양평화론》은 미완의 유고로서 '서(序)'와 '전감(前鑑)' 두 개의 글만 남아 있다. 그 뒤에는 '현상(現狀), 복선(伏線), 문답(問答)'이라는 목차가 적혀 있다. 그러나 집필할 시간을 얻지 못해 목차만 남겨진 것이다. '서'는 이렇게 시작된다.

"대저 '합치면 성공하고 흩어지면 패한다.'라는 것은 만고에 분명한 이치(萬古常定之理)이다. 현금 세계는 동서로 나뉘어 있고, 인종이 각기 달라 서로 경쟁하기 다반사이다. (중략) 청년들을 훈련해 전쟁터로 몰아넣고 수많은 귀중한 생명을 희생시키니 피가 냇물을 이루고 살점이 땅에 널리는 일이 매일 그치지 않는다. '살기를 바라고 죽음을 싫어함(好生厭死)'이 인지상정이거늘 밝은 세상에 이 무슨 광경인가!"

'서'의 끝에는 "1910년 경술 2월, 대한국인 안중근 뤼순 옥중에서 쓰다."라고 적혀 있다. 그런데 《동양평화론》에 앞서 완성한 《안응칠 역사》는 "1910년 경술 음력 2월 초 5일, 양력 3월 15일. 뤼순 옥중 대한국인 안중근 필서(畢書)"라고 끝맺는다.

《동양평화론》의 구체적인 내용은 히라이시와의 면담 기록인 〈청취서〉에 담겨 있다. 1910년 2월 14일 사형 언도 후, 2월 17일 고등법원장 히라이시는 안중근과 면담을 진행했다. 이 면담 내용은 〈청취서〉라는 제목으로 기록되었다. 안중근 의사는 구리하라 전옥을 통해 "공소 여부를 결정하기 전에 고등법원장에게 말하고 싶은 것이 있다."라고 요청했다. 히라이시는 이 요청을 받아들였으며, 면담 내용은 15개 항목으로 구성된 〈청취서〉에 기록되었다.

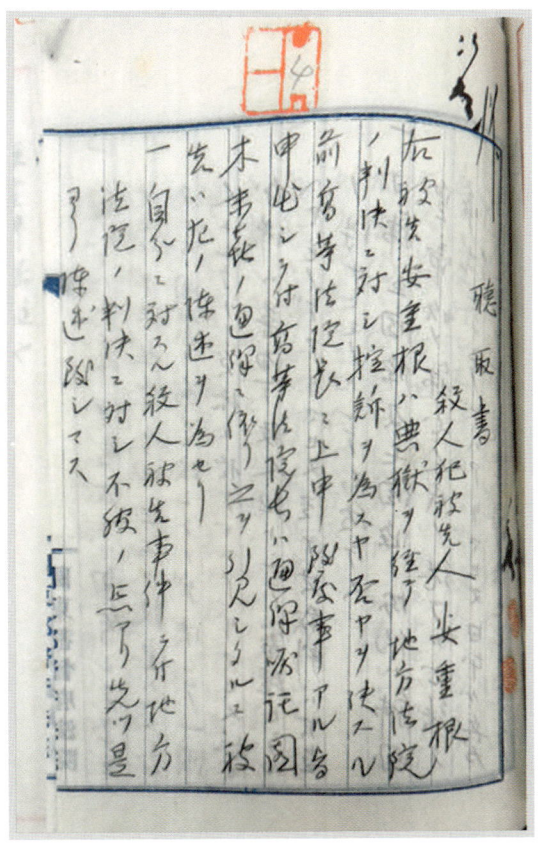

▲ 히라이시 고등법원장과 안중근 의사가 대화한 기록 〈청취서〉
(일본 외교사료관 소장)

"이토의 정책을 두고 한국인은 물론 러시아, 청국, 미국 등 각 나라도 일본의 배덕(背德)을 응징할 기회가 오기만을 기다리고 있다. (중략) 일본은 동양평화에 대해서는 어쨌든 책임을 면할 수 없다. '잘못이 있으면 고치기를 꺼리지 말라.'는 금언이 있다. (중략) 이를 위한 새로운 정책으로 뤼순을 개방하여 일·청·한의 군항으로 삼고 세 나라의 능력 있는 자들을 그 땅에 모아 평화회(平和會)를 조직하여 세계에 공표할 것"을 제안한다. '평화회' 회원 한 명당 1원을 회비로 징수한다. 일·청·한의 국민 수억이 이에 가입하리라는 것은 의심의 여지가 없다. 은행을 설립해 각 나라가 공용 화폐를 발행하면 반드시 신용을 얻게 되니 금융은 자연스럽게 돌아갈 것이다. 중요한 지역마다 평화 공회(工會, 상공회)를 만드는 동시에 은행 지점을 둔다. 이상의 방법으로 동양평화는 완전해지지만, 세계열강에 대비하려면 무장을 해야 한다. 일·청·한이 각각 대표를 파견하여 이를 담당하게 하고, 세 나라의 강건한 청년을 모아서 군단을 편성한다. 청년들에게 각각 두 나라 언어를 배우게 하면 어학의 진보에 따라 형제 나라라는 관념이 강고해질 것이다." (이상 청취서)

1909년 11월 24일, 제6차 신문에서 미조부치 검찰관과 안중근 의사는 다음과 같은 문답을 주고받았다.

> 검찰관: 그대는 동양평화라고 말하는데 동양은 어디를 말하는가?
> 안중근: 아세아주를 말한다.
> 검찰관: 아세아주에는 몇 나라가 있는가?
> 안중근: 그것은 중국 일본 한국 샴(태국) 버마(미얀마)이다.
> 검찰관: 그대가 말하는 동양평화란 어떤 의미인가?
> 안중근: 그것은 모두가 자주독립하여 갈 수 있는 것이 평화이다.
> 검찰관: 그렇다면 그 중의 나라가 일개국이라도 자주독립이 되지 않으면 동양평화라고 말할 수 없다고 생각하는데 그런가?
> 안중근: 그렇다.[1]

신문의 문답을 통해 안중근 의사가 주창한 '자주독립'과 '평화'는 분리할 수 없는 통일체이며, 각국이 자주독립을 이루어야만 진정한 평화가 실현된다고

---

1   국사편찬위원회 한국 근대 사료 DB(https://db.history.go.kr/modern/main.do)

생각했음을 알 수 있다.

이토 히로부미의 동양평화론과 안중근의 동양평화론은 무슨 차이가 있는가?

청일전쟁 때, 일본제국은 중국에 보낸 선전서에서, '동양평화를 유지'와 '한국의 독립을 공고한다.'라는 말이 있다. 그러나 전쟁 초기 일본 정부가 말하는 전쟁의 명목과 진정한 목적의 차이가 현격하여 한국과 중국에 침략 정책을 시행했다.

1910년 2월 8일 안중근 의사는 제3회 공판에서 다음과 같이 주장했다.

"이토의 모든 행위는 구두로는 평화를 선양하고, 실제로는 반대했다. 이토는 통감의 신분으로 한국에 와서 한국 국민을 대량 학살하고 고종황제를 강제로 폐위시켜 현재 황제를 자기 부하처럼 압제하며, 백성을 죽인 것은 마치 모기와 파리를 치는 것과 같이 한국의 평화를 어지럽히고 몇십만 국민을 학살했다. 나는 동양평화를 유지하고 한국 독립을 공고히 하여, 한, 일, 청 삼국은 동맹을 맺고 평화를 제창하여 팔천만 이상의 국민은 서로 단결하여 점점 진보하고 날로 개화하며, 더 나아가 유럽 및 세계 각국이 다 같이 평화를 위해 노력해야 한다. 이렇게 하면 백성들은 평안히 살면서 즐겁게 일할 수 있고, 이렇게 해야 선전(宣戰)의 조칙(詔勅)은 이 뜻에 부합되는 것이다."

이토 히로부미는 청일전쟁 당시 일본의 총리였다. 그는 대한제국을 일본의 보호국으로 만들려고 했으며, 1898년 초 러일 협상에서는 러시아와 일본이 각각 만주와 한국을 지배한다는 '만한교환론(滿韓交換論)'을 관철하려 했다. 그의 동양평화론은 실제로는 평화라는 용어를 내세운 동양 침략론에 불과했다.

안중근 의사의 유훈《동양평화론》은 오늘날 동아시아 공동체론의 선구이다. '동양평화' 즉, 한·중·일, 태국, 미얀마 각국의 자주독립을 의미한다. 이토 히로부미의 동양평화론은 대륙 침략론이다.

참고문헌

일본 외교사료관 ≪이토공작만주시찰일건≫
공훈전자사료관(https://e-gonghun.mpva.go.kr)

자료 구성 및 소개

1. 인용 자료 종류

이 책의 내용은 안중근 의사 관련된 한국, 일본, 중국 자료를 다루었다. 자료 수집은 한국 국가보훈처, 한국 국립중앙도서관, 국사편찬위원회, 한국 국가기록원, 독립기념관, 안중근의사기념관, 국가유산청, 일본 국립국회도서관, 일본 외교사료관 자료 조사와 중국 뤼순일아감옥구지 박물관, 국립중앙도서관, 그 외 안중근 의사에 관해 연구하는 분들의 자료 등을 통해 이뤄졌다[2].

이 책에서 인용된 자료는 단행본, 해외 도서, 잡지, 소식지, 간행물, 신문, 사료(史料), 전자문서, 방송, 연구 및 논문 등이 포함된다. 내용은 아래에 열거하였다.

2. 인용 자료 구성

안중근 의사 관련 인용 자료 목록의 구성은 다음과 같다.

---

2 자료별 출처에 대한 세부내용은 이 책의 '자료 출처' 부분에서 확인할 수 있다.

1) 단행본

김구 저, 도진순 주해(2020), ≪백범일지≫, 돌베개

김봉진(2022), ≪안중근과 일본, 일본인≫, 지식산업사

김삼웅(2018), ≪안중근평전≫, 시대의 창

김월배 외(2017), ≪대한국인, 대한민국을 말하다≫, EBS미디어

김월배·김이슬(2020), ≪안중근, 하얼빈에 역사를 묻다≫, 걸음

김월배·김이슬(2025), ≪안중근, 고국으로 반장해 다오≫, 헤르몬하우스

김월배·김이슬 외(2022)≪유해사료, 안중근을 찾아서≫, 진인진

김월배·판마오중(2014), ≪안중근은 애국 – 역사는 흐른다≫, 한국문화사

金學俊(1987), ≪李東華評傳≫, 민음사

김호일 엮음(2010), ≪大韓國人 安重根≫, 안중근의사숭모회

국가보훈처·안중근의사기념관, ≪민족의 영웅 안중근 의사≫

노르베르트 베버(2022), ≪고요한 아침의 나라≫, 분도출판사

박삼중(2015), ≪코레아 우라: 박삼중 스님이 쓰는 청년 안중근의 꿈≫, 소담출판사

박환(2013), ≪민족의 영웅 시대의 빛 安重根≫, 선인

변병률(2013), ≪여명기 민족운동의 순교자들≫, 신서원

사키 류조(1993), ≪광야의 열사, 안중근≫(양억관 번역), 고려원

신운용(2009), ≪안중근과 한국근대사≫, 채륜

안웅호(2012), ≪인간성의 위기, crisis of humanity≫, 미간행

안중근(2014), ≪안중근 의사 자서전≫, 범우

안중근(2020), ≪안응칠 역사: 비판정본≫, 독도도서관친구들

안중근의사기념사업회(2010), ≪러시아 관헌 취조문서≫, 채륜

안중근의사기념사업회·안중근연구소 엮음·신운용 편역(2010), ≪안중근·우덕순·조도선·유동하 공판기록: 안중근사건 공판속기록≫, 채륜

안중근의사숭모회·기념관(2021), ≪안중근 의사의 삶과 나라사랑 이야기≫, 일곡문화재단

안중근의사숭모회·기념관(2024), ≪안중근 안쏠로지≫, 서울셀렉션

오영섭(2007), ≪한국 근현대사를 수놓은 인물들 1≫, 경인문화사

이봉규·김월배·김이슬·김홍렬·김희수·민명주·이인실(2024), ≪안중근 의사의 숨결을 찾아≫, 걸음

이태진(2024), ≪지식인 안중근≫, 태학사

윤병석 편역(1999), ≪안중근혈투기≫, 국가보훈처

윤병석 편역(2011), ≪한국독립운동사자료총서 제28집 안중근 문집≫, 독립기념관

조제프 빌렘(2020), ≪빌렘 신부, 안중근을 기록하다≫, 한국교회사연구소

최덕규(2023), ≪안중근의 하얼빈 의거와 러시아 문서≫, 동북아역사재단

평양교구사편찬위원회(1981), ≪천주교평양교구사≫, 분도출판사

한국교회사연구소 역주(2008), ≪뮈텔 주교 일기 4≫, 한국교회사연구소

中野泰雄, 김영광 역서(1984), ≪일본 지성이 본 안중근(安重根與伊藤博文)≫, 경운출판사

2) 해외 도서

金宇鍾·李東源(1998), ≪安重根義士≫, 黑龍江朝鮮民族出版社

金宇鍾(2006), ≪安重根和哈爾濱≫, 黑龍江朝鮮民族出版社

金波(1999), ≪千秋忠魂安重根≫, 黑龍江民族出版社

魯朱哲(1999), ≪朝鮮民族文化研究≫, 遼寧民族出版社

南熙哲(2015), ≪抗日歌曲選集≫, 延邊人民出版社

旅順日俄監獄舊址博物館(2017), ≪旅順日俄監獄舊址博物館≫, 中國金城出版社

阿成(2002), ≪安重根擊斃伊藤博文≫, 新世界出版社

李敏(1991), ≪東北抗日聯軍歌曲選≫, 哈爾濱出版社

徐明勳(2005), ≪安重根在哈爾濱的11天≫, 黑龍江美術出版社

徐明勳·李春貴(2009), ≪中國人心目中的安重根≫, 黑龍江教育出版社

徐明勳·康月華·金月培(2011), ≪安重根義士知識問答≫, 黑龍江朝鮮民族出版社

宋祺煥(1985), ≪安重根≫, 遼寧民族出版社

施肇基(1967), ≪施肇基早年回憶錄≫, 台灣傳記文學出版社

市川正明(1979), ≪安重根と日韓関係史≫, 原書房

田穀広吉, 山野辺義智 共編(1938), ≪무로다 요시야 옹의 이야기(田義文翁譚)≫, 念會東京支部

中流(2010), ≪安重根之歌≫, 哈爾濱文藝雜志社

中野泰雄(1991), ≪安重根 日韓関係の原像≫(增補版), 亜紀書房

中野泰雄(1999), ≪安重根, 爲何殺伊藤博文≫(安重哲 譯), 黑龍江人民出版社

Shu—mei Huang, Hyun—Kyung Lee(2021), ≪HERITAGE, MEMORY, AND PUNISHMENT: Remembering Colonial Prisons in East Asia≫, Routledge

3) 잡지, 소식지, 간행물, 교육자료 등

곽진오(2013.01.), "고토쿠 슈스이의 제국주의 비판", 동북아역사재단 2013년 01월호 뉴스레터

국가보훈부 2025년 업무보고

뤼순일본관동법원 사적지 진열관 팸플릿

서명훈(2009), 〈중국인 눈에 비친 안중근 의사 의거〉, 관훈저널, 가을호

신동아(2006년 2월호)

안중근의사숭모회·기념관, ≪대한국인 안중근≫ 간행물 2017년 상반기 소식지

안중근의사숭모회·기념관, ≪대한국인 안중근≫ 간행물 2018년 상반기 소식지

안중근의사숭모회·기념관, ≪대한국인 안중근≫ 간행물 2018년 하반기 소식지

안중근의사숭모회·기념관, ≪대한국인 안중근≫ 간행물 2021년 상반기 소식지

안현생(1956), 擧事後에 우리 家族이 더듬어 온 길, 월간지 ≪실화(實話)≫ 1956년 4월호

오영섭(2017), 〈교직원 직무연수 안중근아카데미〉, 안중근의사기념관

월간독립기념관(2019), 독립기념관 10월호

하얼빈 안중근의사기념관(哈爾濱安重根義士紀念館) 팸플릿

한겨레21(2005.10.06.)

PD저널(2010.03.22.)

4) 신문

가톨릭신문(2009.03.11.)

가톨릭신문(2021.03.02.)

가톨릭신문(2022.03.20.)

가톨릭신문(2025.03.11.)

가톨릭평화신문(2025.03.23.)

경인일보(2005.04.14.)

경향신문(2004.04.07.)

경향신문(2011.09.05.)

경향신문(2014.3.23.)

국민일보(2014.01.21.)

김포신문(2005.05.14.)

교수신문(2021.06.03.)

뉴시스(2014.03.28.)

뉴시스(2015.02.16.)

동아일보(2014.03.26.)

매일경제(2025.03.26.)

매일신문(2018.07.21.)

머니투데이(2014.03.17.)

미디어빌(2022.09.16.)

스포츠동아(2014.03.17.)

연변통보(2006.11.05.)

연합뉴스(2007.12.31.)

연합뉴스(2010.03.21.)

연합뉴스(2018.09.06.)

연합뉴스(2020.03.26.)

연합뉴스(2023.01.17.)

오마이뉴스(2024.11.28.)

월드코리안(2019.09.25.)

인천투데이(2025.03.15.)

주간조선(2013.12.01.)

중앙선데이(2023.10.21.)

중앙일보(2021.02.16.)

중앙일보(2021.12.09.)

지린신문(2011.11.24.)

콩나물신문(2025.01.23)

한겨레신문(2011.05.12.)

한겨레신문(2011.05.16.)

한겨레신문(2011.05.23.)

한경(1994.02.02.)

中國新聞網(2014.02.11.)

5) 사료(史料)

〈京鄕新聞(1910.03.11.)〉

〈大韓每日申報(1907.05.31.)〉

〈大韓每日申報(1909.11.09.)〉

〈大韓每日申報(1909.12.03.)〉

〈大韓每日申報(1909.12.05.)〉

〈大韓每日申報(1910.02.04.)〉

〈大韓每日申報(1910.03.25.)〉

〈時代日報(1926.05.02.)〉

〈時代日報(1926.07.16.)〉

〈新韓民報(1909.10.27.)〉

〈新韓民報(1909.11.03.)〉

〈新韓民報(1909.11.24.)〉

〈新韓民報(1909.12.08.)〉

〈新韓民報(1909.12.29.)〉

〈皇城新聞(1910.03.25.)〉

〈海潮新聞(1908.03.21.)〉

〈권업신문(勸業新聞)〉

〈도쿄아사히신문〉

〈도쿄일일신문〉

〈만주일일신문(滿洲日日新聞)〉

〈모지신보〉

〈시사신보〉

〈오사카 마이니치신문〉

〈요미우리신문〉

〈노국(露國 · 러시아)관헌 취조번역문〉

국사편찬위원회, ≪통감부 문서≫ 7

안중근사건공판속기록(安重根事件公判速記錄)만주일일신문사-다롄(滿洲日日新聞社,大連), 19100328

안중근(1910), ≪안응칠 역사(安應七歷史)≫

일본 외교사료관, ≪이토공작만주시찰일건≫

한국독립운동사연구소, 韓末義兵資料 Ⅴ, ≪한국주차군사령관 전보 보고의 요지(1908.7.17.) · 機密受 제1669호(1908.7.18.)≫

황현≪매천야록≫

6) 전자문서

　　공훈전자사료관, 독립유공자 공훈록. 제28권. 2022년도 포상자

　　공훈전자사료관(https://e－gonghun.mpva.go.kr)

　　국가기록원(www.archives.go.kr)

　　국가유산디지털서비스(https://digital.khs.go.kr)

　　국립국어원 표준국어대사전(https://stdict.korean.go.kr)

　　국립중앙도서관 대한민국 신문 아카이브

　　국립중앙도서관 데이터베이스(https://www.nl.go.kr)

　　국사편찬위원회, 한국근대사료DB, 안중근편
　　　　　　　　(https://db.history.go.kr/modern/)

　　국사편찬위원회, 한국독립운동사－자료6(https://db.history.go.kr)

　　국사편찬위원회, 한국독립운동사－자료7(https://db.history.go.kr)

　　국사편찬위원회, 전자사료관
　　　　　　　　(https://archive.history.go.kr/search/searchResult.do)

　　국사편찬위원회, 안중근등살인피고공판기록1,2. (安重根等殺人被告公判記錄 1,2)

　　국사편찬위원회, 우리역사넷(https://contents.history.go.kr)

　　대한민국 정책브리핑(www.korea.kr)

　　디지털울릉문화대전(https://ulleung.grandculture.net)

　　독립기념관(https://i815.or.kr)

　　동북아역사넷(http://contents.nahf.or.kr)

　　동북아역사넷 러시아 소장 근대한국문서

　　러시아의 극동정책, 4등관 코로스토베츠의 비밀 서신

　　안중근의사기념관(https://www.ahnjunggeun.or.kr/)

　　안중근의사숭모회(https://www.patriot.or.kr/)

　　인천박문초등학교(https://bakmun.icees.kr)

　　제정러시아 대외정책문서보관소

한국과학기술원 전북 복합소재기술연구소(https://jb.kist.re.kr)

한국민족문화대백과사전(https://encykorea.aks.ac.kr)

위키백과(https://ko.wikipedia.org/wiki/)

≪中華人民共和國鐵路車站代碼≫. 2010. 4쪽. 10302.

全國博物館年度報告信息系統(http://nb.ncha.gov.cn)

孔夫子舊書網(https://www.kongfz.com/)

baidubaike(https://baike.baidu.com)

石川県立図書館(https://www.library.pref.ishikawa.lg.jp)

BRILL(https://brill.com)

British online archives, The Graphic, 1869-1932, British online archives.

   https://britishonlinearchives.com/collections/114/the-graphic-1869-1932

Edo to Meiji(2007.01.23.), From the Diary of Dr. Baelz.

   https://edo-meiji.livejournal.com/52652.html

Gulick, Sidney Lewis(1910), 〈John Hyde DeForest: missionary, statesman, Christian ambassador to Japan〉, ColumbiaUniversityLibraries; americana.

   https://archive.org/details/johnhydedeforest00guli/mode/2up

International Convention of Asia Scholars(2021), An Chunggŭn: His Life and Thought in His Own Words, International Convention of Asia Scholars.

   https://www.icas.asia/ibp2021/chunggun-his-life-and-thought-his-own-words

Library of Social Science, Brill: one of the world's finest academic publishers, Library of Social Science.

   https://www.libraryofsocialscience.com/newsletter/posts/2016/2016-02-03-Brill.html

Sankar Ghose(1969), ≪The Renaissance to Militant Nationalism in India≫, Allied Publishers;

Bombay

https://archive.org/details/dli.bengal.10689.12837/page/n5/mode/2up

7) 방송

안중근의사기념관 이주화, 〈설록: 네 가지 시선 8회〉 안중근 의사에 대한 네 번째 시선 KBS 1TV(2025.05.20.), 〈시사기획 창: 나는 한국사람입니다〉

KBS뉴스(2025.05.20.)

SBS뉴스(2014.01.20.)

SBS뉴스(2015.07.06.)

8) 연구 및 논문

김미옥(2020). 일본 3대 신문을 통해 본 안중근 의거의 의의. 日本學研究, 59

김영호(2005). 안중근의 동양평화론과 동북아 경제 통합론. 안중근 학술 연구지

김월배(2009). 안중근 애국주의 경제관 연구. 안중근 의거 100주년 하얼빈 안중근의사 기념관

김지환(2024). 만주철도를 둘러싼 일본. 러시아, 장작림정권의 경쟁. 역사학보

도진순(2018). 안중근과 일본의 평화지성, '화이부동'과 '사이비'. 한국근현대사연구, 86

도진순(2023). 안중근의 어머니 조마리아의 '편지'와 '전언', 조작과 실체. 역사비평,

박민영(2010). 안중근의 연해주 의병투쟁 연구. 한국독립운동사연구

박민영(2010). 안중근의 동의단지회(同義斷指會) 연구. 군사연구

백기인(2009). 안중근 의병의 전략전술적 성격. 국방부군사편찬연구소

신운용(2010). 안중근의 군인관의 형성과 전개. 군사연구

유병관(2010). 1910년 '大逆事件'의 역사적 의미. 한림일본학 (구 한림일본학연구), 16

윤병석(2009). 安重根의 '同義斷指會'의 補遺. 한국독립운동사연구, 32

장윤미(2018). '안중근 기념'을 둘러싼 한반도 마음체계의 갈등구조. 동아연구, 75(0)

홍선영(2017). 일제강점기 일본문학에 나타난 '안중근'. 한림일본학,(31)

Alexander Rotard(2011). Imperial Japanese Propaganda and the Founding of The Japan Times 1897-1904. The Asia-Pacific Journal

Bella B. Pak(2020). 대한 애국자 안중근의 영웅적 의거에 대한 러시아에서의 반향. 한국독립운동사연구, 69

甘露(2015). 풍옥상과 한국독립운동. 백범과 민족운동연구, 11

東郷和彦(2024). 자료로 보는 안중근. 한국의 애국자 안중근에 대한 일본인의 마음은 향후 한일관계에 이정표가 될 것인가. 대한민국역사박물관

王瑞岐(2009). 哈爾濱往事, 北方文學(上). 第十期

찾아보기

(ㄱ)

가노 다쿠미　222, 223
가와카미　90, 93, 103, 119, 133, 139, 140, 300
간도　50, 62, 121, 162
개화사상　24, 26
거의가　80, 174
경술국치(한일병합)　303
계몽사상　26
고능선　22, 23
고등법원　122, 131, 134, 135, 136, 137, 138, 146, 147, 179, 180, 239, 274, 314
고무라 주타로　133, 238, 303
고야마 젠　89, 301
고종　22, 62, 91, 141, 162, 303, 304, 317
고토 신페이　304
고토쿠 슈스이　224, 266
곡판　133, 135
관동도독부 감옥서　102, 112, 127, 128, 130, 138, 154, 167, 172, 177, 188, 192, 205, 230, 242, 244, 266, 267, 268, 281

관동도독부 법원　83, 102, 104, 122, 133, 136, 138, 147, 190
관성자　108, 109, 202, 203
구국운동　23, 58, 60, 61, 62, 165, 293
구라치　122, 133, 134, 135, 138, 305
구리하라　116, 130, 152, 154, 239, 314
국가보훈부　37, 195, 238, 246
국립공문서관　230, 231
국립국회도서관　231, 319
국채보상　28, 37, 162, 177
권총　89, 90, 102, 109, 120, 139, 142, 157, 295, 298, 301
김구　23, 26, 33, 34, 35, 39, 244, 255, 309
김수환　51
김아려　28, 31, 111, 115, 161, 214, 222, 227, 247, 249
김월배　184, 210, 218, 245

(ㄴ)

나카노 야스오　220, 221, 270
남만주철도　106
노르베르트 베버　44, 277

(ㄷ)

다나카 세이치로　139, 140
다이린지　192, 222, 223, 268
다창공묘　249
단지동맹　15, 56, 69, 73, 74, 162, 177, 188, 189, 208

330　安重根 바로 알기, 묻고 답하다

대동공보　16, 69, 80, 117, 203, 254, 255
대한민국임시정부　254, 255
돈의학교　61, 62, 162, 164, 165, 166, 177, 206, 293
동양평화론　121, 122, 123, 131, 132, 163, 178, 179, 180, 182, 184, 186, 191, 211, 218, 219, 220, 221, 231, 240, 268, 286, 295, 314, 317
동의단지회　56, 69, 73, 75, 162, 188, 195, 208
동청철도　76, 97, 103, 105, 106, 109, 116, 119, 130, 139, 202, 227, 275, 276, 295
동흥학교　78, 102, 197
두만강　56, 63, 64, 65, 66, 67, 100
둥산포　237, 245
디아스포라　56

(ㄹ)

라이시캉　202
량치차오　212
러일전쟁　63, 71, 77, 85, 105, 106, 128, 129, 136, 232
뤼순　42, 47, 80, 85, 100, 101, 102, 104, 105, 106, 114, 116, 121, 122, 127, 128, 129, 130, 133, 134, 136, 138, 139, 146, 147, 148, 150, 154, 162, 180, 184, 191, 195, 213, 218, 237, 238, 240, 241, 242, 245, 255, 267, 280, 293, 314, 315
뤼순일본관동법원 사적지 진열관　137, 195
뤼순일아감옥구지박물관　127, 129, 195, 230, 256, 287

(ㅁ)

마나베　122, 131, 138, 139, 140, 142, 144, 146, 158
만국공법　66, 67, 70, 72, 141, 162
매천야록　242, 251
명성황후　84
무로다 요시아야　298
뮈텔　45, 49, 50, 152, 164, 281, 292
미조부치　84, 104, 122, 130, 133, 139, 140, 141, 145, 146, 154, 186, 239, 316
민영익　60
민영준　44
민우일보　16, 121, 259, 260
밀레르　103, 104, 116, 119, 120, 130

(ㅂ)

박은식　37, 210, 254, 263
반장　148, 205
분도(문생)　28, 47, 115, 161, 222, 227, 247
블라디보스토크(해삼위)　50, 55, 63, 80, 100, 105, 156, 162, 169, 203, 208, 209, 253, 254, 276
빌렘　43, 44, 45, 47, 59, 131, 150,

152, 165, 205, 266, 280, 281,
282, 292

(ㅅ)

사륙병려체 25
사카이 122, 130, 145, 244
사키 류조 220, 224, 225
삼합의 167
삼흥학교 61, 161, 164, 165, 166,
167, 177, 293
상하이 16, 29, 35, 58, 59, 60, 61,
112, 161, 164, 165, 206, 211,
227, 228, 247, 249, 251, 259,
260, 263, 281, 307, 308
서명훈 199, 210, 211, 215
서상근 60
서우학회 165
서전서숙 62
소노키 139, 186, 225, 238, 240, 267,
269
쇼카손주쿠 91
스자오지 96, 97, 99
스트라조프 103, 116, 119, 130
시모시자 312
시복 52
시치조 기요미 문서 182, 231
신민회 62, 165
신천의려소 33, 291
쑤이펀허 102, 105, 111, 112, 114,
115
쑨원 112, 261

(ㅇ)

안공근 26, 28, 29, 30, 34, 35, 37,
146, 148, 205, 227, 244, 247, 249
안미생 34, 38, 249
안병찬 131, 138, 139, 146, 147, 172,
293
안응호 42, 226, 228, 309
안원생 38
안응칠 소회 83, 122, 130, 157, 296
안응칠 역사 25, 30, 31, 42, 45, 47,
59, 68, 70, 71, 73, 83, 84, 87, 90,
108, 112, 122, 130, 131, 139,
140, 142, 144, 162, 164, 177,
179, 182, 184, 188, 218, 221,
286, 290, 292, 314
안정근 26, 28, 29, 30, 34, 37, 146,
147, 148, 205, 213, 226, 227,
244, 247, 249
안준생 28, 42, 247, 250, 307, 308,
309
안중근 공판서 147
안중근 무죄론 222, 223, 269
안중근의사기념관 87, 165, 170, 171,
183, 191, 192, 195, 196, 197,
199, 200, 202, 210, 228, 256,
268, 271, 295, 319
안중근의사숭모회 182, 195, 216,
222, 268
안중근의사찾기
한·중민간상설위원회 246
안중근학 219
안현생 28, 226, 227, 247, 250, 308,

309
어윤중 44
연추(크라스키노) 55, 56, 57, 63, 64,
	65, 68, 73, 74, 75, 80, 177, 188,
	208, 209
연해주 21, 23, 55, 56, 57, 58, 62, 63,
	64, 65, 67, 68, 69, 71, 72, 73, 75,
	119, 162, 170, 188, 208
외무성 외교사료관 16, 230
요시다 쇼인 91
용정 62
우덕순 65, 68, 80, 81, 100, 101, 102,
	104, 108, 109, 116, 117, 119,
	121, 130, 131, 132, 138, 140,
	142, 145, 146, 174, 197, 198,
	204, 214, 226, 239, 284, 285
우치다 료헤이 305
원동보 16, 78, 80, 202, 203, 276
위안바오팡 127, 128
위안스카이 212
유경집 80, 101
유동하 80, 81, 100, 101, 102, 104,
	108, 109, 116, 117, 130, 131,
	132, 138, 140, 142, 145, 146,
	174, 213, 239, 284, 285
유묵 30, 74, 163, 167, 168, 178, 188,
	190, 191, 192, 204, 218, 231,
	267, 268, 269, 286
유언 131, 148, 154, 172, 205, 226,
	227, 239, 242, 244
을사늑약 26, 57, 59, 60, 85, 91, 100,
	139, 141, 161, 164, 305

의병 23, 40, 46, 47, 55, 56, 58, 59,
	60, 62, 63, 64, 65, 66, 67, 68, 69,
	70, 71, 72, 73, 74, 85, 100, 141,
	162, 177, 208, 218, 222, 232, 305
이범윤 56, 63, 65, 100
이범진 63, 117
이봉창 35, 37
이석산 80
이와쿠라 사절단 91
이위종 56, 63, 117
이준 161, 167
이토 히로부미 37, 42, 46, 49, 57, 60,
	62, 69, 71, 73, 80, 81, 82, 83, 84,
	85, 87, 88, 89, 90, 91, 92, 93, 94,
	96, 97, 99, 100, 101, 102, 109,
	121, 122, 139, 141, 156, 157,
	162, 176, 177, 197, 198, 199,
	202, 206, 210, 214, 215, 220,
	221, 225, 244, 251, 254, 255,
	256, 259, 260, 262, 265, 270,
	273, 275, 276, 277, 278, 279,
	280, 284, 288, 295, 296, 303,
	304, 305, 307, 308, 317
인도 44, 66, 70, 72, 101, 103, 120,
	156, 238, 239
인심결합론 63, 169, 171

(ㅈ)

장부가 80, 174, 175, 176, 177
정대호 80, 103, 111, 112, 114, 115,
	116, 117, 130, 138
조도선 80, 81, 100, 101, 102, 103,

104, 108, 109, 116, 117, 119,
130, 131, 132, 138, 140, 142,
145, 146, 197, 198, 239, 284, 285
조선민족예술관　199, 214, 215, 295
조선총독부　184, 221, 307, 308
주살　37, 42, 46, 57, 69, 81, 121, 122,
134, 140, 156, 162, 177, 197,
198, 244, 251, 256, 259, 295,
296, 298, 303, 307
중근체　190
중러밀약　76
지바 도시치　192, 222, 223, 267, 268,
269
진남포　61, 62, 111, 114, 161, 162,
164, 165, 166, 206, 227
진사　21, 24, 26, 28, 44, 290
징안스 공묘　249

(ㅊ)

차이자거우　81, 93, 101, 102, 103,
105, 106, 108, 109, 116, 117,
130, 198
찰스 모리머　284, 285
창의군　65, 68
천주교　26, 42, 43, 44, 45, 46, 47, 49,
50, 51, 52, 59, 71, 150, 161, 162,
165, 177, 178, 218, 219, 226,
265, 268, 282, 293, 309
청일전쟁　40, 91, 92, 127, 232, 262,
290, 317
청초당　204
청취서　180, 314, 315, 316

최서면　134, 182, 184, 210
최재형　56, 63, 65, 117

(ㅋ)

코코프체프　81, 91, 93, 94, 95, 98,
99, 101, 121, 202, 280, 295, 299,
301, 304

(ㅌ)

톈진조약　40
토마스(다묵, 도마)　42, 45, 150, 151,
161, 281
통감부　49, 62, 91, 122, 134, 138,
156, 184, 190, 230, 238, 240, 305

(ㅍ)

포시에트　65
풍찬노숙　21, 66, 71, 73, 111, 172,
293

(ㅎ)

하얼빈　22, 42, 47, 49, 50, 52, 70, 76,
77, 78, 79, 80, 81, 87, 88, 90, 91,
92, 93, 95, 96, 97, 98, 99, 101,
102, 103, 104, 105, 106, 108,
109, 111, 112, 114, 115, 116,
117, 119, 120, 121, 122, 123,
130, 133, 139, 140, 148, 156,
157, 158, 162, 174, 177, 195,
196, 197, 198, 199, 200, 202,

204, 205, 210, 211, 212, 213,
214, 215, 216, 217, 218, 222,
224, 225, 226, 227, 230, 231,
242, 244, 251, 253, 254, 255,
256, 259, 260, 261, 262, 263,
264, 265, 266, 267, 269, 270,
273, 275, 276, 277, 278, 279,
280, 281, 282, 284, 288, 295,
296, 298, 303, 305, 307, 311
하얼빈 공원(자오린 공원) 148, 197,
204, 205, 244
하얼빈 안중근의사기념관 195, 197,
199, 200, 202, 295
하얼빈 의거 22, 47, 49, 50, 52, 70,
80, 90, 92, 93, 96, 97, 105, 109,
111, 112, 114, 117, 121, 122,
123, 130, 140, 156, 157, 158,
177, 196, 197, 199, 200, 202,
204, 211, 212, 213, 214, 215,
218, 224, 225, 226, 227, 231,
251, 253, 254, 256, 259, 261,
262, 263, 265, 266, 267, 269,
270, 273, 275, 276, 278, 279,
280, 281, 282, 284, 288, 295,
296, 298, 303, 305

한인애국단 35, 37, 38
해주체 190
헤이그 62, 70, 141, 162, 303
홍범도 64, 117
화위안소학교 197
황현 242
후쿠자와 유키치 221
히라이시 122, 131, 134, 135, 138,
179, 180, 274, 314